"十四五"时期国家重点出版物出版专项规划项目

高速铁路
先进建造技术丛书

危岩落石勘察评价
新技术与应用

NEW TECHNOLOGIES AND APPLICATIONS FOR
INVESTIGATION AND EVALUATION OF DANGEROUS ROCK AND ROCKFALL

刘桂卫 李红旭 张 晨 等 编著

人民交通出版社
北京

内 容 提 要

本书系统阐述了针对铁路沿线危岩落石勘察评价的新技术与实践应用,集中展现了无人机倾斜摄影、人工智能识别、三维实景建模等前沿技术在该领域的创新成果。全书涵盖危岩落石形成机制、稳定性评价、运动特征仿真、防治技术体系及自主研发的一体化勘察评价系统等内容,并结合雄忻铁路、广湛铁路、宣绩铁路等典型工程案例进行技术验证与示范。书中融合多源遥感数据、定量分析方法和三维动态模拟,为危岩落石风险评估与防治提供了科学依据。

本书可为铁路工程勘察设计、灾害防治的技术人员提供系统性技术参考,对山区铁路安全建设和运营管理具有重要指导意义,亦可作为地质工程、岩土工程等领域高校师生及科研人员的学习与研究资料。

图书在版编目(CIP)数据

危岩落石勘察评价新技术与应用／刘桂卫等编著.

北京:人民交通出版社股份有限公司,2025.5.

(高速铁路先进建造技术丛书). — ISBN 978-7-114

-20374-9

Ⅰ.U213.1

中国国家版本馆 CIP 数据核字第 2025JQ9866 号

“十四五”时期国家重点出版物出版专项规划项目
高速铁路先进建造技术丛书
Weiyan Luoshi Kancha Pingjia Xin Jishu yu Yingyong

书　　名:	**危岩落石勘察评价新技术与应用**
著 作 者:	刘桂卫　李红旭　张　晨　等
责任编辑:	谢海龙　刘国坤
责任校对:	赵媛媛　魏佳宁
责任印制:	张　凯
出版发行:	人民交通出版社
地　　址:	(100011)北京市朝阳区安定门外外馆斜街 3 号
网　　址:	http://www.ccpcl.com.cn
销售电话:	(010)85285857
总 经 销:	人民交通出版社发行部
经　　销:	各地新华书店
印　　刷:	北京博海升彩色印刷有限公司
开　　本:	787×1092　1/16
印　　张:	12.75
字　　数:	266 千
版　　次:	2025 年 5 月　第 1 版
印　　次:	2025 年 5 月　第 1 次印刷
书　　号:	ISBN 978-7-114-20374-9
定　　价:	96.00 元

据不完全统计,我国铁路沿线每年平均发生崩塌落石达数千处,危害严重且普遍,是山区交通工程的重大隐患。1971—1992 年,成昆铁路北段受落石冲击 238 次,中断行车达 38 天,特别是乌斯河工务段区间,仅 1970—1983 年间就受落石冲击 420 次。近年来,成昆、宝成、成渝、宜万、襄渝等山区铁路线路同样遭受危岩落石的侵害。由于危岩落石本身运动的复杂性、不确定性、突发性等特点,加之其影响因素众多,故不同区域不同气候条件下,危岩落石的破坏范围、破坏机制都存在着较大差异。

根据中国国家铁路集团有限公司 2024 年 9 月发布的《铁路工程危岩防治技术指南》,勘察设计单位可采用无人机倾斜摄影及机载雷达等新技术开展地质调绘和综合遥感解译工作,结合勘探与测试,综合分析危岩稳定性和运动轨迹,提出防治措施建议。

可见,无论从危岩落石自身的复杂性,还是从其对铁路工程的危险性来看,对铁路沿线危岩落石进行系统科学的勘察评估都具有巨大经济价值和社会意义。

本书研究领域以铁路行业为主,主要介绍了危岩落石勘察评价技术及其在典型铁路工程中的应用。在总结梳理危岩落石定义与分类、形成演化机制、危害与防治的基础上,将人工智能识别技术应用于危岩落石大范围排查,利用无人机遥感新技术实现危岩落石精细化详查,从危岩落石稳定性评价、运动特征仿真分析和防治技术三个方面系统讲解了危岩落石精细化评价技术,并介绍了自主研发的危岩落石勘察评价系统,最后将危岩落石勘察评价新技术应用于典型工程中,为工程地质技术人员提供参考借鉴。

　　本书是在中国铁路设计集团有限公司的支持下完成的,编写过程中得到了乔平、陈新军、高敬、王飞、孙琪皓、张璇钰、任光雪、浦晓利、周令新、王东旭、王萌、滕千一等的大力支持与协助,在此致以衷心的感谢!

　　本书参考了大量标准规范、文献手册及工程案例,但限于编著者的经验及水平,文中难免出现纰漏,请读者批评指正。

作　者

2024 年 12 月

CONTENTS 目录

第 **1** 章

绪　论

NEW TECHNOLOGIES AND APPLICATIONS
FOR INVESTIGATION AND EVALUATION
OF DANGEROUS ROCK AND ROCKFALL

1.1 危岩落石的定义及分类

危岩落石,也经常被称为岩崩、崩坍、危石等,是铁路沿线最常见的地质灾害类型之一。在岩体工程中,经常将陡峭岩壁上的岩体,在受到层理、节理等结构面剪切,以及重力、地震力、水力和其他外力作用下,脱离原岩体下落的破坏现象及过程称为危岩落石。在常规概念中,危岩落石主要针对发育于陡坡顶部的硬质岩,这类岩体最容易形成类似灾害,但软质岩一旦存在水力通道,被结构面切割出临空面,也会发生危岩落石。上述灾害在岩坡中的发生部位也不固定,崩落水平及垂直距离各异,因此,在铁路工程中,错落也被认为是危岩落石的另外一种形式。

从铁路工程地质的角度来看,针对危岩落石这种沿边坡破坏的灾害类型,不但需要判定其存在的具体位置及稳定程度,还要准确计算岩体失稳破坏时的运动路径及破坏能量,进而采用相应的工程防护措施。综上,对于可能存在危岩落石破坏现象的边坡都可以统称为危岩边坡,危岩边坡上的破坏岩体即危岩落石。这也是目前铁路工程地质行业内惯用的说法。本书的研究重点也将侧重于铁路行业内的危岩落石灾害问题。

铁路行业内对危岩落石的研究由来已久,胡厚田于1989年出版的《崩塌与落石》一书中重点分析了危岩落石的形成原因及稳定性评价方法,曾廉于1990年出版的《崩塌与防治》一书中论述了危岩块体在运动过程中的特征及防治方法。随后的30多年间,结合各类工程项目,工程技术人员及学者针对危岩落石的形成机理、稳定性、运动轨迹及防治措施做了大量的研究工作,在不同领域均获得了大量成果。但截至目前,这些研究成果尚未形成完整的体系,如何将危岩落石的前期勘察、稳定性评价、运动轨迹仿真、成果输出、防治措施建议整合成一套完整、科学、高效的工作流程和工作方法,仍需学者们继续探索。

对危岩属性的描述,一般采用分类方法。综合参照《铁路工程危岩防治技术指南》(Q/CR 9578—2024)及其他相关规范,根据研究目的不同,其属性可按规模、位置、运动方式分类。其中与稳定性分析及工程措施对应的分类,是危岩崩落时的运动方式分类,这也是最重要的分类。根据规模、位置及运动方式的危岩分类分别见表1-1~表1-3。

危岩分类表(按规模) 表1-1

危岩类别	危岩规模	危岩类别	危岩规模
小型	$V \leqslant 10\text{m}^3$	大型	$100\text{m}^3 < V \leqslant 10000\text{m}^3$
中型	$10\text{m}^3 < V \leqslant 100\text{m}^3$	特大型	$V > 10000\text{m}^3$

注:V为危岩体积。

危岩分类表(按位置) 表1-2

危岩相对高度 $H(m)$	$H \leq 15$	$15 < H \leq 50$	$50 < H \leq 100$	$H > 100$
危岩类型	低位	中位	高位	特高位

危岩分类表(按运动方式) 表1-3

类别	危岩结构	破坏机制	运动形式	稳定性计算原理
倾倒式	陡坡岩体发育有平行坡面的长大贯通结构面(陡倾层理、节理、卸荷裂隙等)且为平缓结构面切割或以软层作为基座;或者平缓层理被两组垂直层理的节理切割成柱状、棱状块体	外力作用下倾覆力矩大于抗倾覆力矩,或者基座岩体在危岩重力作用下压碎、蠕变、软化、挤出,原支撑基座不均匀变形导致危岩向坡外旋转、倾斜失稳	旋转-倾倒、弯曲-折断	倾覆力矩与抗倾覆力矩的平衡条件
滑塌式	危岩块体底部为一组结构面倾向坡外,或两组结构面构成的楔形块的底部交线倾向坡外,滑面或滑动交线缓倾	危岩滑动底面抗剪强度低于剪切应力而使危岩体向坡外滑移失稳	滑移-堆积、滑移-坠落	下滑力与抗滑力的平衡条件
坠落式(错落式)	危岩支撑基座岩体因风化、开挖、水流冲蚀等部分缺失,危岩块呈悬空状,危岩后壁存在直立、陡倾的贯通或非贯通结构面	后壁结构面拉张应力作用下裂隙扩展贯通拉断,或剪应力作用下裂隙扩展贯通剪断,危岩体脱离母体失稳	旋转-下坠、滑移-下坠	非贯通裂隙扩展条件和岩石抗拉、抗剪强度的相关关系

1.2 危岩落石的形成演化机制

对危岩落石形成演化机理的准确认识能够帮助工程技术人员更好地评估分析工程中的危岩落石现象,对其稳定性状态、预计运动轨迹的判断均有巨大借鉴价值。广大工程技术人员及学者从各自的角度提出了大量不同的危岩落石形成机制,本书综合大量文献资料,结合铁路沿线危岩落石特征,将形成演化机制从岩体结构、破坏机制两方面进行归纳总结。

1.2.1 岩体结构

针对岩质斜坡,危岩形成原因有两大类:一类是结构面切割,另一类是形成岩腔。

1）结构面切割

结构面切割分为 4 种类型。

（1）正常沉积的层理与大角度相交的节理之间的组合，这两组结构面可以将岩体分割成棱柱体或块体，该类危岩主要发育于构造活动微弱的缓倾岩层区域（四川盆地东部）。

（2）两组结构面相交形成平面或者楔形块体，平面或者楔形块体的交线倾向边坡外侧，这种情况可能出现在任意岩体的结构面组合中。

（3）在构造较为强烈区域，发育有延伸较长的陡倾结构面，在其延伸途中与其他产状结构面交叉。

（4）在地形陡峻的边坡上，存在一条或多条平行于坡面的卸荷节理，水平方向的其他结构面与其相交，多发育于深切峡谷地带的硬质岩岸坡之上。

2）形成岩腔

岩腔包括自然风化岩腔和压裂风化岩腔。

（1）自然风化岩腔

在漫长的地质年代演化中，砂泥岩互层的岩体在受到风化作用侵蚀时，由于不同岩体的抗风化能力差异，硬岩形成陡崖，软岩则形成负地形，在两种岩体交接位置则会形成凹向山体的空洞，被称为岩腔，该岩腔上方的岩体极易形成危岩体。

万州首立山 1998—2004 年的观测结果显示，砂岩与泥岩的风化速率差为 7×10^{-4} cm/d。从第四系晚期，差异风化现象成为该区域内危岩体发育形成的主要控制因素。在该作用下，砂岩下部的泥岩地层形成岩腔，随着时间的流逝逐渐扩大，伴随着上方砂岩区域内生成大量拉裂缝，危岩体初步形成规模。在雨水、人类工程活动等外部因素影响下，危岩体最终失稳破坏，新的崖壁形成。随后再次进入差异风化、危岩体生成、失稳破坏这一循环。进而实现岩腔导致岩体卸荷效应下的危岩连锁破坏进程。危岩自然风化、岩腔发育的过程及其卸荷效应如图 1-1 所示。

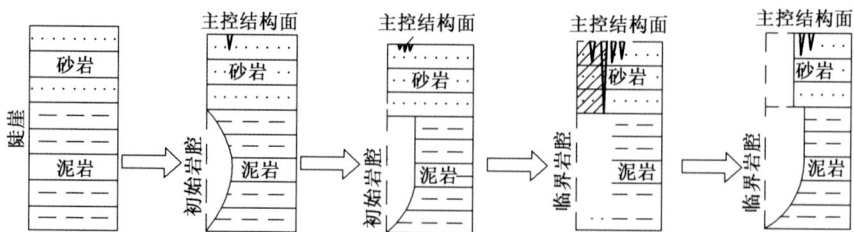

图 1-1　危岩岩腔发育过程及其卸荷效应

（2）压裂风化岩腔

除自然差异风化作用形成的岩腔外，还有一种由于上部危岩体压裂作用形成的压裂风化岩腔。统计数据显示，在自然风化作用形成初始岩腔空间的基础上，岩腔内部压裂隙的占比较高，这主要是因为上部形成的危岩体通过竖向重力作用及外倾变形导致下部岩腔中承受了额外的压力，进而造成岩腔继续向岩体内部扩展凹陷，形成压裂风化岩腔。经调查，当自然风化岩腔深度超过 1m 后，其内部的软质岩受到上部危岩体的压裂作用较为明显，应力主要集中在岩腔顶部和底部，发育大量竖向压裂缝，造成临空面的岩体被压裂脱落。危岩压裂风化岩腔发育的过程及其卸荷效应如图 1-2 所示。

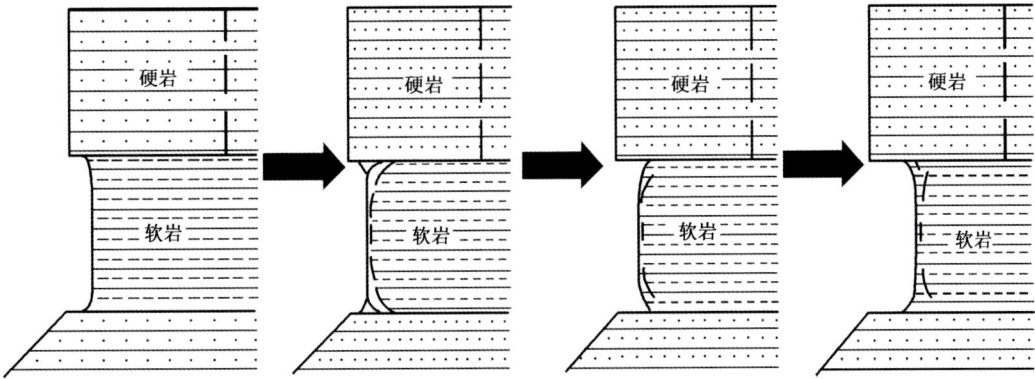

图 1-2　危岩底部岩腔后壁平行后退演化模式

1.2.2　破坏机制

危岩的失稳破坏，其主要原因在于内外影响因素共同作用。

1）外因

外因主要包括重力的作用、水的作用、振动荷载作用及植物的生长。

（1）重力的作用是最直接的因素，它是危岩失稳的最根本力学基础。

（2）水对危岩的发育、发展、破坏也起到了决定性作用。水的作用是多维度的，首先，它可以弱化危岩所坐落的岩体基座，使其强度发生改变；其次，它可以对危岩体产生持续的水压力，尤其是当地下水的水位较高时；最后，当大气温度较低，水发生冻结时，会形成冻胀力。

（3）地震或人类工程活动产生的振动荷载在危岩体中产生竖向及水平向的加速度，可以导致岩体破坏。

（4）植物的生长也会在一定程度上影响危岩的发育和破坏,植物根茎会生长在岩体缝隙中,随着根茎的发育,危岩体的裂隙逐渐扩大,从而破坏岩体的稳定性。

2）内因

从力学机制上考虑,危岩体破坏的内因主要是危岩与下部基座抗倾覆、抗滑移和抗破裂能力的降低。在长期应力作用及风化作用条件下,岩体后壁的裂隙(构造节理、卸荷裂隙)逐步加深,增加了危岩体倾覆的可能。随着时间流逝,节理面开始蠕变、软化,使主要结构面的抗剪强度降低,危岩失稳破坏的危险性上升。基座岩体发生压碎、挤出等现象,最终导致破坏。下面从缓倾角、陡倾角两方面详细论述危岩崩塌、破坏的演变规律。

（1）缓倾角条件下岩体发生链式失稳破坏的演变规律

岩层倾角较缓的岩体斜坡发生岩体失稳破坏的过程主要经历 4 个阶段,即危岩体初步岩腔形成、危岩体发展成型、危岩体单体破坏和危岩体链式反应破坏。具体演化过程如图 1-3 所示。

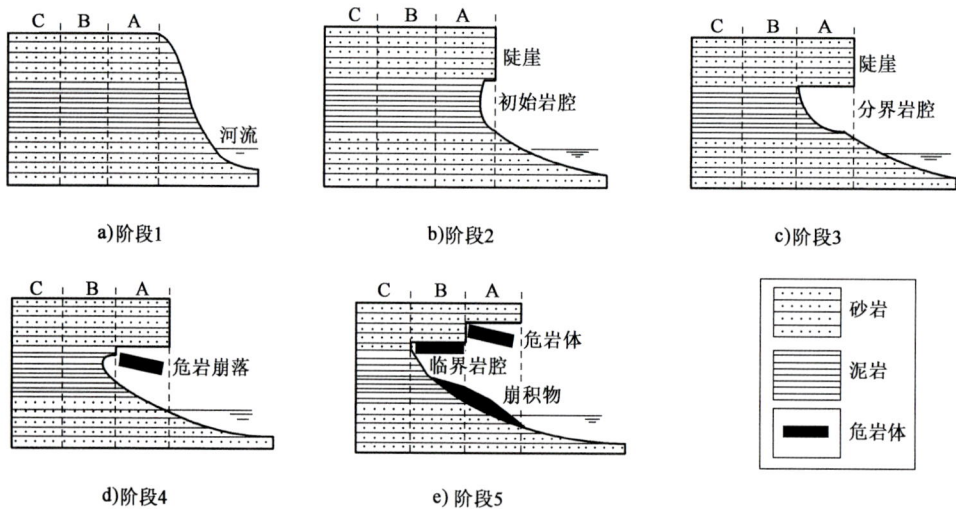

图 1-3　层状岩体边坡群发性崩塌演化过程
注:A、B、C 代表划分的三个部分。

如图 1-3 所示,在岩层近水平的山体中,由于差异风化作用导致初始岩腔逐步形成。上部陡崖岩体由于卸荷作用逐渐发展为危岩体。危岩体对下部的岩腔产生压裂作用,岩腔内壁后部岩体逐渐被压裂作用剥离后退,岩腔进入发展阶段。随着岩腔进一步扩大,上部危岩体逐渐失稳,最终破坏崩落。随着单体危岩的崩落,周围的岩体受失稳岩体即扩展压裂缝影响,也开始失稳,最终演变成多危岩体链式破坏。

如图 1-4 所示，整个岩壁可以根据与岩腔的距离由近及远分为 A、B、C、D、E 共 5 个部分。调查显示，当岩壁高度小于 20m 时，主要是 A 部分岩体受到危岩崩落及岩腔发育的影响。当岩壁高度大于 20m 后，A、B 乃至 C 部分岩体均有可能受到危岩的影响，形成链式破坏。

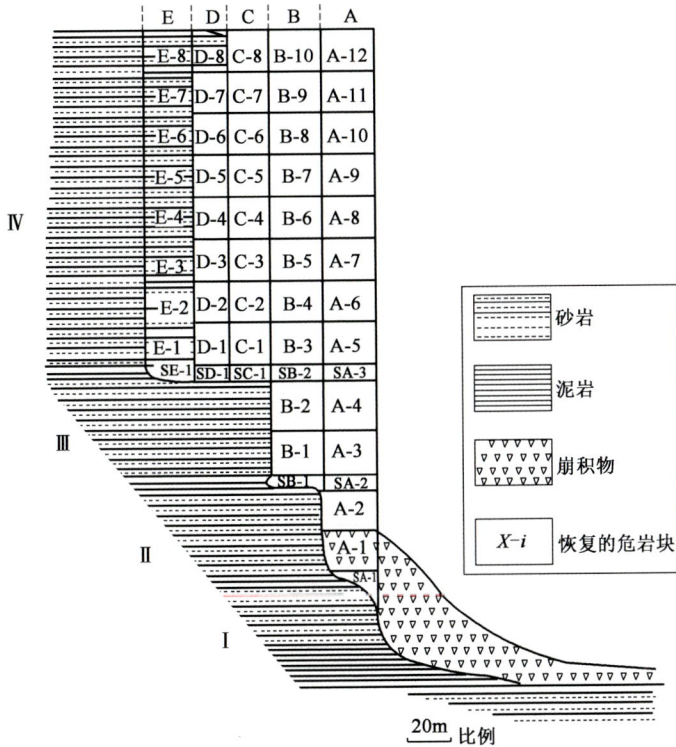

图 1-4　江津四面山红岩石群发性崩塌链式规律

（2）陡倾角条件下岩体发生链式失稳破坏的演变规律

在该破坏机制下产生的失稳具体存在两种方式，一种称为倾倒破坏，另一种称为溃屈破坏。

倾倒破坏的主要特征是在反倾的斜坡岩层中，当该岩层的主要层理面倾角较大时，表层岩体逐步向临空面滑移，由于深部结构面组合变化而最终发生倾倒。在外层岩体倾倒之后，内部岩体被推移到临空面附近，称为新的外部岩层。

溃屈破坏的主要特点则是斜坡的坡角与岩层倾角接近，位于临空面附近的岩体向上方和外层膨胀、拉断、脱离，进而发生失稳破坏，本质上是自外向内逐步剥离的溃屈式破坏。与倾倒破坏类似，溃屈破坏也会造成危岩体所处岩壁逐步后移。陡倾角陡崖破坏模式、演化模式如图 1-5、图 1-6 所示。

a)倾倒破坏   b)溃屈破坏

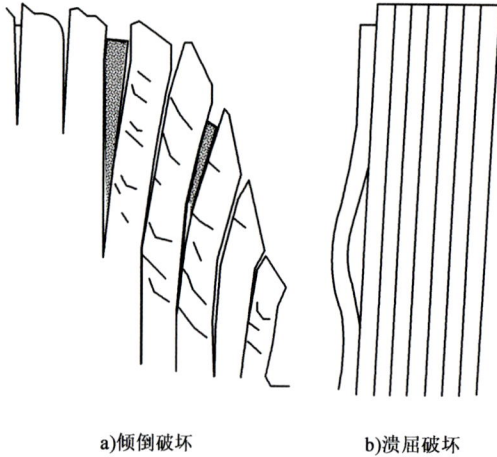

图1-5　陡倾角陡崖破坏模式

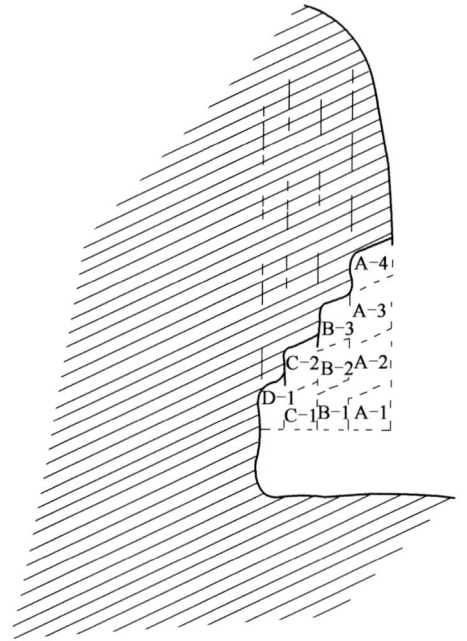

图1-6　陡崖链式演化模式

1.3　危岩落石的危害及防治技术

危岩落石是岩体边坡常见的地质灾害,也是对人类工程地质活动影响最大的地质灾害之一。最近几十年,随着我国交通建设的大规模推进,大量山区的隧道工程、路基工程应运而生。隧道进出口位置及路基段边坡开挖为危岩落石灾害的发育提供了条件。

隧道进出口位置通常位于地势陡峭、基岩风蚀作用严重的地段,这本就较容易孕育危岩落石灾害,而人类工程活动的爆破施工、机器振动等,则进一步加剧了这种灾害,对工程设施及人民群众的生命安全造成巨大的威胁。根据不完全的统计,我国铁路沿线已被确认的危岩落石灾害点数量达2600余处。

危岩落石灾害具有突发性强、破坏力大、隐蔽性高等特点。为降低危岩落石对人民生命财产的威胁,针对相应工况采用恰当的防治技术尤为关键。危岩落石的防治技术主要包括主动防护技术、被动防护技术及主-被动联合防护技术,依据不同的地质环境和灾害特征选择适合的技术组合可有效提高防灾效果。

1) 主动防护技术

主动防护技术的核心思想是通过控制危岩的松动、削弱或稳定滑动体,从源头上防止落石发生。常见的主动防护措施包括封填、灌浆、锚固、支撑、排水和柔性安全防护系统(SNS 系统)等。封填和灌浆技术主要用于封闭岩体裂缝和孔隙,防止水流渗入而削弱岩体的稳定性;灌浆材料可以加强岩体的黏结性。锚固技术通过将锚杆或锚索植入岩体深处,使松动的岩体与稳定岩层结合,增加其抗滑移能力。支撑技术则通过安装支护结构(如钢架、混凝土桩等)来支撑危岩体,直接增强其稳定性。排水是预防危岩体发生失稳的关键措施之一,通过设置排水孔或导水管,及时排除岩体内部的地下水,降低水对岩体的渗透压力,防止岩体崩塌。SNS 系统是一种新型的主动防护技术,采用高强度的钢丝绳网覆盖在危岩表面,能够有效地限制小块岩石的滑落,并分散落石的冲击力。这些技术适用于在危险岩体较为稳定但存在局部松动或滑动风险的区域,通过防护措施可有效防止落石灾害的发生。

2) 被动防护技术

被动防护技术则主要是在危岩落石已形成、可能发生落石的情况下,采取措施阻止或减缓落石对设施的直接冲击。常用的被动防护措施包括明洞、棚洞、拦石墙等。明洞和棚洞是常用于道路、隧道等设施上方的防护结构,它们通过在设施上方形成拱形或棚形覆盖,直接阻挡从山体上落下的石块,确保通行安全。拦石墙是设置在落石运动路径上的坚固墙体,用于阻挡和拦截落石,防止其滚落到下方的公路、铁路等设施上。柔性防护网包括金属网、钢丝网等,通过在落石可能滑落的山坡上布设网状结构,拦截中小型落石的滑动路径,减少其对下方设施的冲击。被动防护技术适用于地形复杂、落石威胁较为频繁的地区;能够有效减少落石的破坏力,但无法预防新的危岩体崩塌。

3) 主-被动联合防护技术

在某些地质条件复杂、危岩落石潜在威胁较大的区域,单一的防护措施往往难以达到全面防护效果,此时可以采用主-被动联合防护技术。该方法结合了主动和被动防护技术的优势,既能在源头上减少危岩破坏风险,又能在落石发生时对其进行有效拦截。

综上所述,危岩落石的防治技术应根据具体的地质环境和落石特性灵活选用,主动防护、被动防护及主-被动联合防护各有侧重,只有合理组合才能达到最佳的防护效果。

本书将结合铁路工程领域实际情况,从危岩落石勘察技术、危岩落石稳定性评价方法、危岩落石运动特征仿真分析、危岩落石防治技术、危岩落石一体化勘察评价软件系统等方面系统论述铁路行业针对危岩落石灾害的研究体系、工作方法、创新成果,最后以多条典型铁路项目为案例,验证本书所介绍技术体系的应用效果。

第2章

危岩落石勘察技术

传统的危岩落石勘察方法主要以人工调查为主,全站仪监测为辅。该方法存在外业工作量大、成本高、效率低等问题;且因危岩落石分布区地势多陡峻,现场调查人员难以达到目标位置,使得传统勘察方法受到很大的限制。无人机遥感、人工智能等技术的快速发展,为危岩落石勘察提供了新的方法和技术支撑。

2.1 人工调查方法

当完成现场工作大纲编制、明确任务分工并完成勘察前准备工作后,调查小组应进行现场地质调查。现场地质调查主要采用人工调查方法。调查的主要内容包括区域地质调绘、危岩落石带的地质概况、工作量研判、危岩体演化规律及破坏模式分析等。

2.1.1 区域地质调绘

应紧密结合铁路工程线位,采用远观近察、由面到点、点面结合的工作方法,围绕危岩落石区域,研究地形地貌的成因和发育特征及其与岩性、构造等地质因素的关系,将研究区域划分出地貌微单元。还应查明区域岩层产状、接触关系、节理、裂隙发育状况;断裂和褶曲位置、走向、产状等形态特征及力学性质;含水地层岩性、富水构造、水系、地下水埋深及井泉等信息;特殊土的类型、性质、分布范围及危害程度等。

2.1.2 危岩落石带的地质概况

针对研究范围内的危险区段,应在现场调查中明确所调查内容属于何种灾害类别,具体包括危岩体、落石、落石群、危岩带等类型。

对危岩体、落石群应着重查明危岩周界、空间分布、裂隙位置、性质、层间错动、岩石风化破碎程度、含水情况等。针对孤立的危岩落石个体,则应查明落石范围、岩块直径、预计滚落方向、影响范围等。

2.1.3 工作量研判

通过现场调查,进一步揭示不同灾害类型危岩落石的实际影响范围及危害程度,进而估算出无人机勘察范围、后期运动轨迹模拟计算区域及需要进行内业分析评估的危岩落石数量。

2.1.4　危岩体演化规律及破坏模式分析

结合上述调查结论,分析危岩体的形成演化机制、潜在破坏模式及破坏机理,为危岩落石稳定性分析及运动路径、破坏范围预测提供理论依据。

调查记录是对现场地质调查成果的真实反映,应保证资料完整、数据真实、内容可靠、逻辑清晰。及时对调查区域内危岩落石进行拍照,便于后期信息核对,进而实现文字、图片间的互相印证。危岩体(带)野外调查表(示例)见表2-1。

危岩体(带)野外调查表(示例)

表2-1

危岩体(带)编号		照片编号	
微地貌		植被类型/覆盖率	
危岩体几何参数	长(沿边坡倾向)	宽(沿边坡走向)	高(厚)垂直于坡面方向
岩性		空间组成	
岩体结构		风化程度	
地下水		垂横向间距比	
视块度		初步判定失稳形式	
结构面编号	产状	结构面特性	结构面间距
层面			
J1			
J2			
J3			
J4			
最不利结构面编号		贯通度 (延伸方向上的贯通比例)	
处理措施意见			
危岩成因机制调查	两侧结构面的构成及性质、后壁裂缝构成及性质、基座构成及现状、危岩周界面的形成与区域构造和斜坡地貌的关系		
演化模式	后壁裂缝的扩展、基座的演化、岩腔的发展		
外界因素	降水、冰胀、根劈、地震、振动、工程荷载等		

在野外调查表填写中,应重点对地形地貌、危岩体规模(长、宽、高)、岩性、风化程度、裂隙发育情况、优势节理面产状及最大块石尺寸、斜坡结构类型等关键信息进行描述,并拍摄危岩体全景照片,如图2-1所示。

图2-1 危岩体全景照片

依据现场调查情况,对各调查点进行综合分析,根据危岩体、落石区对铁路工程的潜在危害范围及危害程度,确定是否需要进一步分析、是否需要取样测定其物理力学参数、是否需要定量分析等重要问题。

2.2 基于人工智能识别的大范围排查技术

2.2.1 危岩落石影像样本集构建研究

危岩落石数据采集区域为汕汕高铁和雄忻高铁区域,汕汕高铁通过航飞的方式获取山体岩石图像,雄忻高铁通过无人机方式采集数据。数据采集完成后,将数据归档,按照不同线路构建数据文档。由于航飞和无人机获取的高清图像单张图像的分辨率为$4000 \times 4000 \sim 10000 \times 10000$,难以直接作为深度学习网络的输入数据,在数据建档后,对数据进行标准化处理。

标准化处理将图像按照分辨率 1024×1024 尺寸进行裁剪,裁剪方式选择"随机",以保证目标区域的多样性。根据两种获取方式的分辨率,确定不同的裁剪采样数;采样数确定的原则为略微大于顺序裁剪的图像数量,4000×4000 分辨率的数据裁剪个数设为 70,10000×10000 分辨率的数据裁剪个数设为 400。随机裁剪后,将数据进行重新归档,构建标准化归档数据。

标准化数据归档后,对数据进行标注,标注工具采用 Labelimg。由于山体上裸露的岩石形态变化极大,并且存在细长形态的岩体,导致用单个边界框对其进行标注时,涵盖背景区域过大,背景占比大于岩体,严重干扰了岩体特征的提取。本节通过对岩体实际特点的分析,以缩小背景区域在边界框中占比为目的,采用了分段式的标注方式,将整个岩体进行分段标注,以获取更大的目标特征区域。危岩落石标注结果如图 2-2 所示。

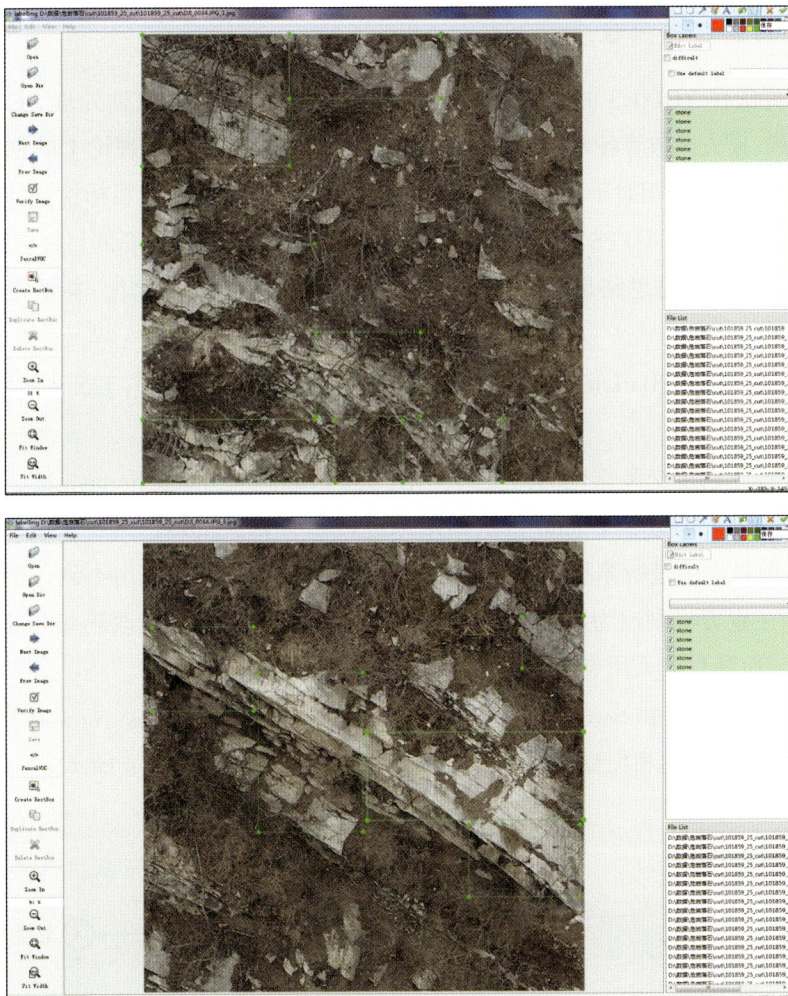

图 2-2 危岩落石标注结果

数据标注完成后,按照训练集:验证集:测试集 =7:1:2 的比例构建数据集。数据分配方式为随机分配。分配完成后,实现危岩落石数据集的构建,为后续危岩落石智能识别算法的训练和测试提供数据基础。

2.2.2　危岩落石智能识别算法研究

近年来,深度学习方法在目标识别领域发展迅速,并且取得了较高的检测准确度,在实际工程中也得到了广泛的应用。YOLO 系列检测算法自 Redmon 等提出以来,在学术领域和实际工程领域获得广泛好评。该算法具有较高识别准确度,同时可以实现较快的推理速度。YOLOv4 为 2020 年提出的较新的 YOLO 系列算法,其提出的改进措施非常适合实际工程应用,本节采用 YOLOv4 方法,进行危岩落石智能识别。

1) YOLOv4 目标检测算法

YOLOv4 算法在 YOLOv3 的基础上,融合了一系列最优结构,在数据处理、主干网络、网络训练、激活函数、损失函数等各个方面都有着不同程度的优化,虽没有理论上的创新,但在工程领域的优化方面,该方法相对于 YOLOv3 更适用于实际工程。该算法在目标检测的任务中,实现了帧率(Frames Per Second,FPS)与准确度(Precision)之间的平衡,成为新的目标检测基线模型。

YOLOv4 网络的改进思路是针对近年的网络整体结构进行逐段优化,主要分为骨干部分、颈部部分和头部部分。

骨干部分选取 CSPDarknet53,CSPDarknet53 包含 29 个卷积层,725×725 的感受野,27.6MB 参数。

归一化方式选取了交叉迭代的批量归一化(Cross-Iteration Batch Normalization,CBN),CBN 是对当前以及当前往前数 3 个 mini 批次的结果进行归一化,CmBN(Cross mini-Batch Normalization)则是当前批次中进行累积。在消融实验中,CmBN 要比 CBN 高出不到一个百分点。

结构中的注意力机制改为新的 SAM 结构,结构如图 2-3 所示,该改进结构未采用最大池化和平均池化,而是直接采用卷积,而后衔接 sigmoid 激活。

Neck 结构采用了 SPP(Serial Port Profile)模块和 PAN(Personal Area Network)模块,对 PAN 进行了改进,其将原始的相加操作改变为级联操作。改进结构如图 2-4 所示。

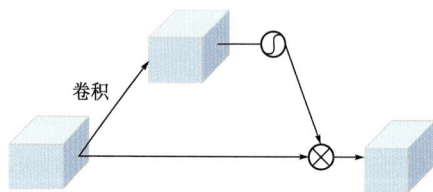

图 2-3　改进的 SAM 结构

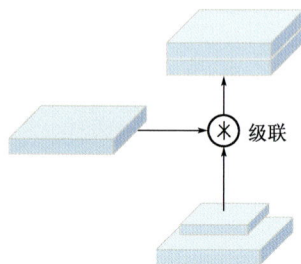

图 2-4　改进的 PAN 结构

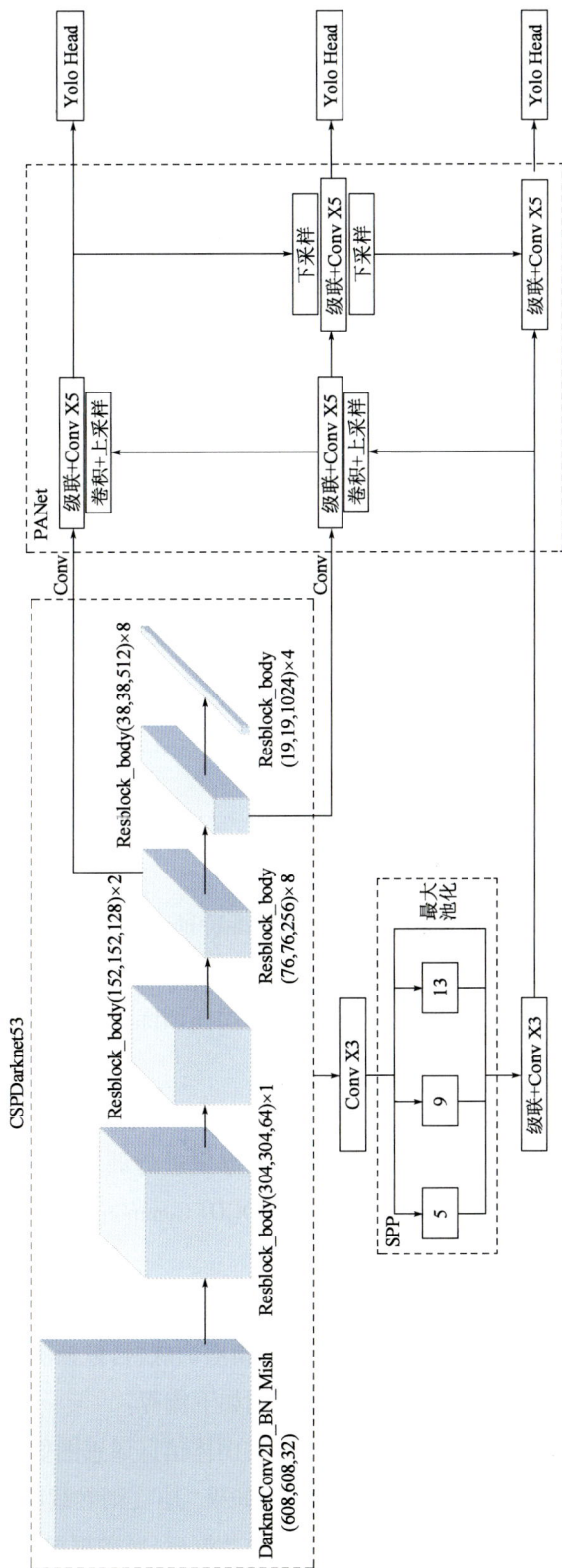

图 2-5 YOLOv4结构

将上述多种结构进行组合,即可得到 YOLOv4 的整体结构,如图 2-5 所示。

损失函数采用 CIoU-loss,该损失函数公式如下:

$$L_{\text{CIoU}} = 1 - \text{IoU} + \frac{\rho^2(b, b^{gt})}{c^2} + \alpha v \qquad (2\text{-}1)$$

式中:CIoU——完全交并比;

    IoU——交并比;

    b、b^{gt}——两个矩形框的中心点;

    ρ——两个矩形框之间的欧氏距离;

    c——两个矩形框闭包区域对角线的距离;

    α——权重系数;

    v——相框比例一致性指标,计算公式如下:

$$v = \frac{4}{\pi^2}\left(\arctan\frac{w^{gt}}{h^{gt}} - \arctan\frac{w}{h}\right)^2 \qquad (2\text{-}2)$$

式中:w^{gt}——真实框宽度;

    h^{gt}——真实提高度;

    w——预测框宽度;

    h——预测框高度。

2)基于 YOLOv4 的危岩落石智能识别算法

(1)数据增强

深度学习模型训练需要大量数据来学习目标高维特征,然而,在实际路线中,获取目标并进行标注需要投入大量的人力物力,而且也难以获取充足的数据,因此有必要对数据进行增强处理,以改变目标特征,使目标特征具有多样性,进而扩充训练集样本,防止训练过拟合。采用的数据增强方法为 CutMix 和 Mosaic。

(2)模型训练

在数据增强之后,YOLOv4 模型通过增强训练数据集进行训练。所提出模型的骨干网络利用迁移学习进行模型培训。预训练的权重是从 COCO(Common Objects in Context)训练集训练得到的。优化方法采用随机梯度下降(SGD)。

(3)基于 YOLOv4 方法的危岩落石智能识别算法流程

为了实现铁路周边危险源识别,结合数据增强、模型训练、目标预测,实现危岩落石智能识别,基于 YOLOv4 方法的危岩落石智能识别算法采用如下流程:

第一步,用无人机和航飞等方式获取铁路沿线的山体信息遥感图像。

第二步,判断是否是第一次使用深度学习模型,如果"是",则继续将采集到的山体信息遥感图像数据通过数据接口传输至上位机,上位机接收数据后,对数据进行畸变校正和图像拼接配准。如果"否",则跳到 S5。

第三步,得到配准后的地理信息遥感图像后,将包含地理信息的图像区域按照 1024 × 1024 的尺寸进行图像分区,采用数据标注工具对分区的图像进行目标标注,获得带有标注信息的分区图像。

第四步,将带有标注信息的分区图像进行数据增强,并逐个输入到深度学习网络输入接口,对深度学习网络进行训练,通过调整多个网络训练超参数进行重复训练,获取准确度较高的训练模型。

第五步,将未带有标注信息的地理信息遥感图像输入到训练完成的深度学习网络输入接口。深度学习网络首先对图像进行多层特征提取,接着通过 SPP 结构获取多尺度的结构信息,并进行连接和卷积提取特征,而后通过 PANet 实现多尺度信息融合,进行多尺度目标识别,实现裸露岩石区域的识别。

基于 YOLOv4 方法的危岩落石智能识别算法流程如图 2-6 所示。

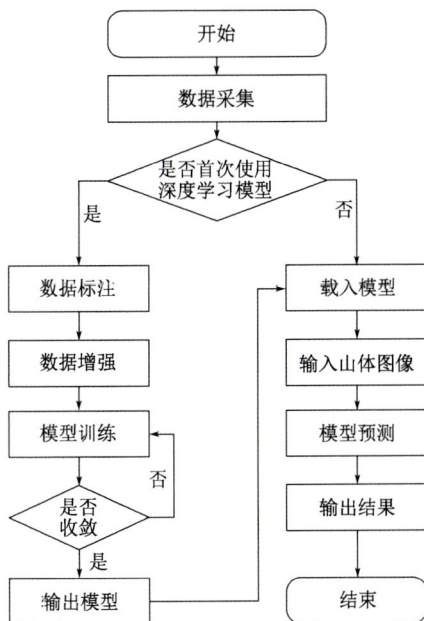

图 2-6　基于 YOLOv4 方法的危岩落石智能识别算法流程图

2.2.3　危岩落石信息智能提取试验

1) 智能提取模型构建

(1) 设计数据组成。采用 2.2.1 节构建的危岩落石数据集,在模型训练构建中,由于汕汕高铁的航飞数据量较小,目前的训练和验证采用的数据集为雄忻高铁无人机采集的遥感数据集,后续对汕汕高铁的数据进行补充再融入模型训练中。

（2）设计训练方式。在训练过程中采用的数据增强方式为 CutMix 和 Mosaic。训练采用的参数优化方法为 SGD，$momentum = 0.9$，$weight\_decay = 1 \times 10^{-4}$。初始学习率为 0.1。学习率调整方式为阶梯衰减学习率调度策略。step 选为 80000。

（3）设计平台构建。采用硬件平台为 DESKTOP-SBU53QL，CPU 为 Intel Xeon Gold 6128，内存 64GB，GPU 为 P6000，显存 24GB。软件平台为 Python3.6 环境，Pytorch1.9.0 库，CUDA10.1,cuDNN8.0.5。

2）智能提取效果评价

评价指标选取评价平均精度（mean Average Precision，mAP），计算方式如下：

$$\text{precision} = TP/(TP + FP) \tag{2-3}$$

$$\text{recall} = TP/(TP + FN) \tag{2-4}$$

$$AP = \frac{1}{11} \sum_{r \in (0,0.1,0.2,\cdots,1)} \text{precision}_{max}(r) \tag{2-5}$$

$$mAP = \frac{1}{m}AP \tag{2-6}$$

式中：TP——预测正确的正样本；

FP——预测错误的正样本；

FN——预测错误的负样本；

m——类别数量加背景。

3）提取结果与分析

试验指标结果为 mAP = 0.45，部分图像自动检测结果如图 2-7 所示。该算法能够较好地进行地表裸露危岩落石信息的提取，局部有漏检现象，但总体指示了危岩落石的发育特征，是区域危岩落石快速检测分析的有效技术手段。

由试验结果可知，YOLOv4 算法能够有效识别出山体表面裸露的岩石区域，标记裸露岩石的分布，通过边界框面积推断裸露岩石分布面积。能进行面积推断的主要原因是前期构建的数据标注方式较适宜。在进行数据库构建时，为了避免标注框中包含过多背景，影响岩石特征提取，在标注时采用分段式的标注方式，因此，标注框的区域集中于岩石区域，在推理识别时，识别区域为岩石区域，故识别结果能够表征岩石区域面积。但是，此标注方式存在以下缺点：

（1）该标注方式难以实现全部裸露岩体的单个个体完整识别，因为在数据标注时，对部分细长或多边形岩体进行了分段标注，因此训练得到的网络更易于识别岩石特征点，而对岩石的边界识别准确度较低，如图 2-7 所示，图中存在着细长形岩石块，该区块通过三个边界框进行了识别，并未覆盖至岩石边界处。

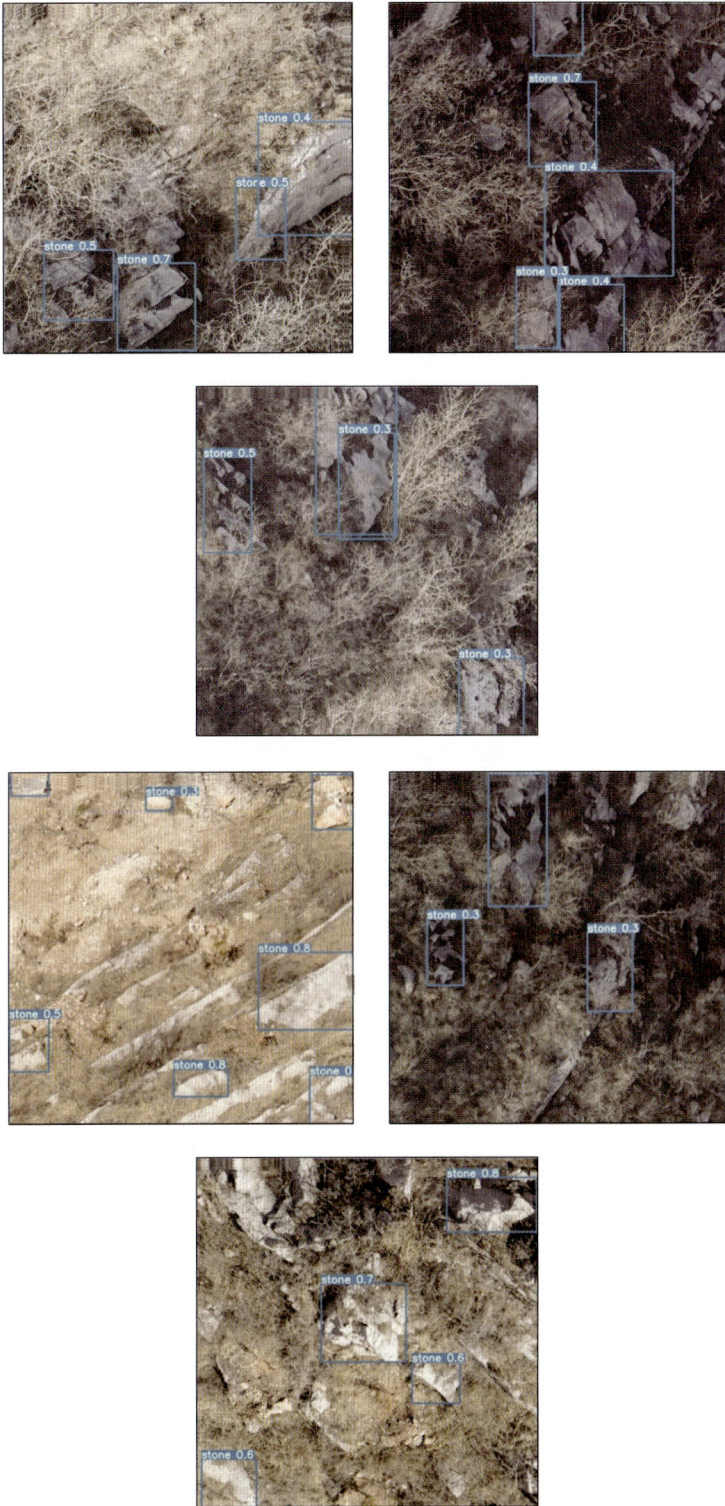

图 2-7　危岩落石智能识别结果

（2）由于标注的分段式方式，分段的选取比较主观，故推理的结果与原标注结果的重合度会受到影响，在采用评价指标 mAP 评价时，指标的结果也会受到影响，因此，评价结果难以准确反映该方法对目标区域的识别准确度。

根据上述分析，本章所提方法能够对裸露岩石区域面积进行粗略地估计，为地质巡检人员提供重点区域参考，适用于对重点区域的定性估计，降低巡检人员工作量，提升巡检自动化水平。后续工作的研究方向有两个：

（1）改进标注方式。目前的标注方式在分段选择中依靠地勘专业人员的人工经验进行处理，主观性较强。研究新的标注方式，能够提升网络对边缘的识别准确度，提升评价准确度。

（2）改变目标识别方式。应用语义分割的方式对岩石区域进行识别，不过该方式对于数据标注的要求较高，并且岩体特征复杂，会严重影响目标分割的准确度。

2.3　基于低空遥感的精细化详查技术

2.3.1　无人机贴近摄影与三维实景模型构建

1）无人机遥感数据采集

（1）航测前准备工作

航测作业的前期准备工作，主要包括：

①收集气象信息。无人机航测作业严重受到天气状况限制，应尽量避开阴雨、大风、大雾及雾霾天气，挑选晴朗无风的天气进行飞行，以保障飞行过程安全和获取相对较高精度影像数据，为后期数据处理奠定基础。

具体航摄作业时间要根据航摄区域太阳高度角（保证像片有充足的光照度）和阴影倍数（避免航摄目标的阴影过大）来确定。

②作业区环境勘察。航测前应对作业区环境进行调查，提高航测任务执行效率。对复杂作业区，应进一步详查，及时调整优化飞行方案，保证航测任务顺利完成。调查内容包括作业区地理位置、面积、区域内地形、高差及起飞降落场地是否符合要求等。

（2）数据采集流程

无人机航测数据采集流程如图 2-8 所示。

①起飞前准备。

数据采集前应进行航线设计和设备检查工作。航线设计直接影响无人机飞行平台、飞行姿态、影像重叠度、地面分辨率、测区范围、曝光控制参数等,是保证数据精度、满足生产要求的前提条件;飞行前的设备检查是保障飞行安全和数据顺利采集的重要一环,对保证数据精度、完整性也有重要意义。设备检查主要包括以下内容:

a. 工具是否齐全,地面站和仪器是否运转正常;

b. 电源与燃料是否充足,备用资源是否完备;

c. 地面站设置是否准确无误;

d. 飞行平台和相关传感器设置与工作状态是否正常。

②数据采集。

无人机飞至相应高度,依据预设航线开始进行影像数据采集。相机根据预设间隔自动拍摄,获取地面像片。POS 系统(定位定姿系统,Position and Orientation System)记录像片拍摄瞬间无人机的姿态参数,像片数据存储在相机自带存储卡中,POS 数据、飞行航线数据、飞行记录数据存储在飞行控制系统的存储器中。

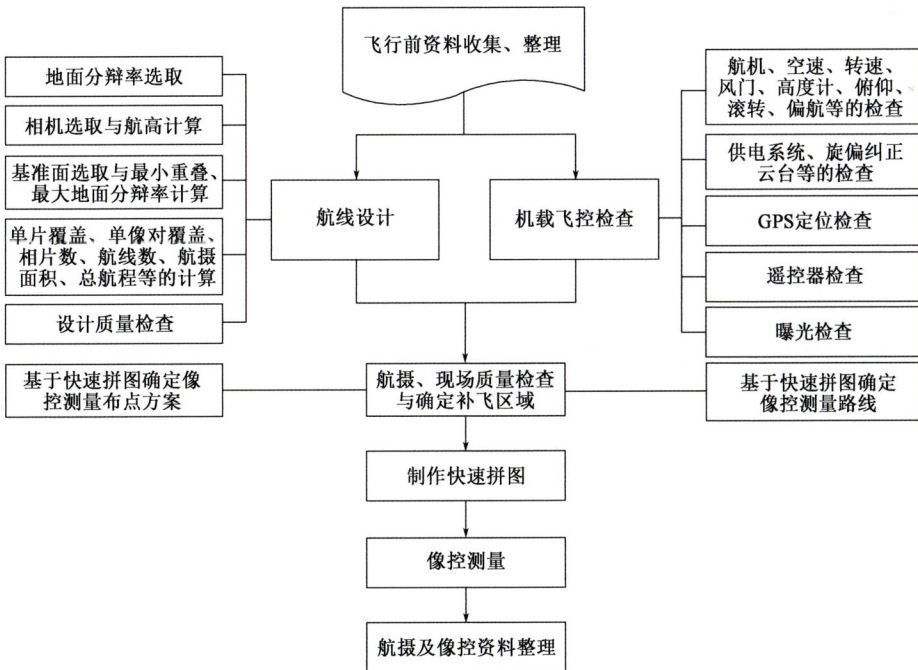

图 2-8　无人机航测数据采集流程图

③飞行后检查。

无人机完成数据工作,降落地面后,应进行检查工作。如果无人机飞行平台或传感器出现损伤,应对受损部位进行检查并做好相应记录。飞行后检查主要包括:

a. 数据检查与飞行系统检查:检查航片质量是否合格,数据量是否完整,影像位置和姿态是否与航片一一对应等。

b. 飞行系统检查：主要包含机体、控制设备、动力装置以及执行机构等方面的检查。

④数据检查与补飞。

数据获取完成后需第一时间检查航片、POS 等数据的完整性，如果不完整需进行补飞。数据检查可在飞行结束后立即进行，也可在内业快速拼接完成之后，基于快拼结果进行。

由于倾斜摄影测量数据获取的特殊性，会出现旁向视角照片变形较大以及数据漏采集等问题，因此，需要及时进行数据检查，以便进行数据修复、重新补片等工作方案的制定及实施，保证数据质量。

2) 基于无人机倾斜摄影的三维实景模型构建

(1) 影像快拼

无人机获取影像之后一般会首先进行一次快拼处理，快拼处理具有数学精度低、速度快的特点。利用快拼结果可快速检查获取数据的完整性，还能提供测区基本情况，便于外业像控点和检查点的布设与量测。快拼处理常借助相关软件自动完成，主要有 Pix4Dmapper、GodWork 以及轻量型的 PTGui 等，如图 2-9 所示。

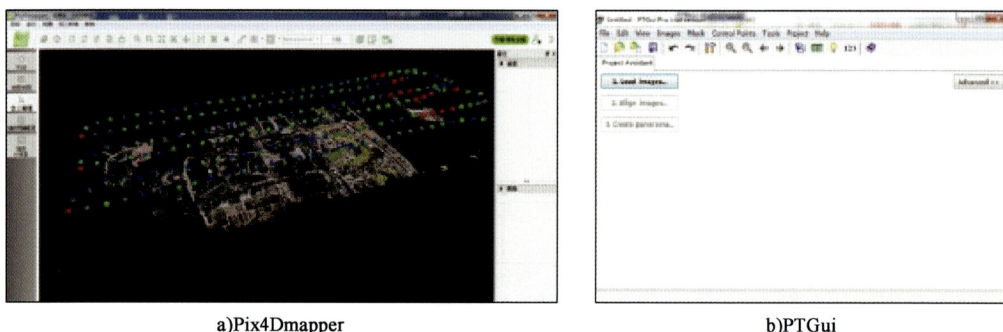

a)Pix4Dmapper b)PTGui

图 2-9 常用的快拼软件

(2) 像控点的布设

基于快拼结果，在航摄区范围内均匀选取易识别、定位且不易变动的地面或构筑物上的点，进行像控点布设。像控点一般布设在较平坦位置，在地面标志性图案的拐角或物体棱角处，方便点位查找、定位。像控点布设过程中应现场记录，并拍摄照片，方便数据处理过程中寻找对应像控点，外业像控点的采集如图 2-10 所示。像控点是空三加密等影像匹配与拼接过程中保证数据精度的重要内容，对提高产品质量有重要作用。

(3) 空三加密

空三加密的传统做法是基于少量野外控制点，来进行未知点坐标与高程计算，然后基于此求解图像外方位元素。空三加密提供了足够数量绝对定向的高精度控制点，能够弥补外业像控点不足的缺陷。空三加密的具体流程如图 2-11 所示。

a)像控点近景照片　　　　　　　b)像控点远景照片

图 2-10　外业像控点的采集

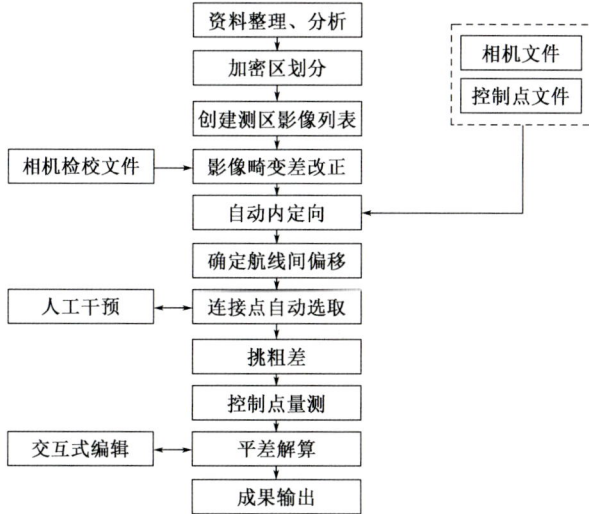

图 2-11　空三加密流程图

（4）匹配与纠正

影像匹配过程是基于航片之间的重叠区域,利用互相关函数推测航片之间的相似性,进而确定同名点并实现多张航片自动找寻和识别同名点的过程。

利用影像匹配生成的 DSM(数字表面模型,Digital Surface Model)影像,由于设备与环境等因素影响,会存在不同程度畸变。针对这一问题,应对影像进行畸变纠正处理,建立影像与地物之间的变换关系,从而弱化或消除畸变,提高影像数据准确度。

（5）后期处理

由于影像是经多张航片融合而成,生成的影像会存在局部拉花、白斑的问题,在影像拼接处也会有部分拼接线。上述精度问题可通过人工干预处理,使生成影像与真实地物更加吻合。

危岩落石三维倾斜模型构建流程如图 2-12 所示。

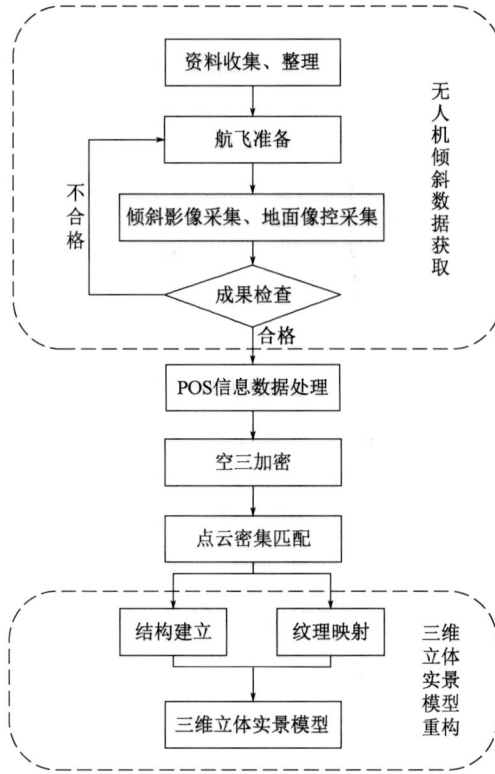

图 2-12　危岩落石三维倾斜模型构建流程图

2.3.2　无人机激光雷达数据采集与处理

LiDAR 技术是现有遥感技术中罕有的可穿透植被冠层获取地面地形的技术,测得的高精度地形数据有助于监测滑坡、大面积落石、洪水等,从而为应急减灾提供灾前预测与应急响应。LiDAR 技术提供数据精度高,为大范围地理区域调查提供了一个高效、低成本的方法。其特点包括:

响应快速——快速、精确获取滑坡等地质灾害体微地貌等细节特征信息;

参数多元——定量提取精细地表粗糙度、坡度、坡向等地形地貌参数;

精确提取——多期数据下,可精确提取特征地形地貌细微变化量;

提前预警——可根据数据信息发现潜在威胁。

1) 无人机激光雷达数据采集方法

高危目标调查应用项目合同明确要求采用无人机搭载激光雷达系统进行作业实施,并基于测区点云数据获取示范项目所需的最终成果数据。无人机激光雷达系统实施作业的整体流程如图 2-13 所示。

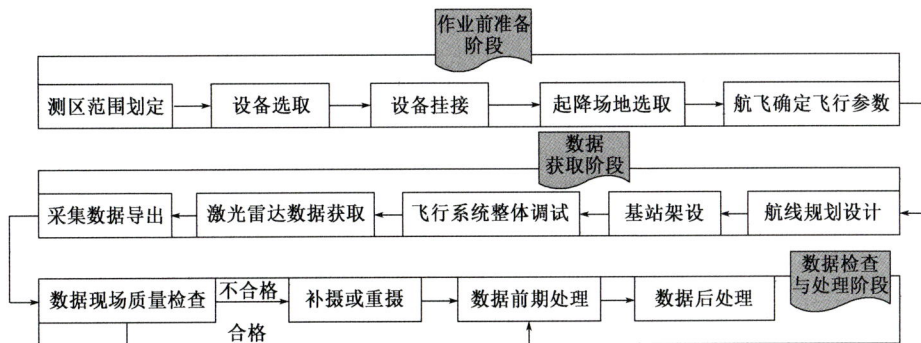

图 2-13 总体作业流程图

无人机激光雷达系统实施作业的过程可概括为数据采集和成果获取两部分。其中,数据采集包括采集数据前的作业准备阶段及数据获取阶段;成果获取包括数据检查及处理。这里主要介绍作业前准备、数据获取及数据检查与处理这三阶段内容。

(1)作业前准备阶段

飞行作业前的准备工作为数据获取提供基础与条件,其基本过程是:首先划定测区范围,然后选择搭载设备并进行设备挂接,最后通过踏勘选取作业场地,通过航摄飞行试验设定飞行所需参数信息。其中,示范项目中采用的挂接装置、挂接接口说明及选取作业场地如图 2-14所示。

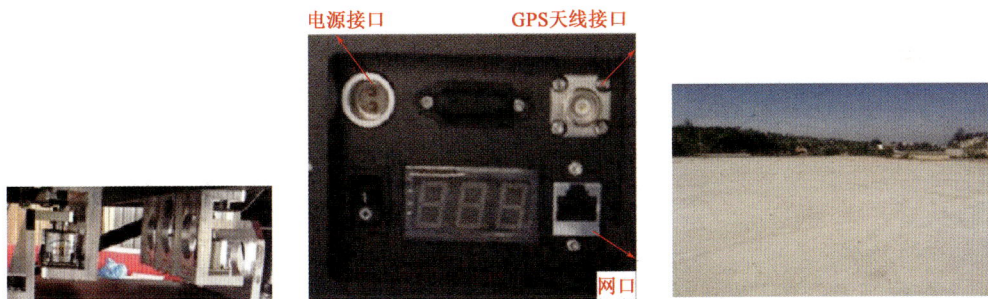

图 2-14 设备挂接及场地选择

(2)数据获取阶段

无人机激光雷达系统通过将激光扫描测距、差分 GPS 以及惯性测量联合获取 IMU(惯性测量单元,Inertial Measurement Unit)数据、机载 GPS 数据、基站 GPS 数据以及点云数据信息。经航线规划设计、GPS 基站架设以及飞行系统整体调试后就可进行数据的采集与导出。

其中航线规划设计包括航线设计、检校设计两部分。

航线设计主要是按照行业规范来进行航线规划,检校设计的目的是确定惯性测量装置与激光扫描测距系统相互框架位置关系的系统差、GPS 天线相位中心与激光扫描测距系统之间的偏心矢量和摄站高程的系统差等相关信息。

（3）数据检查及处理阶段

航飞结束后应先对数据进行现场质量检查，检查记录内容如图 2-15 所示。其中点云数据的现场检查是在点云预处理之后进行的，可由软件进行快速检查。为便于表述，将点云数据预处理及现场检查归并到点云数据的前期处理环节进行统一介绍。如果检查时数据存在严重缺失遗漏或精度无法满足规范要求，应进行补摄或重飞直至获取满足要求的数据。

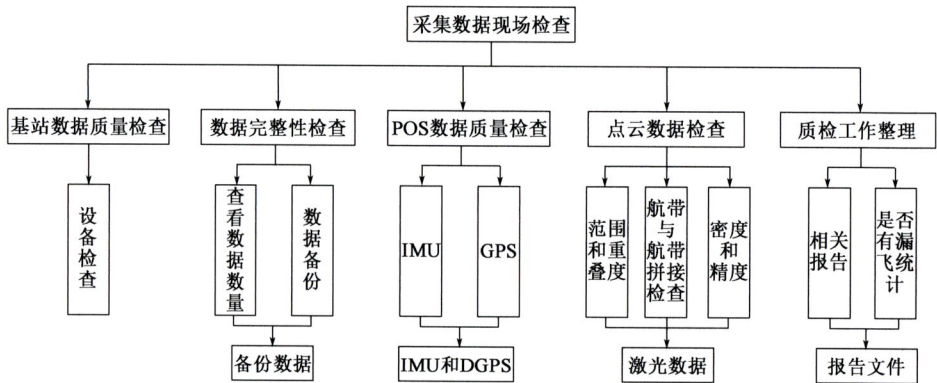

图 2-15　数据质量检查内容

数据处理的目的是获取最终成果数据。主要包括数据前期处理及后处理两个部分。激光点云前期处理是为后期点云使用提供一份完整且质量合格的基础数据，点云数据后处理是为满足项目应用而做的工作。

这里涉及的后处理操作主要是自动提取调查要素，例如获取居民户轮廓位置、中心点高程以及河道纵横断面信息等。

2）激光雷达数据采集误差及检校

（1）系统误差

点云数据的采集是无人机激光雷达工作核心，应严格按照测绘行业技术规范[《无人机航摄安全作业基本要求》（CH/Z 3001—2010）、《IMU/GPS 辅助航空摄影技术规范》（GB/T 27919—2011）及《机载激光雷达数据获取成果质量检验技术规范》（CH/T 8024—2011）等]进行航线规划及作业，满足航高变化、速度变化等的规范要求，将点云数据获取过程中所产生的各类误差影响降至最低，保证数据获取精度。

采用无人机激光雷达系统获取点云数据时，常见系统误差来源有激光测距扫描时的测距误差、扫描角误差，IMU 姿态测量时的姿态误差，DGPS 定位时的定位误差、多传感器集成时的系统集成误差以及时间同步误差等。上述误差的特性及对数据获取精度的影响程度分析如下：

①测距误差：激光测距误差产生原因比较复杂，除仪器本身产生的误差（如脉冲传播时间

误差等)外,还有大气折射影响(影响小)。此外,地形、地物的复杂性可能会造成脉冲信号的漫反射、镜面反射及吸收等问题,进而影响测距精度。总之,当飞行高度过低或扫描角度过小时,该类误差对数据获取精度影响程度会较大。

②扫描角误差:虽然在理论上采用旋转棱镜式扫描能够实现反射镜的匀速旋转,但实际情况并不能完全保证其匀速转动。如扫描镜振动等原因都会造成扫描角误差。此类误差会影响点云均匀分布程度,但该类误差一般可在航飞试验中及时发现,预先处理,因此该类误差对数据获取精度影响并不大。

③姿态测量误差:受姿态测量精度制约,无人机激光雷达系统获取数据的平面位置精度要低于高程精度。该误差是影响数据获取精度的最大误差源。因此,采用姿态定位精度最高的POS系统。

④定位误差:受到诸如对流层及电离层延迟、观测噪声等因素影响,差分 GPS 进行定位时会产生定位误差。目前,基于该方法进行的目标点定位精度可达厘米级。

⑤时间同步误差:时间同步误差是由于定位定向系统与激光测距系统在进行目标定位定向时不同步所引起的。如果无人机飞行状态平稳,测距与姿态测量间的时间不同步对点云数据的精度影响很小。因此在飞行过程中应严格按照规范要求保持无人机的平稳飞行。

⑥系统集成误差:无人机激光雷达系统将激光扫描测距系统、惯性导航系统及差分全球系统等多个系统进行了集成。严格讲,系统集成时应保证各系统严格对准,但实际情况中存在安置误差(如惯性测量系统与激光扫描仪以及与差分 GPS 接收机的安置误差等)。该类误差可通过检校的方式进行消除。

因此,按照行业规范完成航线规划后正式航飞前,应进行设备检校。以达到消除部分系统误差、提高测量精度的目的。

(2)系统检校

在系统检校中,除对各装置仪器偏心分量进行校正外,还要对仪器安装轴中的偏心角(如侧滚、俯仰及航向角)进行检校。

其中检校航线设计的基本原则如下:

①检校场地应保持地势平坦,场地内应有明显倾斜地形或地物(如尖顶房等),进而对偏心角进行检校。场地区域范围内不应出现激光高回收地物。

②检校飞行时应选择垂直倾斜地形或地物方向进行平行及重叠飞行,且平行航线要满足重叠度要求。

③地面控制点应布设在高程变化不大且易准确判断点位的地点。

④在进行设备参数检校时应以测区内使用的最大参数为准。

下面,以如图 2-16 所示激光检校航线为例进行检校设计说明。

在进行激光检校航线设计时应设置垂直尖顶屋来回飞行的激光检校航线以及平行飞行检

校航线,如图中的 LM/ML(重叠飞行)、JK(平行飞行)。在重叠飞行时还要保证航线的重叠率满足要求。

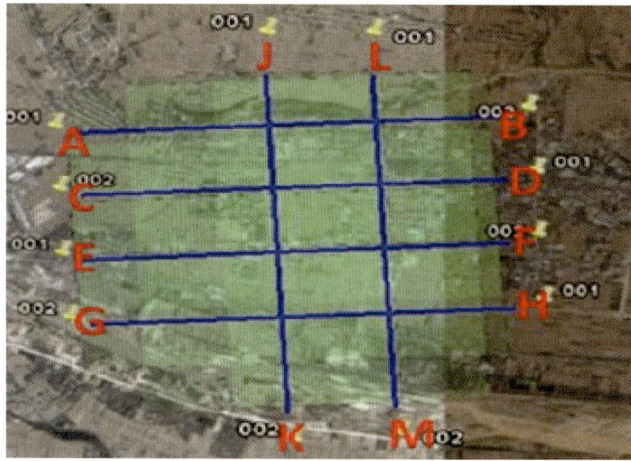

图 2-16 激光检校航线

在系统检校完成后将相应飞行参数(如飞行路线、飞行速度及航高等)输入飞行控制系统,飞行系统整体调试后可按设定参数自主飞行,进而完成点云数据的获取及相关数据的记录存储。

3) 激光雷达数据处理

采用无人机激光雷达系统获取的点云不包含解算后的三维坐标信息,且测区范围内会包含多条航带(单一航带数据难以满足应用要求)。因此,需要对原始点云数据进行前期处理。激光点云前期处理主要包括点云数据预处理、预处理后点云常规检查、点云数据拼接及点云数据噪声去除 4 部分。

(1)点云数据预处理

原始激光点云数据并没有三维坐标信息,因此需要对原始点云进行预处理获取坐标信息,一般采用商业软件来完成数据预处理工作。

基本思路为:首先,对原始激光数据与定位定向数据(即 POS 数据,包括 DGPS 和 IMU 数据)进行解码,获得 GPS 文件、IMU 文件、激光点文件等;其次,将机载 POS 与地面基站 GPS 进行差分解算,获得精确的坐标;最后,通过点云数据格式转换获取标准.las 格式文件,与处理后的定位定向数据进行融合,获取地面坐标。以瑞格 LMS-Q680 为例,在点云数据格式转换、坐标解算过程中涉及的软件有 Inertial Explorer、SImport 及 RiWorld。其中,Inertial Explorer 主要用来获取航迹信息;SImport 主要实现激光点云数据格式转换及数据筛选;RiWorld 用来获取具有大地坐标的点云数据。上述三个预处理软件的主界面如图 2-17 所示。

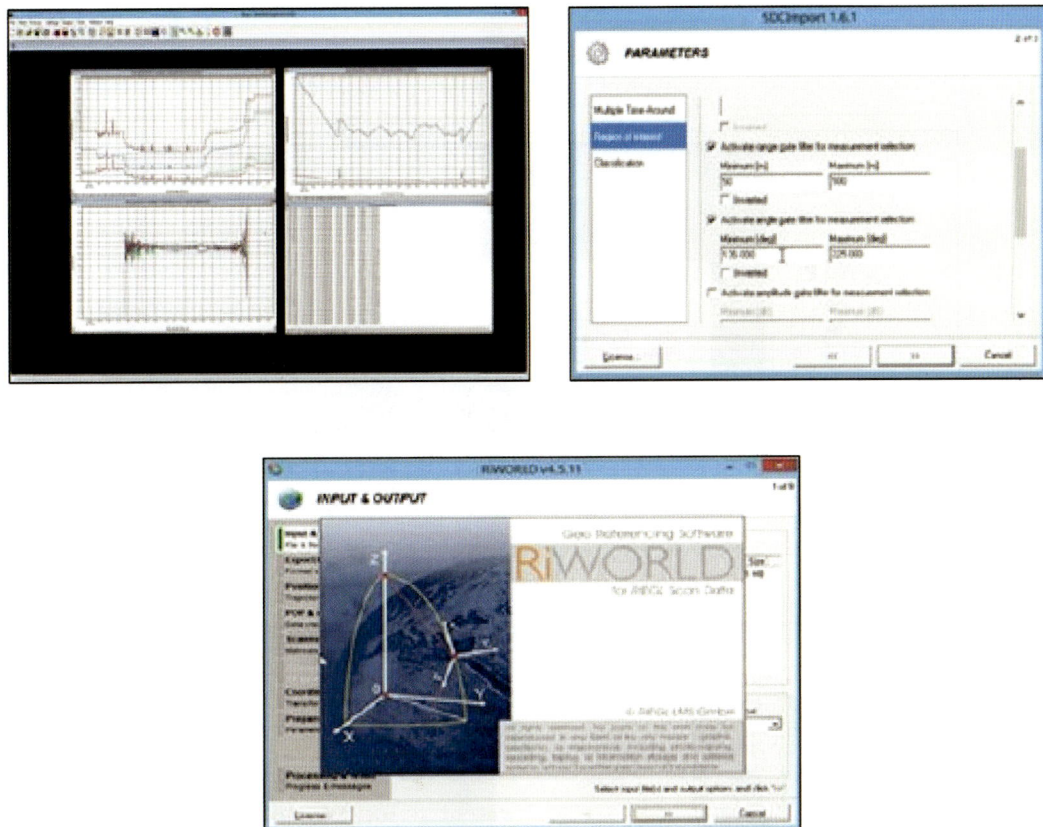

图 2-17 预处理软件

（2）预处理后点云常规检查

点云数据预处理完成后需进行点云常规检查，包括：

①范围及重叠度检查：查看点云数据是否覆盖整个测区，航带间重叠度是否满足规范要求以及是否存在漏洞。

②点云密度及精度检查：查看点云密度是否与设计相一致及精度是否满足要求。

③航带间匹配情况检查（平面及高程误差）：查看航带拼接误差（包括同架次不同航带以及不同架次不同航带间的拼接误差）是否满足要求。

点云数据的常规检查可借助专业处理软件完成，图 2-18 为采用 TerraScan 模块对点云密度进行检查的界面。

（3）点云数据的拼接

采用无人机激光雷达系统作业时，由于测区范围很大或者目标物存在遮挡，需要设计多条航线。但相邻两条航线间的重叠区由于受到外界各种因素影响，无法保证图像完全一致，重叠区的数据无法完全重合，对点云整体密度分布及后续使用造成影响。因此，在实际应用前还需进行如下步骤：

①对航带间高差进行调整。如存在地面控制点,采用地面控制点进行高差调整。否则,借助地面点进行调整。高差调整前及调整后剖面如图 2-19 所示。

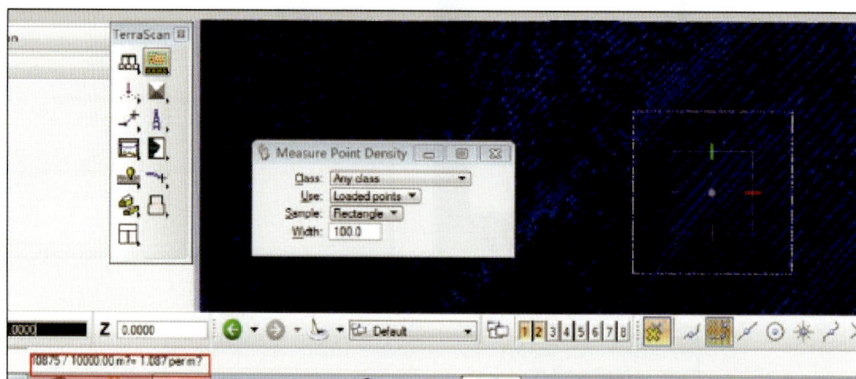

图 2-18　点云密度检查

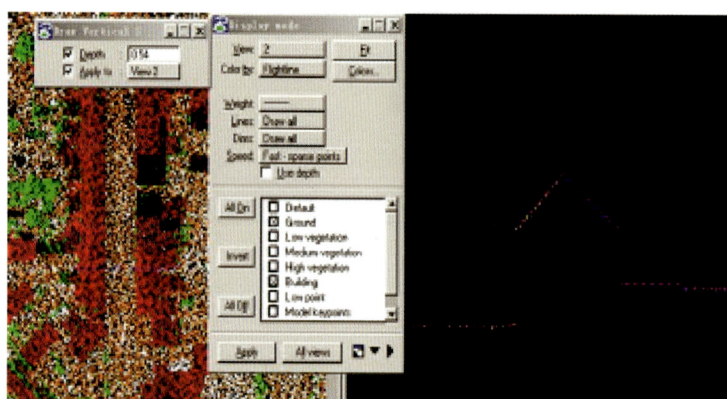

a)高差调整前

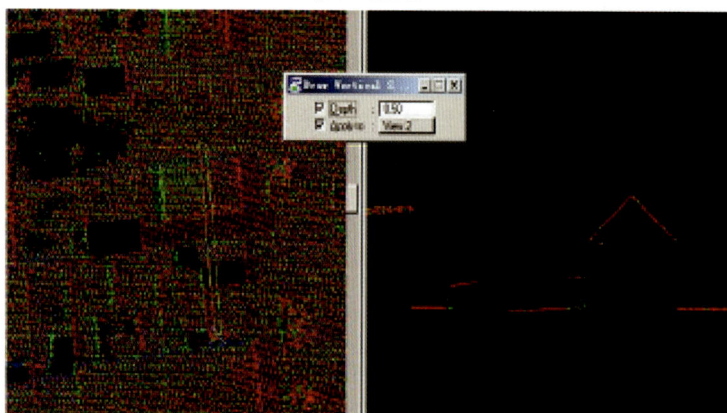

b)高差调整后

图 2-19　高差调整前与调整后剖面图

②去除重叠区,完成点云数据的拼接。

(4)点云数据噪声去除

采用无人机激光雷达系统实际获取激光点云数据时不可避免地会受到多种因素的影响。主要包括:

①大面积水域使点云数据出现空洞,或地面光滑使脉冲信号产生镜面反射或漫反射。

②因激光扫描测距系统自身缺陷使点云数据包含大量噪声(如杂质点及偶然噪声等)。图 2-20 中,噪声点用红色框出。

图 2-20 点云噪声

这些噪声会对点云数据后续处理造成影响。因此,点云拼接完成后还需对明显噪声点进行去除操作。此外,当研究区域小于点云范围时,为提高使用效率还需进行点云分割操作。上述工作完成后,可获得一份质量较好的基础数据,为后续应用提供良好数据来源。

4)基于三维激光点云的危岩落石信息量化分析

基于分类后的彩色三维激光点云模型,开展危岩落石空间几何信息量测,获取危岩体的长、宽、高、相对高差、水平距离、坐标位置、角度等三维空间信息数据,为危岩体的危险性评价、防治措施等提供可靠的基础资料。

(1)控制性节理产状量测

控制性节理产状的量测是危岩落石调查的重要环节,但对于艰险复杂地形地貌环境中危岩体结构面产状的近距离测量十分困难。通常获取结构面的方法有单点拟合和多点拟合的方法,其中采用最多的是三点拟合,即在模型的结构面上用三点确定结构面空间信息。首先利用三维倾斜模型寻找定位危岩体具体位置和出露的结构面,然后在三维激光点云模型上选取不在一条直线上的三个点来拟合预测结构面,最后通过三个点的三维坐标换算出结构面的法向量,进而求得结构面的倾向、倾角。计算过程如下:

①提取特征点。提取理想岩层面上不同高度、不同位置、不在同一直线上,能够反映理想岩层面空间几何形态的三个特征点。在三维遥感判释空间场景中,读取三个特征点的坐标和高程数据。最高点定义为 A 点,其坐标和高程表示为 (x_1, y_1, H_1);次高点定义为 B 点,其坐标

和高程表示为(x_2, y_2, H_2);最低点定义为 C 点,其坐标和高程表示为(x_3, y_3, H_3)。

②建立空间几何关系,计算岩层产状要素。岩层产状计算空间几何关系如图 2-21 所示,从 A 点到 C 点做一直线,从 B 点做一水平线交线段 AC 于 D 点,B 点与 D 点等高。线段 BD 的方向即为岩层的走向。在三维遥感判释空间场景中,以北方向为起始方向,量测出线段 BD 的方向,得到岩层的走向。图 2-21 中,B_1、D_1 和 F_1 分别为 B 点、D 点和 F 点在以 C 点高程为基准的水平面上的投影点。过 C 点做平行于线段 BD 的水平线 CO。在线段 BD 上任选一点 F,从 F 点向射线 CO 做垂线,交射线 CO 于点 E,则线段 F_1E 所指方向为岩层倾向(箭头所指方向,与走向垂直)。在三维遥感判释空间场景中,以北方向为起始方向,量测出线段 FE 的方位角(即线段 F_1E 所指方向),得到岩层的倾向。线段 EF 与线段 EF_1 之间的夹角 a 为岩层的倾角,可由下列公式计算得到:

$$a = \arctan\left(\frac{H_2 - H_3}{y_2 - y_3}\right) \tag{2-7}$$

式中:a——倾角;

H_2、H_3——B 点和 C 点高程;

y_2、y_3——B 点、C 点垂向平面坐标值。

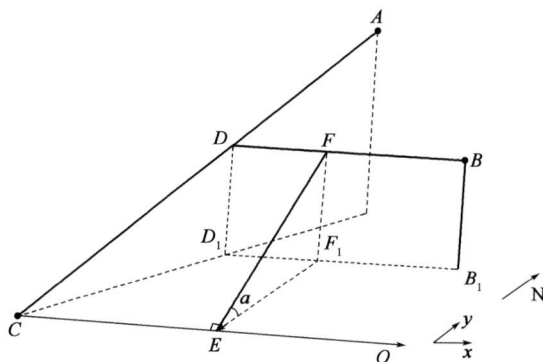

图 2-21　岩层产状计算空间几何关系

通过以上计算,获得岩层走向、倾向和倾角信息,从而得到岩层产状要素。

(2)危岩体剖面图与分布图获取

利用地形等高线切取,但对不同比例尺图件切制出的剖面线差异很大,且局部微地形也难以反映出来。利用三维激光点云模型获取危岩二维剖面图,操作简单快捷,能高精度反应微地貌,为危岩体危险性评价提供精准的剖面图。

2.3.3　基于三维实景模型的危岩落石定量分析技术研究

1)基于三维实景模型的危岩体积量测

将岩石抽象成多面体,在正射投影角度圈划目标岩体区域,获取目标岩体在水平投影中的

坐标串 $A_1(X_1,Y_1,Z_1)$，$A_2(X_2,Y_2,Z_2)$，$A_3(X_3,Y_3,Z_3)$，$A_4(X_4,Y_4,Z_4)$，…，在三维视角获取危岩底部坐标 B_1。将如图 2-22 所示的红线范围视作构成岩石的包络多面体，并视为空间分析的目标范围。

将 $A_1,A_2,\cdots,A_n$ 组成的空间多面体进行空间投影，确定投影区域，在上面按照一定采样间隔 X_{inter}，Y_{inter} 进行密集采样（图 2-22 所示黄线范围）。分别获取每个采样网格内的中心点高程坐标最大值 Z_{max_i} 与最小值 Z_{min_i}。假定岩石体积为 V，则计算公式为：

$$V = \sum_{i=1}^{n} (Z_{max\_i} - Z_{min\_i}) \cdot (X_{inter} \cdot Y_{inter})$$

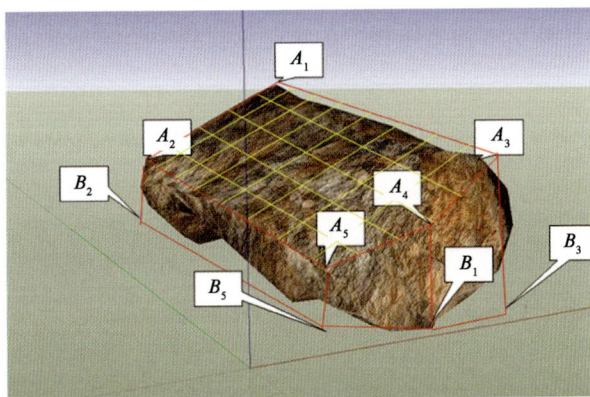

图 2-22　岩石体积估算模型

2）基于三维实景模型的质心计算

对于一个物体来说，如图 2-23 所示，位于质心坐标 (x_i,y_i,z_i) 处的质点，质点质量为 m_i，其质心坐标 (x_c,y_c,z_c) 的计算公式为：

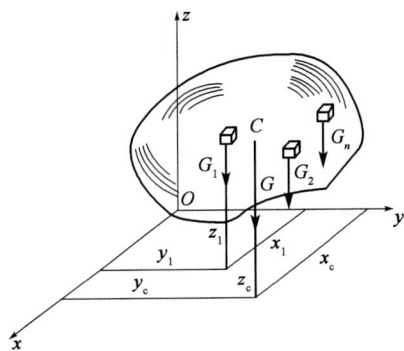

图 2-23　质心计算示意图

$$x_c = \frac{\sum m_i x_i}{m} \tag{2-8}$$

$$y_c = \frac{\sum m_i y_i}{m} \tag{2-9}$$

$$z_c = \frac{\sum m_i z_i}{m} \tag{2-10}$$

均质重力场中，均质物体的重心、质心和形心位置重合，设其密度为 ρ，总体积为 v，微元体积为 v_i，则 $G = \rho g v$，$G_i = \rho g v_i$，代入重心坐标公式，即可得到均质物体的形心坐标公式如下：

$$x_c = \frac{\sum v_i x_i}{v} \tag{2-11}$$

$$y_c = \frac{\sum v_i y_i}{v} \tag{2-12}$$

$$z_c = \frac{\sum v_i z_i}{v} \tag{2-13}$$

三维实心物质质心坐标的确定方法为:$\rho(x,y,z) \equiv 1$,其中:

$$\overline{x} = \frac{M_{yz}}{m} = \frac{1}{m} \iiint x \cdot \rho(x,y,z) \mathrm{d}v = \frac{1}{m} \iiint x \mathrm{d}v \tag{2-14}$$

$$\overline{y} = \frac{M_{xz}}{m} = \frac{1}{m} \iiint y \cdot \rho(x,y,z) \mathrm{d}v = \frac{1}{m} \iiint y \mathrm{d}v \tag{2-15}$$

$$\overline{z} = \frac{M_{xz}}{m} = \frac{1}{m} \iiint z \cdot \rho(x,y,z) \mathrm{d}v = \frac{1}{m} \iiint z \mathrm{d}v \tag{2-16}$$

求质心坐标,先要计算出多面体体积。关键是要找到一个满足 $\nabla \cdot F = 1 \nabla \cdot F = 1$ 的向量场 FF 即可。

$(x,0,0),(x,0,0),(0,y,0),(0,y,0),(0,0,z),(0,0,z),1/3(x,y,z)$ 都行,取最后一个。得:

$$m = V = \iiint \mathrm{d}v = \frac{1}{6} \sum_{A_i} a_i n_i = \frac{1}{6} \sum_{A_i} b_i n_i \tag{2-17}$$

其中,n_i 是多面体第 i 个三角形面 $A_i(a_i,b_i,c_i)$ 法向量。

$$(b_i - a_i) \otimes (c_i - b_i)(b_i - a_i) \otimes (c_i - b_i) \tag{2-18}$$

上式的模是小三角形面积的 2 倍,这是 1/3 变 1/6 的原因;实际上不但三个顶点 a_i,b_i,c_i,小三角形所在平面上所有点对应向量,与这个法向量的内积都是常数。

3) 基于三维实景模型的产状量测

(1) 走向(Azimuth)计算

岩层层面与任一假想水平面的交线被称为走向线,即同一层面上等高两点的连线;走向线两端延伸的方向被称为岩层走向,岩层走向有两个方向,彼此相差 180°。岩层走向表示岩层在空间的水平延伸方向,如图 2-24 所示。

在实景倾斜模型中,分别点取 A、B 点经纬度坐标 $(\mathrm{lon}_A, \mathrm{lat}_A)$、$(\mathrm{lon}_B, \mathrm{lat}_B)$,根据两点的经纬度可求方位角和距离,如图 2-25 所示。

具体步骤如下:

第一步:在知道 AB 点经纬度后,引入三面角余弦公式:

$$\cos(c) = \cos(a)\cos(b) + \sin(a)\sin(b)\cos(A \sim OC \sim B) \tag{2-19}$$

$A \sim OC \sim B$ 是面 AOC 与面 BOC 的二面角,将已知数据代入,公式可写成:

$$\cos(c) = \cos(90 - \mathrm{lon}_b)\cos(90 - \mathrm{lon}_b) + \sin(90 - \mathrm{lon}_b)\sin(90 - \mathrm{lon}_a)\cos(\mathrm{lat}_b - \mathrm{lat}_a) \tag{2-20}$$

式中,二面角 $A \sim OC \sim B$ 的度数就是两点经度之差。

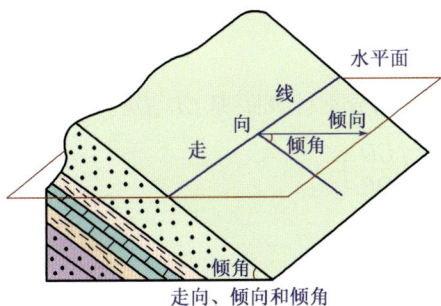

图 2-24　走向、倾斜和倾角示意图

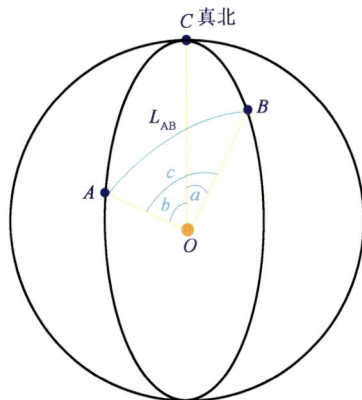

图 2-25　走向空间示意图

第二步:经过正余弦值转换公式,可得角 c 的正弦值:

$$\sin(c) = \sqrt{1 - \cos^2(c)} \qquad (2-21)$$

第三步:求得正弦后,引入球面正弦公式:

$$\frac{a}{\sin(A)} = \frac{b}{\sin(B)} = \frac{c}{\sin(C)} \qquad (2-22)$$

将已知数据代入,公式写为:

$$\sin(A) = \sin\left[\sin(90 - \mathrm{lon_b}) \cdot \frac{\sin(\mathrm{lat_b} - \mathrm{lat_a})}{\sin(c)}\right] \qquad (2-23)$$

用反正弦函数求角度,上式可写成:

$$A = \arcsin\left[\sin(90 - \mathrm{lon_b}) \cdot \sin(\mathrm{lat_b} - \mathrm{lat_a}) / \sin(c)\right] \qquad (2-24)$$

根据 B 相对于 A 的位置,依据不同情况对计算结果进行相应处理。假设 A 点固定于原点,则:

B 点在第一象限时,Azimuth $= A$;

B 在第二象限时,Azimuth $= 360° + A$;

B 在第三四象限时,Azimuth $= 180° - A$。

(2)倾向(Inclination)计算

层面上与走向线垂直并沿斜面向下的直线被称为倾斜线,它表示岩层的最大坡度;倾斜线在水平面上的投影所指示的方向称为岩层倾向或真倾向。真倾向只有一个,倾向表示岩层向哪个方向倾斜。其他斜交于岩层走向线并沿斜面向下所引的任一直线,称为视倾斜线;它在水平面上的投影所指的方向,称为视倾向。无论真倾向或视倾向,都是有指向的,即指向一个方向。倾向与走向相差90°:

$$\mathrm{Inclination} = \mathrm{Azimuth} \pm 90° \qquad (2-25)$$

在倾斜模型上实际量测时，假定分别获取 $A(\mathrm{lon}_A, \mathrm{lat}_A, Z_A)$、$B(\mathrm{lon}_B, \mathrm{lat}_B, Z_B)$、$E(\mathrm{lon}_E, \mathrm{lat}_E, Z_E)$ 点的坐标，C 点坐标为与 A、B 点在同一水平面上，CE 在同一铅垂线上，C 点的 Lon 和 Lat 坐标与 E 相同，Z 坐标与 A、B 相同，则 C 点坐标为 $E(\mathrm{lon}_E, \mathrm{lat}_E, Z_A)$。$D$ 点为过 C 点，与 AB 线的垂线交点。

（3）倾角计算

角 $\angle CDE$ 的角度为倾角 dip，利用 C、D、E 点坐标分别计算距离 CD、DE：

$$\mathrm{dip} = \arccos\left(\frac{CD}{DE}\right) \tag{2-26}$$

4）基于三维实景模型的地形剖面生成

可以选取模型空间任意两点做一直线，在线段范围内获取模型的连续高程数据，并以此为基础自动绘制局部纵坡面图（图 2-26），了解局部地形走势情况，进行下落轨迹分析。

图 2-26　地形剖面量测示意图

第 **3** 章

稳定性评价方法

NEW TECHNOLOGIES AND APPLICATIONS
FOR INVESTIGATION AND EVALUATION
OF DANGEROUS ROCK AND ROCKFALL

稳定性评价方法是危岩落石勘察评价的重难点问题之一,国内外学者对较大规模的崩塌体从地质成因演化、模型试验与数值仿真等方面进行了大量而系统的深入研究,但针对线状工程,危岩落石灾害具有分布广、数量多,规模相对较小,安全风险大的特点,尚缺乏系统评价方法可供工程技术人员借鉴。本章在总结分析危岩落石稳定性影响因素的基础上,系统地阐述了危岩落石定性和定量评价方法,为危岩落石灾害稳定评价和科学防治提供支撑。

3.1 稳定性影响因素

危岩落石的形成是多因子变异耦合的结果,内因是危岩体形成的物质基础,外因的影响进一步加速内因的恶化,是破坏失稳的诱发因素。内外因相互影响、相互制约,决定了危岩体的形成与发展。

3.1.1 地形地貌

危岩落石的形成要有适宜的坡面形态、坡度和高度以及有利于岩土体崩塌的临空面。长期上升剧烈的分水岭地区,高山峡谷地区,江河湖海和冲沟的陡立岸坡,尤其山区河曲的凹岸边坡,陡峻山坡及人工陡坡等为危岩体发育的优势区。

大量的天然斜坡和人工边坡危岩体的调查表明,陡峻的坡度是形成危岩体必不可少的条件之一。斜坡坡度越陡,越容易形成危岩体。据统计多数危岩体发育在坡度大于 $45°$ 的陡峻边坡上,反坡上的悬崖更易形成危岩体。

此外,坡高对危岩体的形成也有明显的影响,一般而言高度越大则越容易形成危岩体。同时,边坡的高度越大,危岩体的规模和崩塌强度也越大。统计表明(胡厚田,1989),危岩体绝大多数发育在坡高大于 $20m$ 的边坡上,高度小于 $20m$ 的边坡危岩体仅占不足 5%。

植被对危岩体有两个不同方面的作用和影响。

(1)促进危岩体的形成:植物根系对危岩体的根劈作用对危岩体的稳定不利。随着植物根部不断增长变粗,岩石裂隙、节理和软弱面不断扩展,加速危岩体崩塌的发生。另外,植物根系分泌有机酸能分解岩石矿物,也对危岩体稳定不利。

(2)阻碍危岩体崩塌失稳:生长在陡坡上的茂密的树木,对固定山坡上的松散土石,防治水土流失,毫无疑问起很大作用的。同时对其上部的危岩体也能起一定的阻碍作用。但是,如果用树木防治危岩体的崩塌失稳是不可靠的。

3.1.2 岩土特征

1) 地层岩性

地层岩性对岩质边坡危岩体形成的控制作用是明显的。危岩体多发育于块状、厚层状的坚硬和较坚硬的硬质岩体上,如:花岗岩、灰岩、砾岩、砂岩、辉长岩、辉绿岩和厚板岩。一般来讲,只有较坚硬的岩石才可能形成高陡的边坡地形,构造节理或卸荷裂隙发育且存在临空面,极易发生危岩体崩塌。相反,较软的柔性岩体,泥岩、页岩、云母片岩、滑石片岩、千枚岩和绿片岩中发育的危岩体较少。另外,软硬相间的岩层组合也有利于危岩体的发育,软硬相间的岩层必然产生差异风化,软岩抗风化能力差而多成凹岩腔,硬岩抗风化能力强而多成陡崖。

2) 地质构造

陡倾、甚至直立的坡体软弱面(层面、节理裂隙等)是危岩体发育以及发生破坏失稳的重要条件。地质构造活动对危岩体的发育、分布有着重要的控制作用。断层交汇处、断层破碎带、背斜核部、遭强烈挤压的向斜核部、火成岩岩脉侵入界面、高陡边坡卸荷带等岩体结构破碎,断层节理构造面发育的部位,当结构面倾向坡体临空面时危岩体尤其发育。

在边坡方向与区域性构造线平行的情况下,边坡的危岩体特别发育,且分布范围扩大。区域性大型活动断层通常形成长达数十米至上百米的断层陡崖,往往控制危岩体的发育分布。在几组构造线交汇的峡谷区,往往形成大型危岩体。断层带附近岩体十分破碎,为危岩体的发育提供了必要条件。同时,断层破碎带常常是地下水渗流的通道,使岩层强度降低,从而引起各种规模危岩体的形成。实事表明,如果高陡边坡走向与断层破碎带走向一致,危岩体发育的规模一般较大;相反,如果高陡边坡走向与断层破碎带走向垂直,则危岩体发育的规模较小。

强烈弯曲的背斜核部,脆性岩层在曲率最大处常常折断;由于岩层受张,在垂直岩层方向还会发育大量张节理,使岩层破碎。此外,在多次地质构造作用和风化作用的影响下,破碎岩体往往产生一定松动,从而形成危岩体,并在重力和其他外力(如地震力、水压力等)的作用下,就可能产生各种类型的崩塌落石。危岩体的规模主要取决于褶皱轴向和边坡坡向的夹角,当背斜轴垂直于坡面方向,一般只发育小型的危岩体。向斜核部岩层受挤压,褶皱强烈时,向斜核部岩层也会折断,并产生一系列压张裂隙。如果边坡走向与向斜轴平行,且边坡高陡,也将发育较大规模的危岩体。褶皱两翼岩层呈单斜状,在岩层倾向与高陡边坡倾向一致时(高陡顺向坡),易于发育滑塌式危岩体。滑移面通常是岩层中的软弱夹层面、层间错动面或岩层面,当岩体两侧有构造节理切割时,将更有利于危岩体的发育。当岩层走向与高陡边坡走向一致时,可能发育大型危岩体。当岩层倾向与高陡边坡倾向大角度相交或正交时(斜向坡),通常只发育有小型危岩体。

沿构造节理发育的危岩体较多。倾向坡外的节理被开挖切断后,岩体稳定情况与节理的倾角大小有关,还在很大程度上受节理充填物的影响。如果软弱节理缝内充填黏土或其他易受水浸润而软化的矿物,或者刚性节理倾角很陡,则更易于危岩体的发育。

3)风化作用

边坡上的岩体在各种风化营力(温度场、水、日照、风)长期作用下,其强度和稳定性不断降低而转化为危岩体,最后可能导致危岩体发生崩塌。风化作用对危岩体主要有以下几个作用。

(1)坚硬岩石的风化程度越高,其强度越低,越有利于危岩体的发育,进而发生危岩体崩塌失稳的可能性就越大。

(2)边坡上的不同岩体的差异风化,可能导致危岩体的产生。如果边坡岩体是由岩性不同的成层岩体组成,由于性质软弱的岩层抗风化能力低,风化速度快;而坚硬岩石抗风化能力强,风化速度慢,在边坡上就会突出出来,使边坡凸凹不平,久而久之,悬空而突出的岩体就发育成危岩体,在诱发条件下崩塌失稳。

(3)边坡上不稳定岩体下部倾向坡外的结构面,如果发生泥化作用或软化,可能导致危岩体的崩塌失稳。

(4)高陡边坡如果切割山体上的风化壳,形成危岩体,可能沿完整岩石产生崩塌失稳。

4)卸荷作用

卸荷变形破坏现象在自然界中广泛存在。在岩质边坡中,卸荷将引起临空面附近岩体内部应力重新分布、产生局部应力集中,并且在卸荷回弹变形过程中,还会因差异回弹而在岩体中形成一个被约束的残余应力体系,在张应力集中带发展成拉裂面;在平行于临空面的压应力集中带处发展成平行于临空面的压致拉裂面或剪切破裂面。卸荷回弹同样可以在岩体中形成残余剪应力,并导致剪切破裂。概括地讲,卸荷作用对危岩体的影响主要有以下几方面:

(1)整体(块状)结构的岩质边坡在遭受强烈剥蚀和侵蚀的过程中,由于卸荷引起临空面附近岩体回弹变形和应力重新分布,形成新的次生破裂面(即卸荷裂隙),使岩体原有结构松弛,破坏岩体的完整性,可能形成新的危岩体。

(2)坡表结构面较发育的岩质边坡在遭受强烈剥蚀和侵蚀的作用下,受岩体原生结构的控制,卸荷岩体的变形与破裂往往沿原生结构面发生。当卸荷方向近于垂直结构面时,易发生离面卸荷回弹;而当卸荷方向与结构面近于一致时,则易发生差异回弹错动。这都将促进危岩体的形成或加速其变形破坏过程。

（3）卸荷岩体的变形表现为沿卸荷方向的强烈扩容,其破坏是因为内部应变能的突然释放引起的,卸荷岩体的变形与破裂是卸荷引起的应力场调整所致。卸荷岩体的变形与破裂主要受地应力场高低和卸荷强度影响:地应力场高且卸荷强烈,则卸荷岩体的变形与破裂明显:地应力场低且卸荷缓慢,应力调整充分,则卸荷岩体的变形与破裂不明显。

3.1.3 气象水文

1）降雨

大气降水对危岩体的影响十分显著,危岩体的急剧变形多出现在雨季大量降雨之后。宝成、成昆、鹰厦等铁路线路上,危岩体崩塌数的 70% 以上发生在雨季。水从地表裂缝渗入,明显地改变了危岩体结构面的物理力学性质,裂隙中的水及其流动产生不利于危岩体稳定的浮托力和静、动水压力。水的静压效应对裂隙起水劈作用,水在流动时还带走细颗粒物质,并对结构面充填物起软化作用,大大降低结构面的抗剪强度,常给危岩体的稳定带来灾难性的后果。铁路现场常说有一句顺口溜"大雨大塌,下雨小塌,无雨不塌"。这句话虽然不是关于降雨和危岩体关系的科学总结,但道出了它们之间的密切关系。宝成铁路 1958—1983 年的按月累积的降雨量(广元、略阳气象站)和三个区间(丁家坝—大滩,大滩—军师庙,朝天—观音坝)按月累积的危岩体崩塌、落石次数如图 3-1 所示。大量的调查资料说明,危岩体的崩塌失稳与降雨有下列关系:①危岩体的崩塌失稳有 70% 以上发生在雨季,特别是在雨中或雨后不久,很少发生在旱季和非雨天;②连续降雨时间越长,暴雨强度越大,危岩体崩塌失稳次数越多;③阴雨连绵及较短促的暴雨天气引起的危岩体崩塌失稳多;④长期大雨比连绵细雨造成危岩体的崩塌失稳多。

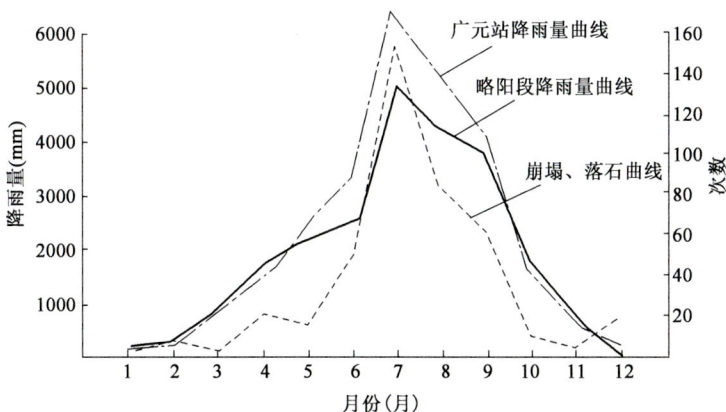

图 3-1 宝成铁路按月累计的崩塌落石次数与降雨量的关系曲线(胡厚田,1989)

2) 地下水

地下水在边坡上或在天然斜坡上出露,表明边坡(斜坡)岩体中有连通的节理裂隙,能得到较远处地下水的补给,节理裂隙延伸较远。如果地下水在边坡上或坡脚呈线状出露,则表明边坡上有延伸较远的倾向坡外的含水结构面。这种情况边坡稳定性差,可能发生危岩体的崩塌失稳。出水带越长,离坡脚越近,危岩体的规模就越大。

地下水大多数在雨季可以直接得到大气降水的补给,其流量将大大增加,在这种情况下地下水和雨水联合作用,使边坡上的危岩体更易于崩塌失稳。它们的作用主要表现在以下几个方面:①充满裂隙中的水及其流动,对危岩体产生静水压力和动水压力。②裂隙和其他结构面中的充填物在水的浸泡下,抗剪强度大大降低。③寒冷气候条件下的冻融作用加速岩体裂隙的发育,冰楔作用往往是危岩体失稳的一个诱因。图 3-1 说明,即使降雨量很少的月份(12 月份),冻胀作用也可以使危岩体失稳崩落;4 月份是一年中第一次较大的降雨期,加上前期 1—3 月的冻融风化,促成了危岩体在此时易于崩塌。

3.1.4 其他因素

1) 地震(震动)

地震以及不适当的大爆破施工是引起危岩体崩塌失稳的强烈触发因素。地震(震动)对危岩体的影响主要表现在:一种是震中区危岩受到垂直的地震力使危岩体更加破碎或坠落失稳;另一种是指向坡外的水平地震力易使危岩体失稳,其水平地震力的大小与危岩体的质量、地震力系数大小紧密相关。

调查统计表明:山区的地震往往引起大规模的危岩体破坏失稳,造成严重的地质灾害。如1718 年 6 月 19 日我国甘肃通渭地震(7.5 级),通渭城北笔架山某山峰(危岩体)崩塌,造成 4 万余人死亡。1960 年 5 月 21 日到 6 月 22 日智利发生几次大地震(8.5 级),数以千计的滑坡和崩塌堵塞河流,造成严重灾害。再如,1976 年 8 月,我国四川松潘—平武地震,引起大量崩塌滑坡,造成严重的次生灾害。还有很多地震引起的危岩体崩塌失稳的实例,不胜枚举。

2) 工程活动

工程活动是形成和诱发危岩体崩塌失稳最积极的因素。人工大爆破、人类活动中不适宜的开挖、不合理的采矿活动及来往车辆产生的振动,都可能加剧了危岩体的形成和失稳。

概括地讲,危岩体的形成是地质环境及人为因素相互耦合、共同作用的结果。其中,地形地貌、地层岩性及地质构造是危岩体形成的基础条件因素;风化、卸荷及植物是加剧危岩体形成的影响因素;降雨(地下水)、地震(震动)及工程活动是危岩体失稳的诱发因素。

3.2　定性评价方法

目前,赤平极射投影(简称"赤平投影")分析常用于定性评价危岩落石稳定性。然而,在实际工程中,由于被评判对象往往受到错综复杂的环境因素影响,同时部分因素具有较强的不确定性和模糊性,采用模糊数学理论处理类似问题往往能够取得较为理想的效果。部分学者应用模糊数学理论来快速对边坡的稳定性进行评价,当选择较为合理的因素指标后,该方法在一定范围内可以得到较合理的评判结果。

3.2.1　赤平投影分析

赤平投影分析方法可以确定边坡临空面与岩体中结构面的相互组合关系以及结构面组合切割体可能失稳滑移的方向。赤平投影分析主要考虑"结构面组合交线的倾向和倾角"两个因素。

赤平投影是以球体作为投影工具(称为投影球),用以表示物体的几何要素或点、直线、平面的空间方向和它们之间的角距关系的一种平面投影。通过球心且垂直投影平面的直线与投影球面的交点,称为球极。投影平面为赤道平面,其相应的两个球极,上部为北极,下部为南极。以投影球的南极或北极为发射点,将点、直线、平面投影(点或线)再投影于赤道平面上。这种投影就称为赤平极射投影,由此得到的点、直线、平面在赤道平面上的投影图就成为赤平极射投影图。

在岩体工程地质力学研究和实践中,赤平投影图常用于层状结构岩体边坡稳定性分析。通过投影球心的平面和直线的赤平极射投影,用于表示岩体的结构面、工程开挖面、工程作用力、岩体的滑移方向、滑动力和抗滑力等。以下为赤平投影分析方法的判断标准与评价方法。

1)发育 1 组结构面的情况

危岩体中仅发育 1 组结构面时,岩体稳定性分析比较简单,可能的失稳滑动方向即为结构面的倾向,可以概括为以下 4 种工况:

(1)当结构面倾向与边坡倾向相反,则结构面倾角小于70°,边坡与岩体是稳定的;

(2)当结构面倾向与边坡倾向相反,则结构面倾角大于70°,边坡可能存在倾倒破坏;

(3)当结构面倾向与边坡倾向相对一致,倾角大于边坡倾角,边坡与岩体是较稳定的;

(4)当结构面倾向与边坡倾向相对一致,倾角小于边坡倾角,边坡与岩体是不稳定的。

这是一种最基本、理想的状况,实际工程边坡岩体中分布的结构面远较之复杂。

2) 发育 2 组结构面的情况

边坡岩体中发育 2 组结构面时,边坡的稳定则主要受控于结构面的组合情况。用赤平投影方法,根据结构面和边坡的产状作赤平投影图,分析结构面组合交线与边坡投影弧的相对关系,判断边坡与岩体的稳定状态,通常有以 5 种情况,如图 3-2 所示;图中 J_1、J_2 分别表示两组软弱结构面的投影,I 为两组结构面投影的交点,S_c、S_n 分别表示开挖边坡(边坡面)与天然边坡(坡顶面)的投影。对 5 种情况的分析如下:

(1)若两组软弱结构面投影的交点在赤平极射投影图中处于边坡投影弧的另外一侧,软弱结构面的交线倾向坡体内部,表示此时边坡最稳定;

(2)若两组软弱结构面的交点与坡面处于同一侧,且在开挖面(边坡面)投影弧的内侧,两组软弱结构面交线比边坡倾角陡,表示此时边坡处于稳定状态;

(3)若两组软弱结构面的交点处于天然边坡(坡顶面)投影弧的外侧,表示软弱结构面的交线比边坡平缓,且在坡顶无出露,此时分两种情况考虑:若坡面无纵向切割面切割,则边坡处于较稳定状态,若坡顶面存在陡倾裂隙切割,则边坡不稳定;

(4)若两组软弱结构面的交点处于天然边坡(坡顶面)与开挖边坡(边坡面)投影弧之间,若结构面交线在天然边坡(坡顶面)上的出露点与边坡面之间的距离较远、未在开挖边坡(边坡面)出露而插入坡体内部,此时结构面有一定的支撑力,有利于边坡的稳定,如若坡体下部存缓倾软弱面且在开挖边坡(边坡面)上出露,此时可能形成折线型滑动面,对边坡的稳定性产生不利影响;当组合交线在天然边坡(坡顶面)和开挖边坡(边坡面)均出露时,边坡处于最不稳定状态;

(5)若两组软弱结构面的交点恰好处于开挖边坡(边坡面)投影弧上,表示结构面组合交线的倾角与开挖边坡面(边坡面)倾角相同,此时边坡处于基本稳定状态。此时的开挖坡角即为稳定边坡角。

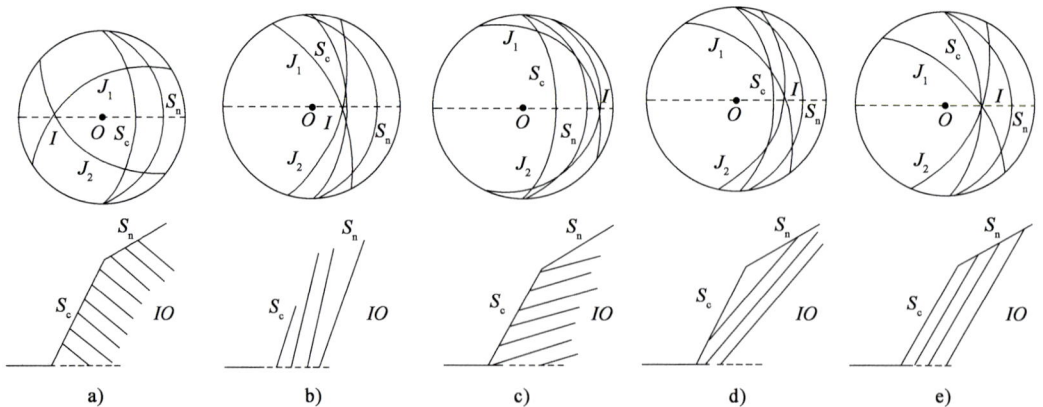

图 3-2　两组结构面和危岩体的赤平投影关系图

3)发育多组结构面的情况

实际工程中,边坡岩体中可能发育 2 组及以上多组结构面,结构面之间的组合情况也可能更为复杂。但是,可以将多组结构面进行两两组合,将之转化为 2 组结构面的组合情况,从而依据前述方法,分析 2 组结构面组合切割体的结构稳定。遵循的原则为:若边坡体中各个组合切割体均为稳定结构,则边坡岩体处于稳定状态;反之,如果有 1 个组合切割体为不稳定结构,则边坡岩体整体处于不稳定状态。

3.2.2　模糊综合评判

1)模糊综合评判基本原理

模糊数学的理论基础是模糊集。美国控制论专家 Zadeh 教授正视了经典集合描述的"非此即彼"的清晰现象,提示了现实生活中的绝大多数概念并非都是"非此即彼"那么简单,而概念的差异常以中介过渡的形式出现,表现为"亦此亦彼"的模糊现象。基于此,1965 年 L A Zadeh 教授在 *Information and Control* 杂志上发表了一篇开创性论文"Fuzzy Sets",标志着模糊数学的诞生。

模糊数学是研究和处理模糊体系规律性的理论和方法,把普通集合论只取 0 或 1 两个值的特征函数,推广到[0,1]区间上取值的隶属函数,将模糊概念用数学方法处理,从而定量地刻画模糊性的事物。

所谓综合评判,就是要同时考虑各方面因素的影响,对某一对象进行全面的评判。模糊综合评判是模糊数学最重要的方法之一,它对具有模糊特征对象的综合评判效果很好。边坡地质灾害危险源本身具有明显的模糊性和不确定性,因此,采用模糊综合评判方法进行评价可获得更为客观的评价效果。

(1)基本理论

①基本概念

普通集合论要求论域 U 中每个元素 u,对于子集 $A \subset U$ 来说,要么 $u \in A$,要么 $u \notin A$,二者必居其一。这种集合可以通过特征函数来刻画,并且每一集合都有一个特征函数。

设 A 是论域 U 中的一个集合,对任意的 $u \in A$,令:

$$C_A(u) = \begin{cases} 1 & u \in A \\ 0 & u \notin A \end{cases} \tag{3-1}$$

则称 $C_A(u)$ 为集合 A 的特征函数。

由于特征函数仅取两个值,在概念表达上只能表达"非此即彼"的现象,而不能表达存在于现实中的连续过渡过程。模糊集合将特征函数的取值范围从{0,1}推广到闭区间[0,1],因此,它必须把特征函数作适当地推广,这就是隶属函数 $\mu(x)$,由此得到模糊集的定义。

如果论域 U 中的任意元素 u 对集合 A 满足:

$$0 \leqslant \mu_A(u) \leqslant 1 \tag{3-2}$$

$\mu_A(u)$ 称为 A 的隶属函数或 u 对 A 的隶属度,则隶属函数 $\mu_A(u)$ 确定了论域 U 上的一个模糊子集 A,简称模糊集 A。当 $\mu_A(u)$ 仅取 0 和 1 两个数时,A 蜕化为普通集合。所以模糊集是普通集合的扩展,普通集合是模糊集的特殊形式。

②基本原理

设有两个论域:因素集 $U = \{u_1, u_2, \cdots, u_n\}$($u_i$ 为评判因素);评判集 $V = \{v_1, v_2, \cdots, v_m\}$($v_j$ 为评判等级)。

如果对 U 中的每一个元素 u_i 单独作一个评判 $f(u_i)$,就可以看作是从 $U \sim V$ 的模糊映射,通过模糊映射 f,可以推导出模糊矩阵 R:

$$R = (r_{ij})_{n \times m}, 0 \leqslant r_{ij} \leqslant 1 \tag{3-3}$$

式中:R——从 U 到 V 的单因素评判矩阵。

若存在一个集合 U 上的模糊子集 $A = \{a_1, a_2, \cdots, a_n\}$,$A$ 以向量表示,且:

$$\sum_{i=1}^{n} a_i = 1 \tag{3-4}$$

式中:a_i——第 i 种因素的权重。

这样可唯一确定一个从 U 到 V 的模糊变换 B,B 为模糊合成结果。

$$B = A \cdot R \tag{3-5}$$

记 $B = \{b_1, b_2, \cdots, b_m\}$,其中 $b_j(j = 1, 2, \cdots, m)$ 反映了第 j 种评判 v_j 与模糊集 B 的隶属度。

根据最大隶属度原则,在 B 中择其最大者 $\max(b_1, b_2, \cdots, b_m)$,相对应的等级就是该模糊综合评判的最终结果。

建立单因素评判矩阵 R 和确定权重分配 A 是两项关键性的工作,但同时又没有统一的格式可以遵循,一般可采用统计实验或专家评分的方法求出。

(2)隶属函数的确立

①隶属函数的确立原则

模糊集合是用隶属函数描述的,即以隶属函数为基础建立起模糊集合论。因此,如何建立符合实际规律合适的隶属函数在模糊数学中占有重要地位,这是模糊数学建立的基础,也是进行模糊综合评价不可缺少的重要环节。

隶属函数的确立在理论上还没有一个普遍适用的方法,往往要依赖人的主观判断或技巧。它的确定具有主观性,但又有一定的客观规律,不能主观任意捏造。正确地确定隶属函数,是利用模糊集合恰如其分地定量表现模糊概念的基础。确定隶属函数的常用方法有统计法、子集比较法等。

确定隶属函数的一般原则和方法如下:

a.若模糊集反映的是社会的一般意识,它是大量的可重复表达的个别意识的平均结果,此时采用模糊统计法来求隶属函数较为理想。

b.如果模糊集反映的是某个时间段的个别意识、经验和判断,那么,对这类问题可采用专家咨询法(德尔菲法)。

c.若模糊集反映的模糊概念已有相应成熟的指标,这种指标经过长期实践检验,已成为公认的对事物的真实的、又是本质的刻画,则可直接采用这种指标,或者通过某种方式将这种指标转化为隶属函数。

d.对某些模糊概念,虽然直接给出其隶属函数比较困难,但却可以比较两个元素相应的隶属度,用二元对比排序的方法可以确定隶属函数的大致形状,用相对比较法求得隶属函数。

e.若一个模糊概念是由若干个模糊因素复合而成的,则可先求各因素模糊集的隶属函数,再综合出模糊概念的隶属函数。

②隶属度函数的表示方法

按数学分类法分类,涉及的指标有两类,即离散型(定性指标)和连续型(定量指标)。一般对离散型指标,其隶属度可采用经验赋值的办法;对于连续型指标则可以根据指标特性选用合适的分布形式,常用的模糊分布有梯形、三角形、正态形、钟形、k 次抛物线形等,每一种分布又分为戒上型、中心型、戒下型三种形式,如图 3-3 所示。

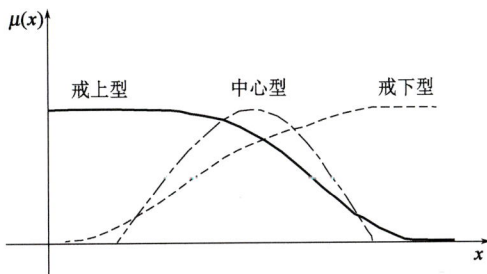

图 3-3　隶属度函数形式

③指标权重的分配

评价指标权重的大小对模糊综合评判结果有直接的影响,必须按照各个指标的重要性及其对评价结果的影响程度来客观地确定。权重分配的原则和方法如下:

a.指标权重应体现各个指标的相对重要性。

根据评价的目的,分析各指标的相对重要性和对评价结果的作用,并将其定量地表达出来,这是指标权重的意义。指标越重要,权重越高,反之亦然。指标权重定量地体现了各指标在评价中的作用。

b.指标权重应与各个指标间的独立性相适应。

一般要求评价指标体系具有完备性和独立性,这也是多指标评价方法应用的一个理想状态和假设条件,即指标体系应围绕评价目的,全面反映评价对象,不能遗漏重要方面;各指标之间应相互独立,不应出现信息涵盖、重叠。实践中,各指标之间完全独立无关很难做到。一方面因为事物各方面往往本身就是相关的,如产品的技术含量与经济效益,边坡岩体的 RQD 与结构面间距;另一方面,指标体系不是许多指标的简单堆砌,而是由具有有机联系的一组指标所构成,指标之间绝对的无关往往就构不成一个有机整体。在评价中,从指标体系的完备性考虑,或为加强对某方面的考察,有时需从不同角度设置一些指标,以相互弥补或验证,这时,这些指标之间的相关性可通过适当地降低其中部分或每个指标的权重来处理,只要这组关联指标的总权重合理即可,如边坡的岩体结构和风化程度。

c. 指标权重应与各个指标的区分度相适应。

由于各个指标在特征、内涵清晰度、复杂性等方面存在差异,不同指标的区分度就有所不同。如有的指标对各对象差异不大,指标评分比较集中;有的定性指标比较模糊、复杂,或评判者不太了解此方面情况,所掌握信息不够充分,在判断时比较困难,评分易趋于大众化。指标区分度不高,或评分准确度不高导致指标应用效果不够理想,则指标价值不大;但若取消这些指标,则指标体系在形式上和实质上都可能存在偏颇。因此,实践中往往保留这些指标,但赋予其较低的权重,如边坡的植被发育情况。

d. 指标权重应与各指标的信息可靠性相适应。

指标的评判需要信息的支撑。对于不同指标,由于评判者所掌握信息的准确性、客观性、可靠性等方面存在差异,则不同指标评判结果的可利用价值就不同。信息可靠性越高,其指标评判结果的可利用价值越高,反之亦然。实践中往往对那些信息可靠性较低的指标赋予较低权重。

e. 通过事前验算和模拟试验,探索比较合理和满意的权重。

权重分配应考虑的各个指标中,有的可以通过数学方法解决,有的却与指标特点、评价者掌握的信息质量等实际状况有关,比较复杂和模糊,无法通过简便有效的成熟方法解决,对评价人员的实践经验依赖较高。另外,除了权重,还涉及指标数量、每个指标的取值范围、指标分档的数量、每档的赋值等定量因素,从权重分配到评价的过程并不很直观,有时甚至出乎人们的意料。因此,为了保障评价结果的准确与合理性,应在正式开始评价前,对指标权重的合理性进行验算,随机选择一些样本开展小范围的模拟评价,然后分析结果,考察不同的权重分配对于评价结果的影响,据此逐步调整完善各指标权重,直至寻找到比较满意的权重。

权重的确定主要有 3 种方法:专家咨询法(德尔斐法)、专家调查法、层次分析法。前面两种方法都是由专家来进行操作的,根据专家对各指标重要程度的判断,实现定性到定量的转化,以专家的意见为主给出各指标的权重值,属于主观判断法。此法虽然较为简单,但主观性太强。层次分析法是根据评价目的,将指标层层细化,由专家对各指标进行两两比较,判断低层各指标对其上层指标的相对重要性,并将其相对重要性赋予一定数值,构造两两比较判断矩阵,然后通过若干步骤,计算求得各指标权重的数值。本文采用层次分析法来确定各评价指标的权重值。

2) 层次分析法基本原理

层次分析法简称 AHP 法,是美国匹兹堡大学运筹学家 T L Saaty 于 20 世纪 70 年代中期提出的一种多层次权重分析决策方法。其特点是具有高度的逻辑性、系统性、简洁性和实用性，既结合了专家打分法定性分析的优点，又采用适当的数学模型进行定量分析，弥补了定性与定量的不足之处，比较适合于既具有定性指标又具有定量指标的评价领域。

AHP法的基本原理是把所研究的复杂问题看作一个大系统，通过对系统的多个因素的分析，划分出各因素相互联系的有序层次，再请专家对每一层次的各因素进行客观的判断后，相应地给出相对重要的定量表示进而建立数学模型，计算出每一层次全部因素的相对重要性的权值并加以排序，最后根据排序结果进行规划决策、方案选择、计划制定和修改、资源分配等。其程序一般为：明确问题——建立层次结构模型——标度——构造判断矩阵——层次排序计算和一致性检验——选择评价标准进行评价。其特点是采用定量和定性相结合的方法来认识和评价由多因子组成的多层次的复杂开放的系统，是目前较成熟也是最常见的评价方法之一。

（1）层次结构模型的建立

首先把系统问题条理化、层次化，构造出一个层次分析的结构模型。在模型中，复杂问题被分解；分解后各组成部分称为元素，这些元素又按属性分成若干组，形成不同层次。同一层次的元素作为准则对下一层的某些元素起支配作用，同时它又受上面层次元素的支配。层次可分为三类：

①最高层：这一层次中只有一个元素，它是问题的预定目标或理想结果，因此也称为目标层。

②中间层：这一层次包括要实现目标所涉及的中间环节中需要考虑的准则。该层可由若干层次组成，因而有准则和子准则之分，这一层也称为准则层。

③最底层：这一层次包括为实现目标可供选择的各种措施、决策方案等，因此也称为措施层或方案层。

上层元素对下层元素的支配关系所形成的层次结构被称为递阶层次结构。当然，上一层元素可以支配下层的所有元素，但也可只支配其中部分元素。递阶层次结构中的层次数与问题的复杂程度及需要分析的详尽程度有关，可不受限制。每一层次中各元素所支配的元素一般不要超过9个，因为支配的元素过多会给两两比较判断带来困难。层次结构的好坏对于解决问题极为重要，当然，层次结构建立的好坏与决策者对问题的认识是否全面、深刻有很大关系。

（2）构造两两比较判断矩阵

在递阶层次结构中，设上一层元素 C 为准则，所支配的下一层元素为 $u_1, u_2, \cdots, u_n$，对于准则 C 相对重要性即权重。这通常可分两种情况：

①如果 $u_1, u_2, \cdots, u_n$ 对 C 的重要性可定量（如可以使用货币、重量等），其权重可直接确定。

②如果问题复杂，$u_1, u_2, \cdots, u_n$ 对于 C 的重要性无法直接定量，而只能定性，那么确定权重

用两两比较方法。其方法是:对于准则 C,元素 u_i 和 u_j 哪一个更重要,重要的程度如何,通常按 $1 \sim 9$ 比例标度对重要性程度赋值,列出了 $1 \sim 9$ 标度的含义,见表3-1。

标度的含义　　　　　　　　　　　　　　　　　　　表3-1

标度	含义
1	表示两个元素相比,具有同样重要性
3	表示两个元素相比,前者比后者稍重要
5	表示两个元素相比,前者比后者明显重要
7	表示两个元素相比,前者比后者强烈重要
9	表示两个元素相比,前者比后者极端重要
2,4,6,8	表示上述相邻判断的中间值
倒数	若元素 i 与 j 的重要性之比为 a_{ij}, 那么元素 j 与元素 i 重要性之比为 $a_{ji} = 1/a_{ij}$

对于准则 C,n 个元素之间相对重要性的比较得到一个两两比较判断矩阵:

$$A = (a_{ij})_{n \times n} \tag{3-6}$$

其中 a_{ij} 就是元素 u_i 和 u_j 相对于 C 的重要性的比例标度。判断矩阵 A 具有下列性质: $a_{ij} > 0, a_{ji} = 1/a_{ij}, a_{ii} = 1$。

由判断矩阵所具有的性质可知,一个 n 个元素的判断矩阵只需要给出其上(或下)三角的 $n(n-1)/2$ 个元素就可以了,即只需做 $n(n-1)/2$ 个比较判断即可。

若判断矩阵 A 的所有元素满足 $a_{ij} \cdot a_{jk} = a_{ik}$,则称 A 为一致性矩阵。

不是所有的判断矩阵都满足一致性条件,也没有必要这样要求,只是在特殊情况下才有可能满足一致性条件。

(3)单一准则下元素相对权重的计算以及判断矩阵的一致性检验

已知 n 个元素 $u_1, u_2, \cdots, u_n$ 对于准则 C 的判断矩阵为 A,求 $u_1, u_2, \cdots, u_n$ 对于准则 C 的相对权重 $\omega_1, \omega_2, \cdots, \omega_n$,写成向量形式即为 $W = (\omega_1, \omega_2, \cdots, \omega_n)^T$。

①权重计算方法:

a. 和法:将判断矩阵 A 的 n 个行向量归一化后的算术平均值,近似作为权重向量,即:

$$\omega_i = \frac{1}{n} \sum_{j=1}^{n} \frac{a_{ij}}{\sum_{k=1}^{n} a_{kj}} \qquad i = 1, 2, \cdots, n \tag{3-7}$$

计算步骤如下:

第一步:A 的元素按行归一化;

第二步:将归一化后的各行相加;

第三步:将相加后的向量除以 n,即得权重向量。

类似的还有列和归一化方法计算,即:

$$\omega_i = \frac{\sum\limits_{j=1}^{n} a_{ij}}{n\sum\limits_{k=1}^{n}\sum\limits_{j=1}^{n} a_{kj}} \qquad i = 1, 2, \cdots, n \qquad (3-8)$$

b. 根法(即几何平均法):将 A 的各个行向量进行几何平均,然后归一化,得到的行向量就是权重向量。其公式为:

$$\omega_1 = \frac{(\prod\limits_{j=1}^{n} a_{ij})\frac{1}{n}}{\sum\limits_{k=1}^{n}(\prod\limits_{j=1}^{n} a_{kj})\frac{1}{n}} \qquad i = 1, 2, \cdots, n \qquad (3-9)$$

计算步骤如下:

第一步:A 的元素按列相乘得一新向量;

第二步:将新向量的每个分量开 n 次方;

第三步:将所得向量归一化后即为权重向量。

c. 特征根法(简称 EM):解判断矩阵 A 的特征根问题。

$$AW = \lambda_{\max} W \qquad (3-10)$$

式中:$\lambda_{\max}$——A 的最大特征根;

W——相应的特征向量,所得到的 W 经归一化后就可作为权重向量。

d. 对数最小二乘法:用拟合方法确定权重向量 $W = (\omega_1, \omega_2, \cdots, \omega_n)^{\mathrm{T}}$,使残差平方和 $\sum[\lg a_{ij} - \lg(\omega_i/\omega_j)]^2$ 为最小。

②一致性检验:

在计算单准则下权重向量时,还必须进行一致性检验。在判断矩阵的构造中,并不要求判断具有传递性和一致性,即不要求 $a_{ij} \cdot a_{jk} = a_{ik}$ 严格成立,这是由客观事物的复杂性与人的认识的多样性所决定的。但要求判断矩阵满足大体上的一致性是应该的。如果出现"甲比乙极端重要,乙比丙极端重要,而丙又比甲极端重要"的判断,则显然是违反常识的,一个混乱得经不起推敲的判断矩阵有可能导致决策上的失误。而且上述各种计算排序权重向量(即相对权重向量)的方法,在判断矩阵过于偏离一致性时,其可靠程度也就值得怀疑了,因此要对判断矩阵的一致性进行检验,具体步骤如下:

a. 计算一致性指标 C. I. (Consistency Index)

$$\mathrm{C.\,I.} = \frac{\lambda_{\max} - n}{n - 1} \qquad (3-11)$$

b. 查找相应的平均随机一致性指标 R. I. (Random Index)

给出了 1～15 阶正互反矩阵计算 1000 次得到的平均随机一致性指标,见表 3-2。

矩阵阶数	1	2	3	4	5	6	7	8
R. L.	0	0	0.52	0.89	1.12	1.26	1.36	1.41
矩阵阶数	9	10	11	12	13	14	15	—
R. L.	1.46	1.49	1.52	1.54	1.56	1.58	1.59	—

c. 计算性一致性比例 C. R.（Consistency Ratio）

$$C. R. = \frac{C. I.}{R. I.} \tag{3-12}$$

当 C. R. <0.1 时,认为判断矩阵的一致性是可以接受的;当 C. R. ≥0.1 时,应该对判断矩阵做适当修正。

为了讨论一致性,需要计算矩阵最大特征根 λ_{max},除常用的特征根方法外,还可使用公式:

$$\lambda_{max} = \sum_{i=1}^{n} \frac{(AW)_i}{n\omega_i} = \frac{1}{n} \sum_{i=1}^{n} \frac{\sum_{j=1}^{n} a_{ij}\omega_j}{\omega_i} \tag{3-13}$$

3)稳定性模糊综合评判基本步骤

(1)通过危岩边坡稳定性影响因子的辨识,建立了稳定性影响因子集 U,进一步建立稳定性影响因子分级标准,考虑目前国内外的分级方法中的分级档数建立了评判集 V。

(2)采用模糊数学方法建立评价因子隶属度函数,并由评价指标实际值选用适合的隶属函数,求出各评价指标对各个评价等级相应的隶属度,对基础评价指标作模糊评判,得到反映 U 和 V 模糊关系的一级模糊关系矩阵 R。

$$R = \begin{bmatrix} r_{11} & r_{12} & \cdots & r_{1m} \\ r_{21} & r_{22} & \cdots & r_{2m} \\ \vdots & \vdots & \vdots & \vdots \\ r_{n1} & r_{n2} & \cdots & r_{nm} \end{bmatrix} \tag{3-14}$$

式中,第 n 行反映的是被评对象各因素分别取评价集中第 n 个等级的可能性;第 m 列反映的是被评对象的第 m 个因素对应评价集中各等级的隶属度。

(3)通过层次分析法得到了边坡地质灾害稳定性影响因子的一级权重 A_1、二级权重 A_2 和三级权重 A_3。

(4)三级模糊综合评判。

一级综合评判通过一级模糊关系矩阵 R 与基础指标权重矩阵 A_1 复合运算得到,即

$$V' = R \times A_1 = \{V'_1, V'_2, V'_3, V'_4\} \tag{3-15}$$

二级综合评判由二级评判的模糊关系矩阵 V' 与二级权重矩阵 A_2 复合运算得到,即

$$V'' = V' \times A_2 = \{V_1, V_2, V_3, V_4\} \tag{3-16}$$

V''作为三级评判的模糊关系矩阵与二级权重矩阵 A_3 复合运算得到最大隶属度 V，即

$$V = V'' \times A_3 = \{ V_1, V_2, V_3, V_4 \} \tag{3-17}$$

式中：V_i——评判集 V 中因子 i 的隶属度。

（5）由最大隶属度原则，$V_i = \max \{ V_1, V_2, V_3, V_4 \}$，则 V_i 所对应的等级就是该边坡所处的稳定性级别。

3.3　定量评价方法

定量评价方法主要有极限平衡法和数值模拟法（有限元法和石根华教授提出 DDA 法），但可操作性强、实际工程设计中可直接应用于判断危岩体是否稳定的方法极少。我国《工程地质手册》（第四版）基于《铁路工程不良地质勘察规程》（TB 10027—2022）中所推荐的分类方法，提出了简化的块体极限平衡分析法，并被部分工程设计人员所接受。因此，本节基于极限平衡理论对上述不同破坏模式的危岩体稳定性进行分类，考虑水和地震等不利因素的影响，并计算安全系数，为工程地质人员和岩土工程设计人员提供参考。

3.3.1　失稳破坏模式分析

在危岩变形失稳模式方面，目前工程界按危岩块体的规模将其破坏模式分为崩塌、坠落和剥落；按危岩失稳后的运动方式分为坠落式、跳跃式、滑动式和复合式；按危岩崩塌发生的破坏模式，将其分为倾倒式、滑移式、鼓胀式、拉裂式和错断式，该分类方法也是我国《铁路工程不良地质勘察规程》（TB 10027—2022）中所推荐的分类方法，见表 3-3。

不同标准规范中危岩落石分类情况一览表　　　　　表 3-3

标准规范	依据	具体类型
《铁路工程不良地质勘察规程》 （TB 10027—2022）	形成机理	倾倒式、滑移式、鼓胀式、拉裂式和错断式
《崩塌防治工程勘查规范（试行）》 （T/CAGHP 011—2018）	破坏模式	滑移式、倾倒式、坠落式
《危岩落石柔性防护网工程技术规范（试行）》 （T/CAGHP 066—2019）	破坏模式	滑移式、倾倒式、坠落式
《铁路工程危岩防治技术指南》 （Q/CR 9578—2024）	破坏模式	滑移式、倾倒式、坠落式

除了在铁路行业，部分长期致力于地质灾害防治方面研究的技术人员也针对危岩体的破坏模式进行了分类。胡厚田结合危岩落石形成机理分析，将危岩落石分为倾倒式、滑移式、鼓胀式、拉裂式和错断式等 5 类；旷镇国根据危岩受力状况和破坏机制分析，将危岩落石分为拉断-坠落、剪切-坠落或崩塌、压碎-崩落、倾倒-崩塌等 4 类；叶四桥总结危岩失稳后的运动方式，

将危岩落石分为坠落式、跳跃式、滚动式、滑动式、复合式等5种类型。

基于危岩落石形成机理分析分类方法,考虑规范规程中危岩落石稳定性定量计算分析方法,对不同类型危岩体的稳定性分析模型进行研究,根据危岩体的破坏模式将危岩体分为滑移式、倾倒式、坠落式、滚落式4类,如图3-4所示,不同模式破坏图如图3-5~图3-8所示。

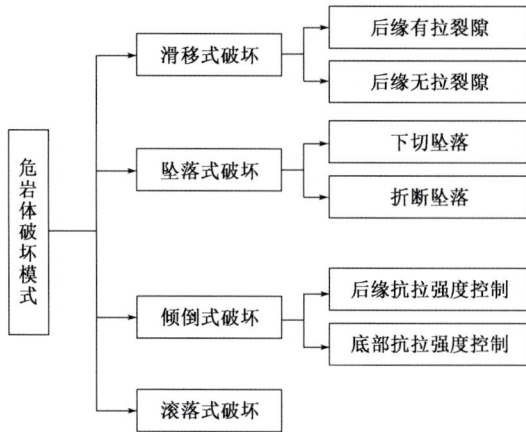

图3-4 危岩体破坏模式

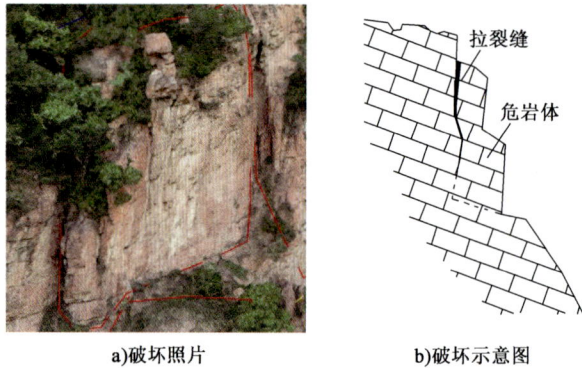

a)破坏照片   b)破坏示意图

图3-5 倾倒式破坏图

a)破坏照片   b)破坏示意图

图3-6 坠落式破坏图

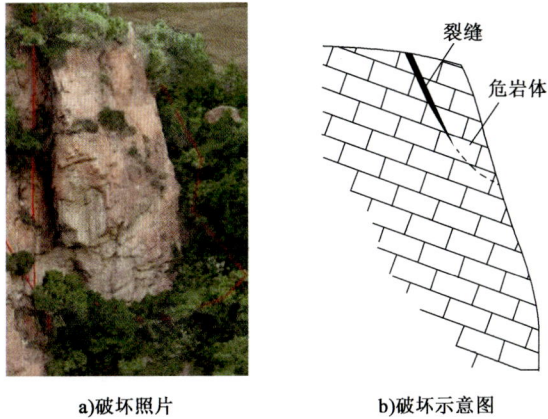

a)破坏照片   b)破坏示意图

图 3-7 滑移式破坏图

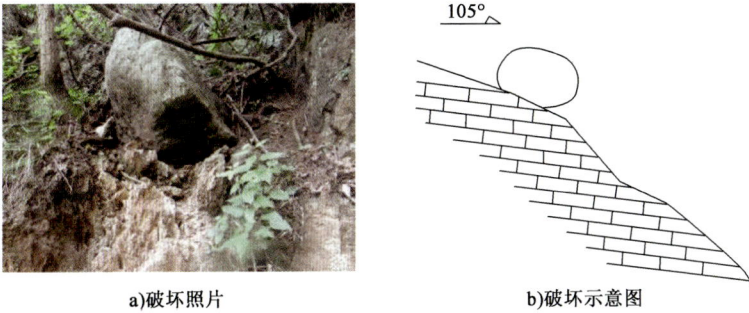

a)破坏照片   b)破坏示意图

图 3-8 滚落式破坏图

3.3.2 块体极限平衡分析

1) 基本假定与荷载类型

（1）基本假定

危岩体发育的工程地质条件千差万别，影响其稳定性的因素也种类繁多，因此，在计算危岩体的稳定性时，考虑所有的影响因素是不现实的，必须忽略一些次要影响要素，进行一些假定。在对危岩体稳定性计算方法进行分析之前，先提出以下基本假定：

①危岩体在失稳破坏，脱离母岩运动之前，将其视为整体。

②除楔块式危岩体按照空间问题进行稳定性分析以外，其余问题都将复杂的空间运动问题简化为平面问题，即取单位宽度的危岩体进行计算。

③危岩体两侧和稳定岩体之间以及各部分危岩体之间均无摩擦作用。

（2）荷载类型

由于危岩体形态变化的复杂性，危岩荷载宜采用单位宽度内荷载进行计算评价，当危岩体形态明确时可采用危岩体总荷载进行计算评价,注意抗力计算时应与荷载计算范围一致。

①危岩体自重:为危岩体的体积与重度的乘积。

②附加荷载:危岩竖向附加荷载,方向指向下方时取正值,指向上方时取负值;危岩水平附加荷载(不含后缘陡倾裂隙水压力),方向指向坡外时取正值,指向坡内时取负值。

③裂隙水压力:主要考虑静水压力。

④地震力:水平地震力和竖向地震力。

(3)地震力计算

①水平地震力可按如下公式计算:

$$Q_h = \alpha_w \cdot G \cdot F_a \qquad (3\text{-}18)$$

式中:Q_h——危岩水平向地震荷载(kN/m);

$\quad \alpha_w$——综合水平地震系数,即 $\alpha_w = \alpha_h \cdot \xi / g$,综合水平地震系数可按表3-4取值;

$\quad \alpha_h$——设计基本地震加速度(m/s²);

$\quad \xi$——折减系数,取值0.25;

$\quad G$——危岩的重量(含竖向附加荷载)(kN/m);

$\quad F_a$——危岩地震放大系数,低位危岩取1.0,中位危岩取值1.5,高位危岩取值2.0,特高位危岩取值3.0。

综合水平地震系数表 表3-4

设计基本地震加速度(α_h)	≤0.05g	0.1g	0.15g	0.2g	0.3g	0.4g
综合水平地震系数(α_w)	0	0.025	0.0375	0.05	0.075	0.10

②竖向地震力可按如下公式计算:

$$Q_v = \frac{Q_h}{3} \qquad (3\text{-}19)$$

式中:Q_v——危岩竖向地震荷载(kN/m);

其余符号意义同前。

应根据危岩范围、规模、危岩破坏模式及已经出现的变形破坏迹象,采用工程类比法对危岩的稳定性作出定性判断。当危岩破坏模式难以确定时,应同时进行各种可能破坏模式的危岩稳定性计算。

2)滑移式破坏稳定性计算方法

基于危岩体失稳破坏模式分析,滑移式危岩稳定性计算可根据后缘裂隙情况按后缘有陡倾裂隙、后缘无陡倾裂隙两类进行研究。

(1)后缘有陡倾裂隙、滑面缓倾时,滑移式危岩稳定性按式(3-20)~式(3-22)计算(图3-9)。

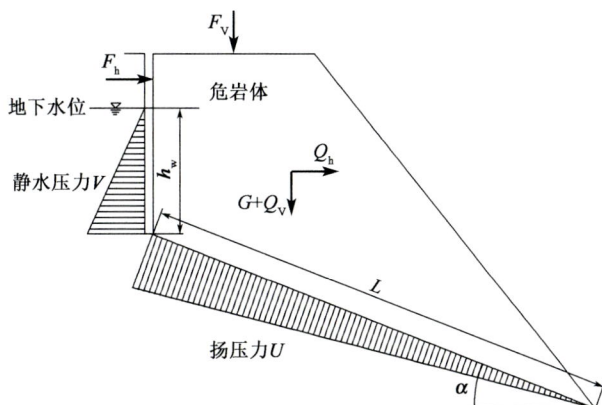

图 3-9　后缘有陡倾裂隙危岩计算剖面

$$F = \frac{\left[\left(G + F_V + \eta Q_V\right)\cos\alpha - \left(F_h + V + \eta Q_h\right)\sin\alpha - U\right]\tan\varphi + cL}{\left(G + F_V + \eta Q_V\right)\sin\alpha + \left(F_h + V + \eta Q_h\right)\cos\alpha} \tag{3-20}$$

$$V = \frac{1}{2}\gamma_w h_w^2 \tag{3-21}$$

$$U = \frac{1}{2}\gamma_w L h_w \tag{3-22}$$

式中：V——裂隙水压力（kN/m）；

　　　U——滑面水压力（kN/m）；

　　　h_w——后缘裂隙充水高度（m），对现状工况根据调查资料确定，考虑暴雨时根据汇水面积、裂隙蓄水能力和降雨情况确定，当汇水面积和裂隙蓄水能力较大时不应小于裂隙高度的 1/3；

　　　L——滑面长度（m）；

　　　γ_w——水的重度（kN/m³）；

　　　G——危岩自重（kN）；

　　　F_V——危岩竖向附加荷载（kN/m），方向指向下方时取正值，指向上方时取负值；

　　　F_h——危岩水平荷载（不含后缘陡倾裂隙水压力）（kN/m），方向指向坡外时取正值，指向坡内时取负值；

　　　c——滑面黏聚力（kPa）；

　　　φ——滑面内摩擦角（°）；

Q_h、Q_V——危岩水平、竖向地震荷载（kN/m）；

　　　η——地震力的工况系数，考虑地震力的工况为 1，不考虑地震力的工况为 0。

（2）后缘无陡倾裂隙时按式（3-23）～式（3-24）计算（图 3-10）。

$$F = \frac{\left[\left(G + F_V + \eta Q_V\right)\cos\alpha - \left(F_h + \eta Q_h\right)\sin\alpha - V\right]\tan\varphi + cL}{\left(G + F_V + \eta Q_V\right)\sin\alpha + \left(F_h + \eta Q_h\right)\cos\alpha} \tag{3-23}$$

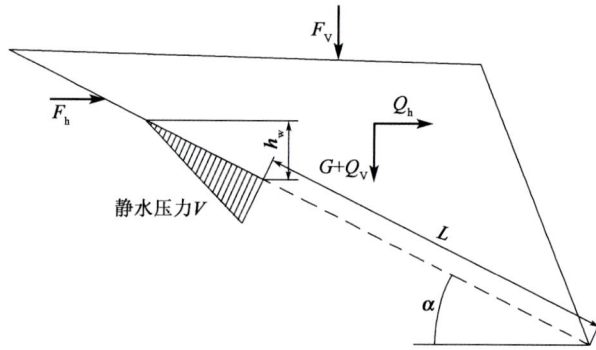

图 3-10　后缘无陡倾裂隙危岩计算剖面

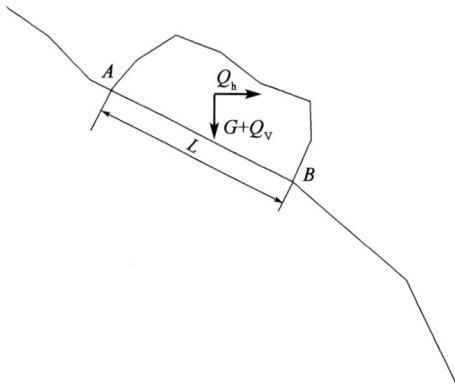

图 3-11　偏心滑落式危岩稳定性计算

$$V = \frac{\gamma_w h_w^2}{2\sin\alpha} \tag{3-24}$$

式中：V——充当滑面的裂隙贯通段水压力(kN/m)；

　　　　h_w——充当滑面的裂隙贯通段充水高度(m)，根据裂隙情况及汇水条件确定；

　　　其余符号意义同前。

针对坡面孤石的偏心滑落模式，失稳危岩体的计算模型如图 3-11 所示。危岩体一旦失稳，将沿 AB 面发生滑移，其稳定性系数 K 可不考虑水压力参照前式计算。

3) 倾倒式破坏稳定性计算方法

基于危岩体失稳破坏模式分析，倾倒式危岩稳定性计算按后部拉断倾倒(顺倾、反倾)、底部折断倾倒三类进行研究。

(1) 由后缘岩体抗拉强度控制时，危岩与基座接触面顺倾时倾倒式危岩后部拉断倾倒稳定性按式(3-25)~式(3-27)计算(图 3-12)。

危岩体重心及竖向附加荷载作用点在倾覆点之外：

$$F = \frac{\zeta f_{lk}\left[\dfrac{H-h}{\sin\beta}+\dfrac{b}{\cos\alpha}\cos(\beta-\alpha)\right]^2}{F_h h_f + \eta Q_h h_0 + (G + \eta Q_V)a + F_V a_0 + V\left[\dfrac{H-h}{\sin\beta}+\dfrac{h_w}{3\sin\beta}+\dfrac{b\cos(\beta-\alpha)}{\cos\alpha}\right]} \tag{3-25}$$

危岩体重心及竖向附加荷载作用点在倾覆点之内：

$$F = \frac{\zeta f_{lk}\left[\dfrac{H-h}{\sin\beta}+\dfrac{b}{\cos\alpha}\cos(\beta-\alpha)\right]^2 + (G + \eta Q_V)a + F_V a_0}{F_h h_f + \eta Q_h h_0 + V\left[\dfrac{H-h}{\sin\beta}+\dfrac{h_w}{3\sin\beta}+\dfrac{b\cos(\beta-\alpha)}{\cos\alpha}\right]} \tag{3-26}$$

$$V = \frac{1}{2}\gamma_w h_w^2 \tag{3-27}$$

式中：V——后缘陡倾裂隙水压力（kN/m）；

$\quad f_{lk}$——危岩体抗拉强度标准值（kPa），根据岩石抗拉强度标准值乘以 0.20 的折减系数确定；

$\quad h_w$——后缘陡倾裂隙充水高度（m），根据裂隙情况及汇水条件确定；

$\quad a$——危岩体重心到转动点的水平距离（m）；

$\quad a_0$——危岩体竖向荷载作用点到转动点的水平距离（m）；

$\quad \beta$——后缘陡倾结构面倾角（°）；

$\quad h_0$——危岩体重心到转动点的垂直距离（m）；

$\quad h_f$——危岩体水平附加荷载作用点到转动点的垂直距离（m）；

$\quad \alpha$——危岩体与基座接触面倾角（°）；

$\quad b$——后缘裂隙的延伸段下端到转动点的水平距离（即块体与基座接触面长度的水平投影）（m）；

$\quad \zeta$——危岩抗弯力矩计算系数，按折断面形态在 1/12～1/6 之间取值，当折断面为矩形时取 1/6。

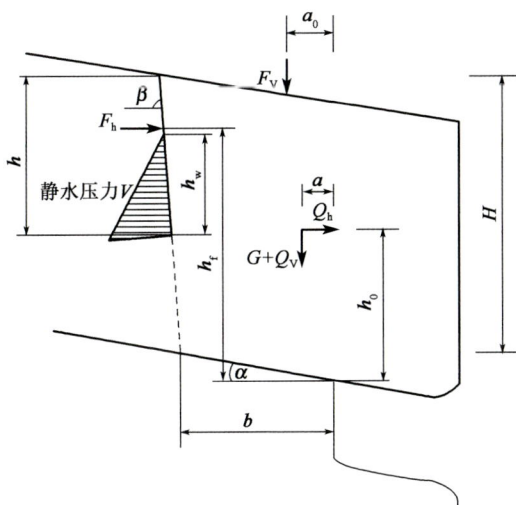

图 3-12　倾倒式危岩稳定性计算（由后缘岩体抗拉强度控制）

（2）由后缘岩体抗拉强度控制时，危岩与基座接触面反倾时倾倒式危岩后部拉断倾倒稳定性按式（3-28）～式（3-29）计算（图 3-13）。

危岩体重心及竖向附加荷载作用点在倾覆点内侧：

$$F = \frac{\zeta f_{lk}\left[\dfrac{H-h}{\sin\beta} + \dfrac{b}{\cos\alpha}\sin(\alpha+\beta)\right]^2 + (G + \eta Q_V)a + F_V a_0}{F_h h_f + \eta Q_h h_0 + V\left[\dfrac{H-h}{\sin\beta} + \dfrac{h_w}{3\sin\beta} + \dfrac{b\cos(\beta-\alpha)}{\cos\alpha}\right]} \tag{3-28}$$

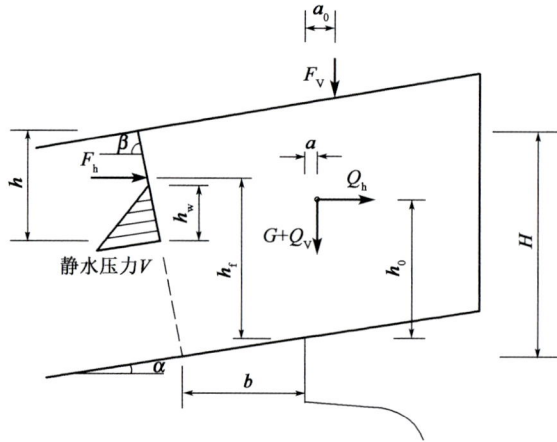

图 3-13 倾倒式危岩稳定性计算(由后缘岩体抗拉强度控制)

危岩体重心及竖向附加荷载作用点在倾覆点外侧:

$$F = \cfrac{\zeta f_{lk}\left[\cfrac{H-h}{\sin\beta} + \cfrac{b}{\cos\alpha}\sin(\alpha+\beta)\right]^2}{F_h h_f + \eta Q_h h_0 + (G+\eta Q_V)a + F_V a_0 + V\left[\cfrac{H-h}{\sin\beta} + \cfrac{h_w}{3\sin\beta} + \cfrac{b\cos(\beta-\alpha)}{\cos\alpha}\right]} \quad (3\text{-}29)$$

式中各符号意义同前。

(3)由底部岩体抗拉强度控制时,倾倒式危岩底部折断倾倒稳定性按式(3-30)~式(3-31)计算(图3-14)。

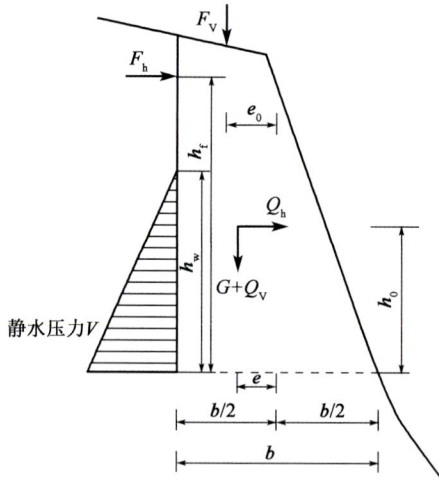

图 3-14 倾倒式危岩稳定性计算(由底部岩体抗拉强度控制)

危岩体重心及竖向附加荷载作用点在倾覆点之外:

$$F = \cfrac{\zeta f_{lk} b^2}{F_h h_f + \eta Q_h h_0 + (G+\eta Q_V)e + F_V e_0 + \cfrac{1}{3}V h_w} \quad (3\text{-}30)$$

危岩体重心及竖向附加荷载作用点在倾覆点之内:

$$F = \frac{\zeta f_{lk} b^2 + (G + \eta Q_V)e + F_V e_0}{F_h h_f + \eta Q_h h_0 + \frac{1}{3}V h_w}$$

(3-31)

式中:V——后缘陡倾裂隙水压力(kN/m);

f_{lk}——危岩体抗拉强度标准值(kPa),根据岩石抗拉强度标准值乘以 0.20 的折减系数确定;

h_w——后缘陡倾裂隙充水高度(m),根据裂隙情况及汇水条件确定;

e——危岩体重心到危岩体底面中点的水平距离(m);

e_0——危岩体竖向荷载作用点到危岩体底面中点的水平距离(m);

h_0——重心到危岩体底面中点的竖直距离(m);

h_f——危岩体水平附加荷载作用点到转动点的垂直距离(m);

b——危岩体底面平行失稳方向宽度(m);

ζ——危岩抗弯力矩计算系数,按折断面形态在 1/12 ~ 1/6 之间取值,当折断面为矩形时取 1/6。

4) 坠落式破坏稳定性计算方法

基于危岩体失稳破坏模式分析,倾倒式危岩稳定性计算可根据破坏形式按下切坠落、折断坠落两类进行研究。

对下切坠落、折断坠落的悬挑式危岩分别按式(3-32) ~ 式(3-33)计算(图3-15)。

下切坠落:

$$F = \frac{c(H - h) - (\eta Q_h + F_h)\tan\varphi}{G + F_V + \eta Q_V}$$

(3-32)

折断坠落:

$$F = \frac{\zeta f_{lk}(H - h)^2}{F_h h_f + \eta Q_h b_0 + (G + \eta Q_V)a + F_V a_0 + V\left(\frac{H - h}{2} + \frac{h_w}{3}\right)}$$

(3-33)

式中:c——危岩体黏聚力(kPa);

H——后缘裂隙上端到未贯通段下端的垂直距离(m);

h——后缘裂隙深度(m);

a_0——危岩体竖向荷载(包括危岩体重力和危岩体上竖向附加荷载)作用点与后缘铅垂面中点的水平距离(m);

b_0——危岩体上水平地震力作用点与后缘铅垂面中点的垂直距离(m);

V——后缘陡倾裂隙水压力(kN);

f_{lk}——危岩体抗拉强度标准值（kPa），根据岩石抗拉强度标准值乘以 0.20 的折减系数确定；

h_w——后缘陡倾裂隙充水高度（m），根据裂隙情况及汇水条件确定；

h_f——危岩体水平附加荷载作用点到转动点的垂直距离（m）；

其余符号意义同前。

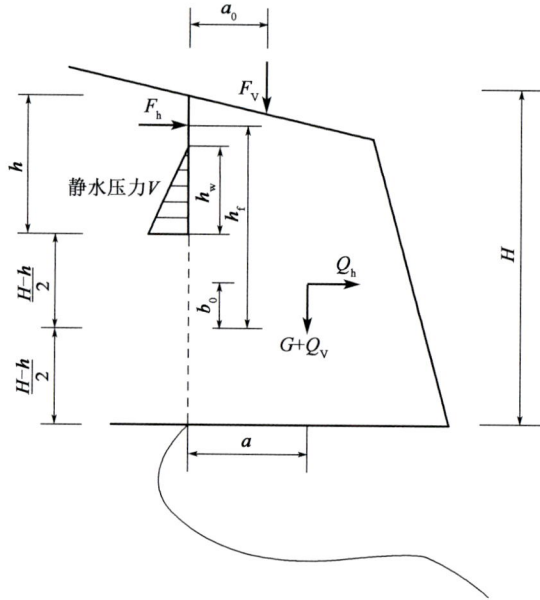

图 3-15　下切坠落式危岩稳定性计算

5）滚落式破坏稳定性计算方法

这类危岩体的计算模型如图 3-16 所示。

危岩体一旦相对稳定状态发生重心偏移，将以 A 点为转点发生转动失稳，其稳定性系数 F 可按式（3-34）计算：

$$F = \frac{(G - \eta Q_V)a}{\eta Q_h h_0} \tag{3-34}$$

式中：G——上部危岩体的重量（kN）；

a——转点 A 至重力延长线的水平距离（m）；

h_0——转点 A 至水平地震力延长线的垂直距离（m）。

6）计算工况与稳定性判断标准

（1）计算工况

稳定性计算所采用的荷载组合可分为 4 种情形：

工况 1：天然状态。考虑自重、附加荷载和裂隙水压力；

工况 2：暴雨状态。考虑饱和自重、附加荷载和暴雨时裂隙水压力；

工况 3：地震状态。考虑自重、附加荷载、现状时裂隙水压力和地震力；

工况 4：降雨 + 地震状态。考虑饱和自重、附加荷载、暴雨时裂隙水压力和地震力。

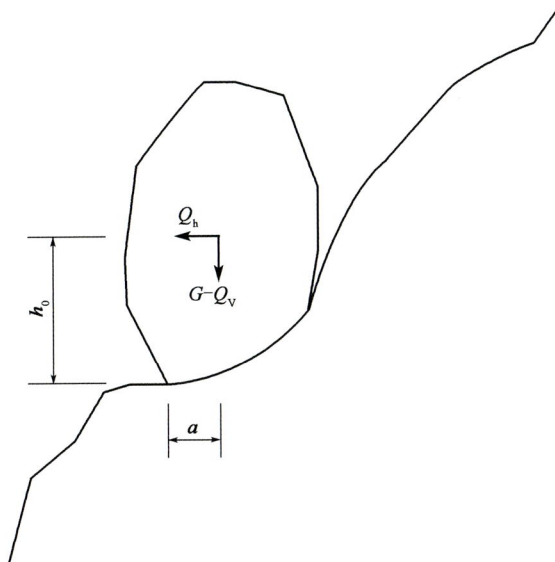

图 3-16　偏心滚落式危岩稳定性计算

（2）判断标准

稳定性量化判断标准是最直观的判断方法，其判断的直接依据是危岩体的稳定性系数 K。危岩体稳定性量化判断标准的建立是基于大量的工程实践经验和人们对风险的接受程度来确定的。针对不同变形破坏模式的危岩体，危岩体的量危岩体稳定性可分为稳定、基本稳定、欠稳定和不稳定等状态。危岩稳定的稳定状态可按表 3-5 进行划分。

稳定状态划分　　　　　　　　　　　　　　　　　　表 3-5

破坏模式	稳定状态			
	稳定	基本稳定	欠稳定	不稳定
滑移式	$F \geqslant F_t$	$F_t > F \geqslant 1.15$	$1.15 > F \geqslant 1.00$	$F < 1.00$
倾倒式	$F \geqslant F_t$	$F_t > F \geqslant 1.25$	$1.25 > F \geqslant 1.00$	$F < 1.00$
坠落式	$F \geqslant F_t$	$F_t > F \geqslant 1.35$	$1.35 > F \geqslant 1.00$	$F < 1.00$
滚落式	$F \geqslant F_t$	$F_t > F \geqslant 1.45$	$1.45 > F \geqslant 1.00$	$F < 1.00$

注：F_t 为稳定安全系数。

危岩体稳定安全系数应结合危岩落石防治工程等级和破坏模式按表 3-6 确定，当稳定系数小于稳定安全系数时应进行处理。

危岩体稳定安全系数   表 3-6

破坏式	防治工程等级					
	一级		二级		三级	
	一般工况	校核工况	一般工况	校核工况	一般工况	校核工况
滑移式	1.40	1.15	1.30	1.10	1.20	1.05
倾倒式	1.50	1.20	1.40	1.15	1.30	1.10
坠落式	1.60	1.25	1.50	1.20	1.40	1.15
滚落式	1.70	1.30	1.60	1.25	1.50	1.20

第 4 章

运动特征仿真分析

危岩落石运动特征是危岩落石勘察评价的重难点问题之一,也是危岩落石防治设计的基础,其研究的主要参数包括运动路径、弹跳高度、运动速度和动能等。通过对危岩落石运动特征进行仿真分析,可有助于对危岩落石威胁区域的确定,进而为工程建设的规划、选址和布置提供参考。如隧道进出口选址时可避开威胁区域;当必须或已经位于威胁区域时,则必须依据风险评价结果进行防治决策;在决策的基础上,进行落石模拟和计算,以其为依据防治落石灾害。

4.1 分析方法

落石运动特征计算常用方法包括经验分析方法、试验方法和数值模拟三类。

经验分析方法是通过野外调查资料或大量的试验研究归纳出落石与边坡间的关系。Ritchie(1963)提出岩石边坡落石运动形态与坡度的关系图,其改进型目前仍然是欧美国家进行落石槽、拦石结构设计的重要依据;Hungr(1988)等由崩积边坡调查提出落石灾害威胁区范围;Azzoni(1995)等由现场试验取得落石威胁区范围,提出单一斜坡下落石横向运动范围为坡长的10%。经验分析法需要大量的数据作为支撑,建立通用或地区性经验公式。我国目前仍停留在依靠特定项目落石历史调查,获得落石碰撞痕迹、运动路径来确定落石运动特征的阶段。

试验方法包括模型试验和现场试验两类。模型试验一般采用各种模型材料及方案设计,探讨坡脚、入射角、坡面材料、落距等落石行为的影响因素,可大批次试验并进行统计分析和参数研究。但是,对实际工程进行完全模拟目前还有困难。现场试验则是确定运动轨迹的最好方法,可比较真实地重现落石运动特征,而且可在详细观测、摄影、摄像的基础上,反算和提取运动参数,其精度和可重复性均可得到一定程度保证。但往往不具备试验条件或花费太大,通常做少量试验验证计算模式的有效性,或结合防治工程进行实际检验。

目前针对危岩落石模拟的多种力学模型已经得到广泛应用(Li,等,2015)。这些模型以牛顿三大运动定律和碰撞理论为指导,对孕灾、致灾环境中大量的试验研究结果进行分析,总结出对滚石运动轨迹影响较大的特征参数,利用运动学和动力学原理完成崩塌滚石运动模拟。运动学和动力学原理的应用能够准确地预测出落石速度、弹跳高度和动能等运动特征参数,结果直观可靠,利用计算机编程可以实现大量危岩落石路径的可视化模拟(Rammer,等,2010;

Lenie,等,2014;Trappmann,等,2015),因此在工程实践中得到了广泛认可和推广。

按地形可分为 2D 和 3D 两类,目前大多数软件为 2D,仅能计算某一断面危岩落石运动特征,但不能反映横向运动范围,3D 则可准确评估落石灾害威胁区域。

按原理可分为质点法、刚体法、离散元法、不连续变形分析法。质点法将落石看作质点,而忽略其形状及尺寸影响,可处理自由落体、弹跳、滚动及滑动 4 种运动模式;目前大多落石计算方法属于此类,包括我国自苏联引进的 HM 罗依尼什维里半经验半理论公式以及类似或其众多的改进型。刚体法可模拟实际落石形态,常简化为圆球、多面体形,基于牛顿第二定律和块体同刚性面碰撞理论进行计算,但迭代次数多,对计算机算力要求高。出于模拟解体和碰撞的需要,出现了一些数值模拟方法,如 Cundall 所创的离散元法(DEM),石根华于 1988 年推出的不连续变形法(DDA)以及它们的修正方法,但这些方法建模复杂,适用性较差。

按参数取值可分为确定性方法和概率方法。在概率方法中,落石参数(落石来源、岩石性质、初始条件)和边坡参数(边坡特性、回弹参数、滑动参数)由模型输入确定,模型输入根据一定的概率分布在预定范围内随机变化。为了解决与落石模型相关的不可避免的不确定性,大多数落石轨迹模型采用概率而不是确定性的方法。在实践中,考虑到落石模型所涉及的不确定性和计算效率,通常采用简化算法进行概率建模。目前常用的数值模拟软件见表 4-1。

危岩落石模拟软件分类　　　　　　　　表 4-1

软件名称	来源	地形	分析方法	概率模型						植物阻尼	岩石损伤	可重复性
				落石参数			边坡参数					
				落石来源	岩石性质	初始条件	边坡特性	回弹参数	滑动参数			
CRSP	Pfeiffer (1989)	2D	混合法	○	○	○	●	●	○	×	×	否
RocFall	Rocscience Inc. (2013)	2D	混合法	●	●	●	●	●	●	●	●	是
SASS	Bozzolo and Pamini(1986)	2D	混合法	●	●	●	●	○	●	×	×	否
N. A.	Paronuzzi (1989)	2D	混合法	○	○	○	●	●	○	×	×	否
GeoFall	Ashfield (2001)	2D	刚体法	○	○	○	○	●	○	×	×	是
Rockfall	Dr. Spang GmbH (2008)	2D	混合法	○	○	○	○	●	●	●	×	否
NURock	Spadari et al. (2013)	2D	质点法	○	○	○	●	●	○	×	×	否
N. A.	Ma et al. (2013)	2D	不连续变形分析	○	○	○	●	●	●	×	否

软件名称	来源	地形	分析方法	概率模型						植物阻尼	岩石损伤	可重复性
				落石参数			边坡参数					
				落石来源	岩石性质	初始条件	边坡特性	回弹参数	滑动参数			
STONE	Guzzetti et al.（2002）	3D	质点法	●	○	●	○	●	●	×	×	否
Hy-STONE	Crosta and Agliardi（2004）	3D	混合法	●	●	●	○	●	●	●	●	是
Rockfall Analyst	Lan et al.（2007）	3D	质点法	●	○	●	●	○	○	×	×	否
Rockyfor3D	Dorren（2012）	3D	混合法	○	●	○	●	●	×	●		否
PICUS Rock'n'Roll	Rammer et al.（2010）	3D	混合法	●	○	●	○	●	●	●		否
RocPro3D	RocPro3D（2014）	3D	混合法	●	●	●	○	●	●	×	×	是
EBOULEMENT	Dudt and Heidenreich（2001）	3D	刚体法	●	●	○	●	●	●	×	×	否
ROTOMAP	Scioldo（2006）	3D	质点法	●	○	●	○	●	○	×	×	否
CRSP-3D	Andrew et al.（2012）	3D	离散元	●	●	○	●	●	●	×	×	否
RAMM_ROCKFALL	Leine et al.（2014）	3D	刚体法	●	○	●	○	●	○	●	●	否

注：○-定量，●-概率法（泊松分布等），×-无此功能。

但总体来看，尽管数值模拟方法众多，缺少兼备3D、质点法及多参数概率取值的落石运动特征计算方法，且多数模型结论与实际情况不符，适应性较差，仅用于落石灾害威胁区域的评估，离工程防治结构设计的需要尚有距离。

4.2 运动特征仿真

运动特征仿真包括：①在运动学和理论力学基础上，综合危岩落石几何形状、坡面特性及植被覆盖等信息，推导落石运动轨迹方程，分析运动敏感性影响因素，建立危岩落石运动模型,利用质点法计算落石在三维空间中的运动轨迹,获得落石的迁移路径及影响范围。②基于冲量原理,分析落石的冲击特性和规律,优化冲击力计算方法公式,采用三维落石冲击力数值模拟作为工具,建立落石冲击力计算模型,为防护措施的设置提供定量参考。

4.2.1　危岩落石运动参数不确定性分析

在一个典型的落石现场,通常会发现一些散落在斜坡上的独立块石(图4-1)。为什么不同的岩石会停在同一斜坡上的不同位置?从确定性的观点来看,落石的轨迹取决于:①岩石从何处脱落;②哪个岩石脱落;③岩石如何脱落;④斜坡的特性。前三个因素分别对应于起始位置(即平面坐标和高度)、岩石性质(如岩性、结构、尺寸和形状)和初始条件(如初始速度)。斜坡特性包括地形、粗糙度、岩性和植被覆盖等。不同落石事件之间的落石起始位置、岩石特性、初始条件和斜坡特性都会发生变化,从而在落石现象中产生固有的不确定性。不同位置、不同初始条件的不同斜坡上不同岩块的滑脱将导致不同的落石轨迹。实验表明,即使使用相同的岩石样本,初始条件的微小变化也会导致落石轨迹的显著分散。因此,由起始位置、岩石特性、初始条件和斜坡特性组成的固有不确定性(随机性)是造成落石轨迹分散的原因,需要进行概率建模。

图4-1　典型危岩落石现场

岩石崩落动力学包括岩石自由崩落、岩石-边坡相互作用、岩石-植被相互作用,通常还包括岩石破碎。自由落体的动力学是明确的,如果忽略空气的影响,可以用分析模型以相当高的精度预测自由落体。而岩石与边坡的相互作用极其复杂,包括岩石对边坡的冲击、回弹、滚动和滑动。以岩石的冲击和回弹为例,这个过程中相互作用力的时间函数极其复杂,无法精确计算。任何描述岩石-边坡相互作用的模型都依赖于一定程度的简化,建模中的误差可能来自模型本身或模型参数输入。换言之,描述运动过程的数学方程(通常是微分方程)或这些方程的解都可能不精确,即使模型的物理方程和解都是精确的,模型参数输入误差仍然不可避免,用作模型输入的现场数据(如地形条件和初始条件)可能不够多或不准确。在动态系统中,不可察觉的差异迭代可能会导致状态的极大变化,且模型输入不可避免的误差将导致落石轨迹建模的不确定性。

回弹行为受边坡基底特性、岩石特性和碰撞形态的限制。在数值模拟中,基底和岩石特性分类中的错误是不可避免的。例如,斜坡地形或岩石形状的任何表示都是对现实的简化。这些误差将给反弹过程的模拟带来不确定性。此外,由于碰撞的最终状态(例如平移和旋转速度)限制了下一次碰撞的初始条件,因此碰撞解决方案中的不确定性将导致对下一次碰撞位置、碰撞形态的预测出现错误,进而影响所有后续碰撞的解决方案。因此,无论模型多么复杂,微小误差都会产生重大不确定性。理论上,参数校准无法解决这一复杂问题,因为即使用历史事件校准参数,微小误差在未来落石事件的建模中仍然存在。因此,在模拟岩石和边坡之间的相互作用时需要引入概率方法,因为数值建模中的不确定性是不可避免的。

与落石轨迹建模相关的不确定性可分为固有不确定性和认知不确定性,如图4-2所示。一方面,固有不确定来源于复杂对象特性的固有可变性,认识不确定性来源于对复杂物体特性的有限知识,可以通过收集更完整和精确的知识来解决,而固有不确定性是复杂现象的固有特征,无法通过更好地理解或改进相关过程分析技术来消除。另一方面,由于对落石过程和落石事件的了解有限,当试图建立落石轨迹模型时,认知不确定性会自动被纳入其中。因此,从理论角度来看,与落石相关的本体不确定性和与数值建模相关的认知不确定性使得在模拟落石轨迹时必须采用概率方法,即所有参数都可以由一个常数值或一个随机变量来定义,为方便起见,随机变量可采用二次分布、泊松分布、正态分布等形式指定输入参数来提供全面的概率分析。

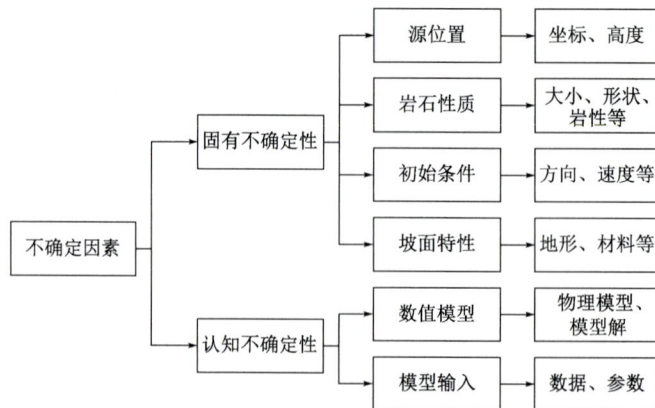

图4-2 危岩落石运动参数的不确定性

4.2.2 特性计算参数基本假定

1)危岩和地面材料属性

首先,获取目标区的高分辨率遥感影像数据,包括卫星影像数据、航空影像数据。卫星影像数据、航空影像数据,要求数据分辨率小于2m,影像数据清晰,色彩均匀,无明显的斑点、条纹和坏线。然后,获取隧道区的高精度数字高程数据,包括合成孔径雷达和机载激光扫描仪直接获取的高精度高程数据以及大比例尺地形图的等高线数据。再后,获取目标区铁路工程资料,包括线路平纵断面信息、目标区铁路工程(路基、桥梁、隧道)具体位置。

假定坡面及危岩落石参数,坡面参数包括不同坡面类型(岩石坡面、碎石坡面、土质坡面)和植被覆盖类型(草木、灌木、乔木)的切向恢复系数(R_t)、法向恢复系数(R_n)、滚动摩擦系数。

将危岩假设为一质点,假定危岩落石参数包括:危岩落石质心的三维坐标(X,Y,Z)、尺寸(长a、宽b、高c)、质量(m)、初始水平速度、初始垂直速度、节理裂隙发育位置、单轴抗压强度(R_c)以及初始运动状态,利用加速度计测量危岩落石与不同坡面类型间相互作用时间(Δt);设定危岩随机参数:同一位置危岩数量,起始方向角角间隔,默认的起始方向指向微地貌斜坡倾向方向,如图4-3所示。

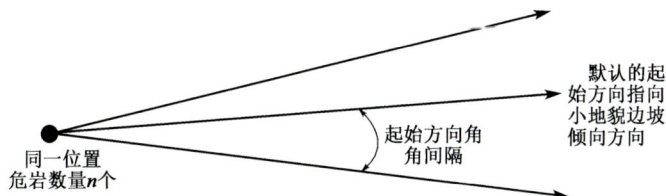

图4-3 危岩随机参数示意图

2)坐标系与单元平面

地表的形状和特征决定了危岩在其上的运动轨迹。数字高程模型是描述包括地形及其坡度、坡向、曲率等在内的表面物理特征的有力工具,使用基于像元的数字高程模型(DEM)作为输入,可以描绘出实际的岩石运动过程,然后根据三维落石轨迹量化该过程的特征,为了模拟三维落石轨迹,使用了两个右手坐标系,包括一个基本坐标系(全球笛卡尔坐标系)和一个局部斜坡坐标系(图4-4)。

(1)全球笛卡尔坐标系

x轴指向东方,y轴指向北方,z轴指向上方。

(2)局部斜坡坐标系

在地形的连续描述中,每个单元平面代表了斜坡的几何形状。为每个单元平面定义一个局部坐标系,其中 x' 轴指向倾向,y' 轴为向走向,z' 轴为平面法向,即垂直于该平面。原始点 P_0 是网格单元格的中心点。

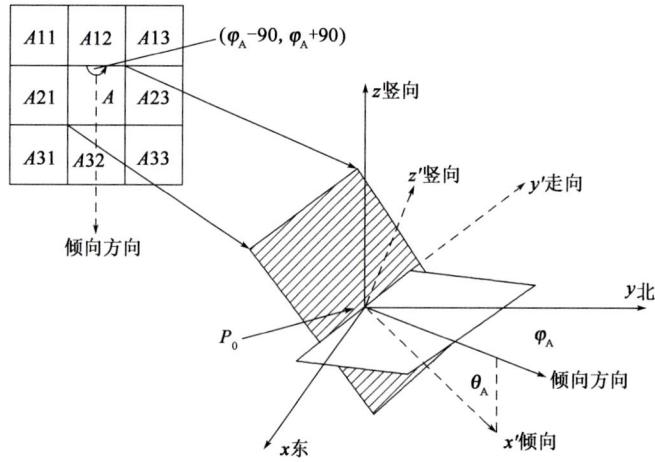

图 4-4 局部斜坡坐标系

在全球笛卡尔坐标系下,根据每个栅格的中心点坐标 (x_i, y_i, z_i)、倾向、倾角确定方程定义每个单元格的平面:

$$Ax + By + Cz + D = 0$$

$$x \in \left(x_i - \frac{j}{2}, x_i + \frac{j}{2} \right); y \in \left(y_i - \frac{j}{2}, y_i + \frac{j}{2} \right); z \in \left(z_i - \frac{j}{2}, z_i + \frac{j}{2} \right) \tag{4-1}$$

式中:A、B、C——平面法向量的系数;

   D——到原点的距离;

   j——DEM 精度。

则,单位法向量可以在一个全球笛卡尔坐标系中表示为:

$$u_n = (\sin\theta\sin\varphi, \sin\theta\cos\varphi, \cos\theta) \tag{4-2}$$

可知:

$$A = \sin\theta\sin\varphi \tag{4-3}$$

$$B = \sin\theta\cos\varphi \tag{4-4}$$

$$C = \cos\theta \tag{4-5}$$

可求得 θ、φ,其中 $\theta($倾角$) \in (0, 90°)$、$\varphi($倾向$) \in (0, 360°)$。

由全球笛卡尔坐标系到局部斜坡坐标系的变换矩阵为:

$$a_{ij} = \begin{bmatrix} \cos\theta\cos(90° - \varphi) & \cos\theta\sin(90° - \varphi) & -\sin\theta & 0 \\ -\sin(90° - \varphi) & \cos(90° - \varphi) & 0 & 0 \\ \sin\theta\cos(90° - \varphi) & \sin\theta\sin(90° - \varphi) & \cos\theta & 0 \\ 0 & 0 & 0 & 1 \end{bmatrix} \tag{4-6}$$

$$\therefore \begin{bmatrix} x' \\ y' \\ z' \\ 1 \end{bmatrix} = a_{ij} \begin{bmatrix} x \\ y \\ z \\ 1 \end{bmatrix} \tag{4-7}$$

由局部斜坡坐标系到全球笛卡尔坐标系的变换矩阵为：

$$a'_{ij} = \begin{bmatrix} \cos(\varphi-90°)\cos\theta & \sin(\varphi-90°) & \cos(\varphi-90°)\sin\theta & 0 \\ -\sin(\varphi-90°)\cos\theta & \cos(\varphi-90°) & -\sin(\varphi-90°)\sin\theta & 0 \\ -\sin\theta & 0 & \cos\theta & 0 \\ 0 & 0 & 0 & 1 \end{bmatrix} \tag{4-8}$$

$$\therefore \begin{bmatrix} x \\ y \\ z \\ 1 \end{bmatrix} = a_{ij} \begin{bmatrix} x' \\ y' \\ z' \\ 1 \end{bmatrix} \tag{4-9}$$

为了创建一个有意义的平面来代表真实的地形，使用 3×3 或 5×5 邻域（根据 DEM 的精细程度，越精细取值越大）设置来计算纵横角和坡度角的平均值。这个平均值代表了局部坡度的特征，再使用平均倾角和倾向来构造平面几何。这种方法避免了不合理的单元可能造成的不现实结果，如有坏点的情况。

4.2.3　三维空间物理运动模型构建与计算

对获取的高分辨率遥感影像数据和高精度数字高程数据及铁路工程资料进行预处理，构建三维空间物理运动分析模型。

首先，利用格网和三角网建模技术处理高精度数字高程数据，构建数字高程模型；然后，利用 GIS 技术处理数字高程模型，获取每一单元格倾角（$\theta \in 0,90°$）、倾向（$\varphi \in 0,360°$）、中心点坐标 $P_0(X_i,Y_i,Z_i)$，构建基于全球笛卡尔坐标系的每个单元格平面方程；利用线路平纵断面信息、目标区铁路工程（路基、桥梁、隧道）具体位置，提取线路和铁路工程的三维坐标点（X，Y，Z），将线路和铁路工程及危岩落石质心的三维坐标点（X,Y,Z）制作成三维矢量数据；根据高分辨率遥感影像数据，划分目标区坡面类型（岩石坡面、碎石坡面、土质坡面）和植被覆盖类型（草木、灌木、乔木）；新增数字高程模型单元格数据集，根据坡面类型（岩石坡面、碎石坡面、土质坡面）和植被覆盖类型（草木、灌木、乔木），赋予数字高程模型每个单元格数据集不同的切向恢复系数（R_t）、法向恢复系数（R_n）、滚动摩擦系数；最后，将数字高程模型与高分辨率遥感影像数据进行融合、渲染处理，插入三维矢量数据，构建三维空间物理运动分析模型（图 4-5）。

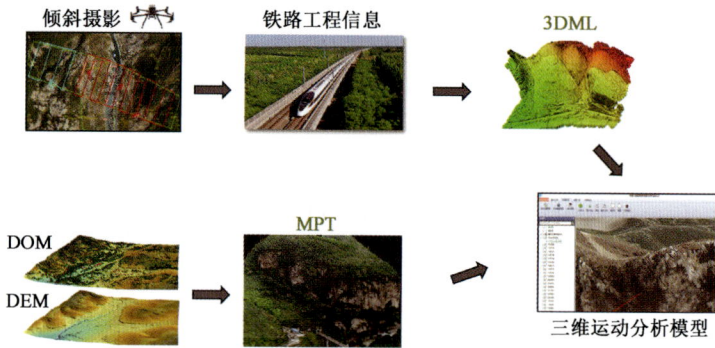

图 4-5　三维空间物理运动分析模型构建流程简图

在构建三维空间物理运动分析模型的基础上,利用动量定理,对危岩的破坏状态进行判定,基于质点碰撞反弹模型和抛物线原理,通过牛顿第二定律和运动学公式对危岩落石进行飞行/弹跳、滚动计算,可得到危岩落石三维迁移路径,如图 4-6 所示。

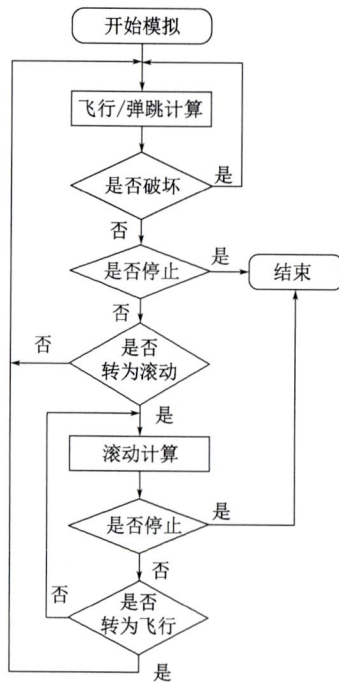

图 4-6　危岩落石三维迁移路径计算流程图

(1)开始模拟。

(2)进行飞行/弹跳计算。

默认危岩落石的初始运动状态为飞行,设置危岩落石初始水平速度和初始垂直速度及运动起始方向,运动起始方向为所在单元格倾向方向,进行飞行/弹跳计算的具体过程如下：

①根据危岩落石三维坐标点(X,Y,Z)和水平速度和垂直速度及运动方向,利用抛物线原理,构建全球笛卡尔坐标系下的危岩落石三维飞行路径方程,得到飞行轨迹线。

②通过计算飞行轨迹线和单元格面的交点得到撞击点,获取撞击点所在单元格的倾角、倾向、中心点坐标,建立单元格边坡局部坐标系。

③通过坐标转换矩阵,将全球笛卡尔坐标系下的危岩落石三维飞行路径方程转换为边坡局部坐标系下的路径方程。

④利用质点碰撞反弹模型,根据危岩落石所在单元格数据集对应的切向恢复系数(R_t)和法向恢复系数(R_n)计算边坡局部坐标系下弹跳速度矢量方程,并将其转换为全球笛卡尔坐标系下的速度矢量方程。

⑤根据全球笛卡尔坐标系下的弹跳速度矢量方程,构建全球笛卡尔坐标系下的危岩落石三维飞行路径方程,得到新的飞行轨迹线。

(3)判断危岩落石是否破坏,如果危岩落石已破坏,则返回步骤(2),继续进行计算;如果危岩落石未发生破坏,则继续执行步骤(4)。

(4)判断危岩落石是否停止,如果危岩落石停止则结束;如果危岩落石未停止,则继续执行步骤(5)。

(5)判断危岩落石是否转为滚动,如果危岩落石未转为滚动,则返回步骤(2)继续进行飞行/弹跳计算;如果危岩落石转为滚动,则继续执行步骤(6)。

(6)进行滚动计算。

为简便计算,滚动算法采用最陡下滑路径,具体过程如下：

①获取危岩落石所在单元格 A 的倾向φ_A、倾角θ_A。

②确定单元格 A 倾向范围$(\varphi_A-90°,\varphi_A+90°)$内栅格 B($A21$、$A23$、$A31$、$A32$、$A33$)为滚动方向单元格。

③如果$|\varphi_A-\varphi_B|\leq90°$,则确定 $\max\theta_B$所在单元格为滚动的下一单元格,如果$|\varphi_A-\varphi_B|\geq90°$,则确定 $\min\theta_B$所在单元格为滚动的下一单元格。

④默认危岩落石沿单元格中心滚动,重复以上步骤,可得到危岩落石滚动路径。

⑤根据理论滚动路径上对应单元中的倾角、滚动摩擦系数,利用牛顿第二定律和运动学公式,计算得到全球笛卡尔坐标系下的危岩滚动路径方程。

(7)判断危岩落石是否停止,如果危岩落石停止则结束;如果危岩落石未停止,则继续执行步骤(8)。

(8)判断危岩落石是否转为飞行,如果危岩落石未转为飞行则返回步骤(6),继续进行滚动计算;如果危岩落石转为飞行,则返回步骤(2)继续进行计算。

4.2.4　运动状态转换判定

三维矢量运算是三维危岩落石建模的重要组成部分之一。它代表了岩石在三维空间中具有方向性的物理量,可以用来表示岩石的位置、位移、速度、加速度、力和动量。一个三维矢量可以用来预测岩石在撞击时的行为,它可能在斜坡上反弹或下降,向任何方向滚动或滑动。

1)飞行/弹跳计算

一般来说,落石可以用矢量表示:

$$v = xi + yj + zk \tag{4-10}$$

式中:i——x 维的单位向量;

　　j——y 维的单位向量;

　　k——z 维的单位向量。

用参数抛物线方程计算了落石的下落或飞行路径。该路径也可以表示为三维向量:

$$P = \begin{bmatrix} V_{x0} + X_0 \\ V_{y0} + Y_0 \\ -\frac{1}{2}gt^2 + V_{z0} + Z_0 \end{bmatrix} = \begin{bmatrix} 0 \\ 0 \\ -\frac{1}{2}gt^2 \end{bmatrix} + \begin{bmatrix} V_{x0} \\ V_{y0} \\ V_{z0} \end{bmatrix}t + \begin{bmatrix} X_0 \\ Y_0 \\ Z_0 \end{bmatrix} \tag{4-11}$$

式中:　　g——重力加速度(m/s^2),取 $9.8 m/s^2$;

　X_0、Y_0、Z_0——岩石在三维空间中的初始位置;

V_{x0}、V_{y0}、V_{z0}——岩石在 x、y、z 方向上的初始速度。

岩石的速度矢量形式为:

$$v = \begin{bmatrix} V_{x0} \\ V_{y0} \\ V_{z0} - gt \end{bmatrix} = \begin{bmatrix} 0 \\ 0 \\ -gt \end{bmatrix} + \begin{bmatrix} V_{x0} \\ V_{y0} \\ V_{z0} \end{bmatrix} \tag{4-12}$$

使用抛物体算法的核心挑战是确定岩石飞行结束时的撞击点。撞击点是飞行轨迹抛物线与 DEM 网格单元表面的交点。为了定位单元平面上的撞击点,需按以下步骤进行:①对平面上的点进行内部/外部测试,以确定是否会发生撞击。当飞行轨迹抛物线中的一个点在从单元平面上方穿越时,可判定为即将发生碰撞。②联立创建抛物线运动方程和单元平面方程,对于高分辨率 DEM,在非常小的时间步长下,通过计算线和面的交点可以得到撞击点。

一旦确定了交点位置,就应利用质点碰撞反弹模型(光的反射定律)确定弹跳矢量(图 4-7)。

然后根据恢复系数计算弹跳速度矢量。对于每个表面网格单元,考虑两个恢复因子:法向

恢复系数 R_N 和切向恢复系数 R_T。在局部斜坡坐标系中,弹跳速度矢量定义为:

$$v'_{\text{Dip}} = v_{\text{Dip}}R_T \tag{4-13}$$

$$v'_{\text{Trend}} = v_{\text{Trend}}R_T \tag{4-14}$$

$$v'_N = v_N R_N \tag{4-15}$$

式中:v'_{Dip}、v'_{Trend}、v'_N——没有能量损失的弹跳速度矢量;

$\quad\quad v_{\text{Dip}}$——斜坡单元倾角方向上岩石块体的速度分量;

$\quad\quad v_{\text{Trend}}$——斜坡单元走向方向上岩石块体的速度分量;

$\quad\quad v_N$——斜坡单元法线方向上岩石块体的速度分量;

$\quad\quad R_N$、R_T——法向、切向恢复系数,取值范围均为 $[0,1]$。

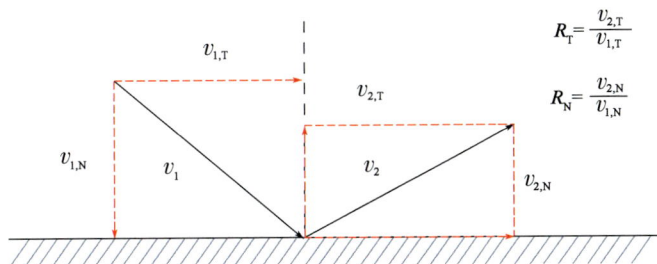

图 4-7 质点碰撞反弹模型

2) 滚动计算

滚动/滑动算法用于计算岩石离开抛物体算法后的运动。这些岩石可以在斜坡的任何部分和任何障碍上滑动。如果岩石撞击地面后速度下降到某个值(例如 0.5m/s),就会发生滚动或滑动。每个单元中的滚动/滑动距离取决于坡角 θ 和摩擦角 φ。在滚石沿地面滑动运动阶段过程中,根据设置的滚石在不同属性地面上的摩擦系数,通过物理学受力分析(图 4-8),利用牛顿第二定律和运动学公式完成其加速度和速度变换等的模拟计算,其加速度、速度和距离算法公式如下:

$$m_石 a = G\sin\theta - F_阻 \tag{4-16}$$

$$F_阻 = G\cos\theta\tan\varphi \tag{4-17}$$

$$v_末 = v_初 - at \tag{4-18}$$

$$S = v_初 t + \frac{1}{2}at^2 \tag{4-19}$$

式中:$m_石$——滚石质量;

$\quad\quad G$——落石重力;

$\quad\quad a$——加速度;

$\quad\quad v_末$——终点速度;

$\quad\quad v_初$——始始速度;

$\quad\quad S$——滑动距离。

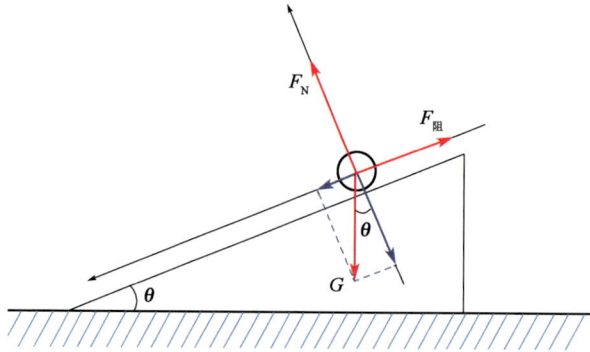

图 4-8　滚动计算模型

在每一个单元,岩石从一个单元的边界开始滚动/滑动,到下一个单元的边界结束。岩石在第一个单元平面的最终滑动速度与下一个单元平面的初始速度大小相同。计算岩石滑动或滚动的方程式同时包含了斜坡下的运动和斜坡上的运动。

岩石的滚动或滑动状态(下坡运动或上坡运动)是由岩石的速度矢量与单元面法向矢量的相互作用决定的。当岩石下坡时,搜索最陡的斜坡路径。

如果加速度大于零,岩石就会随着速度的增加而滑动。如果加速度等于零,岩石将以与入射速度相同的速度滑动。在这两种情况下,计算最陡路径段末端的出射速度。滑动距离将等于单元格中最陡段的长度。如果加速度小于零,岩石将以减小的速度滑动。停止距离的计算采用零出口速度。如果停止距离大于最陡段长度,则在最陡段结束时重新计算出口速度。当停止距离小于最陡路径长度时,退出速度为零,模拟停止。

3) 破坏状态判定

(1) 根据危岩落石三维飞行路径方程,计算撞击点时的速度值 $v_{撞}$。

(2) 根据危岩落石尺寸,计算综合受力面积 $A = \left(\dfrac{a+b+c}{9}\right)^2$。

(3) 根据单轴抗压强度(R_c),计算危岩落石脆性破坏临界值 $P_{破} = R_c \times A$。

(4) 获取危岩落石与不同坡面类型间相互作用时间(Δt),基于动量定理,当 $\dfrac{mv_{撞}}{\Delta t} \geqslant P_{破}$ 时,危岩落石发生破坏。对于存在节理裂隙的危岩落石,沿着节理裂隙发生脆性破坏,获得 n 块新危岩落石($n \geqslant 2$),并根据节理裂隙位置得到新危岩落石的质量 $m_1, m_2 \cdots m_n$,如图 4-9a)所示;对于无节理裂隙的危岩落石,沿危岩落石中部破裂面发生脆性破坏,获得 2 块新危岩落石,质量均为 $m/2$,如图 4-9b)所示。

(5) 落石发生破坏后,新的落石将沿中部破裂面的法向量或节理裂隙的法向量向临空方向运动。

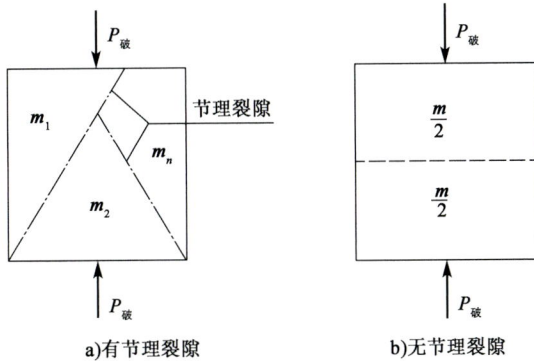

a)有节理裂隙　　　　　　　b)无节理裂隙

图 4-9　破坏状态判定示意图

4)转换状态判定

危岩落石的运动状态由飞行、滚动、停止三个状态组成,三者之间可以互相转换,包括:滚动状态→飞行状态判定、飞行状态→滚动状态判定、飞行/滚动状态→停止判定。

(1)滚动状态→飞行状态

据危岩落石运动路径方向,危岩落石由前一单元沿入射方向进入下一单元,获取前后两个单元法向量(法向1、法向2)的夹角 β,如果危岩落石运动速度在进入下一单元时大于 5m/s,且 $\beta>45°$,则运动状态由滚动转为飞行,否则保持滚动状态。

(2)飞行状态→滚动状态

如果危岩落石的运动速度小于或等于 0.5m/s,则运动状态由飞行转为滚动,否则保持飞行状态。

(3)飞行/滚动状态→停止状态

如果危岩落石的运动速度小于或等于 0.01m/s,则运动状态由飞行/滚动转为停止状态。

4.2.5　运动路径与危险性分析

虽然上述方法可以较好地模拟落石的迁移路径,得到潜在落石风险区,但落石运动特征的不确定性和空间可变性无法用概率方法完全弥补,很难用数值解确定,例如空间分散和危险分布,而统计学可以更有效地解决空间自相关问题。从空间统计的观点来看,距离较近的物体往往比距离较远的物体更具相关性,这种空间自相关性已在许多不同的环境中得到验证,包括矿产、生物领域。落石运动作为一种斜坡的自然破坏过程亦具有空间相关性。因此,如果邻域遭受落石灾害,没有发生落石的地区就不一定安全。

图 4-10 描述了基于统计学的栅格建模概念模型。阴影单元格表示空间位置每个单元格中心的已知样本数据,这些值可由随机三维危岩落石运动数据获得,带问号的单元格是模拟数据未涵盖的未知区域,可由空间统计插值进行预测,这里引入常见的克里金插值法。该方法依赖于与概率相关的数学和统计模型,它在探索数据的空间相关性、结构和方向变化以及进行误

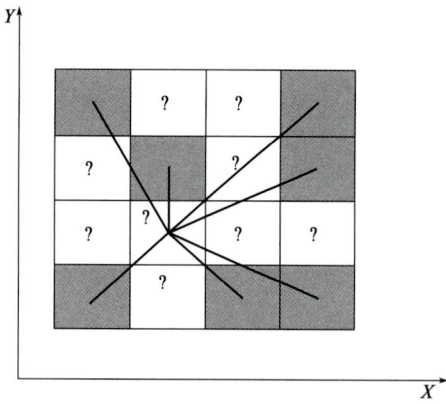

图 4-10　基于统计学的栅格建模概念模型

差分析方面具有优势,可获得平滑连续的预测曲面。

使用前文方法可创建多个光栅曲面以表示危岩落石的三维迁移路径,进而求得危岩落石的危险性分布,图 4-11 展示了危险性分析的工作流程,包括 4 个标准步骤:

(1)首先创建默认值为 0 的光栅。设定初始光栅与输入 DEM 图层具有相同的范围、单元大小和地理参考系统。

(2)执行拓扑分析以确定危岩落石的三维轨迹与 DEM 每个单元之间的空间相关性,样本值被指定至每个单元,没有落石轨迹通过的单元格值保持为 0。如果一条落石轨迹通过,则其值为 1,如果两条落石轨道通过的单元的值为 2。

(3)对光栅进行空间统计插值,以预测未知风险区域。可见在步骤(2)之后,许多单元仍然保持为 0,但并不意味着它们可以躲避落石冲击。例如,位于值为 2 的最近单元格值为 0.75,仍处于危险状态。

(4)对该新光栅进行邻域焦点分析,以获得新的落石空间频率连续预测面,每个单元格的值表示其遇到落石的空间可能性,较深的单元格显示较高的空间频率,较浅的单元格保持相对安全。

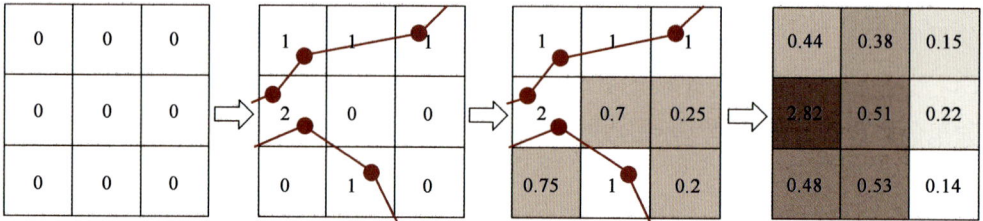

图 4-11　危险性分析流程

4.3　冲击力计算

4.3.1　冲击力计算方法对比研究

1)落石冲击力求解方法分类

(1)基于冲击试验结果的经验公式方法。如杨其新、关宝树教授通过室内试验建立的计算方法以及日本道路公团、Labiouse 等(1996)通过现场落石试验建立的经验方法,这类方法通过现场验证,有较好的可靠性,而且计算简单,基本能够反映落石冲击力影响因素的概貌,是应用较广泛的一种方法。目前该类别的计算公式均基于自由落体为落石运动模式,以自由落高 H 来计算冲击力,也就是说实际上计算的是一种落石垂直于缓冲土层发生的一种正碰情形,而一般落石下落过程中发生的碰撞基本上均为斜碰。

(2)对落石碰撞过程做一定简化,基于冲量定理建立的计算方法。如以隧道手册为代表的方法,该类方法计算简单,但实际得到的是冲击过程的平均冲击力,而不是最大冲击力,而对于明洞和棚洞结构设计而言,冲击过程的最大冲击力才是控制设计的冲击荷载。

(3)以隧道手册、路基规范为代表的基于冲击土层陷入深度的计算方法,实际上也是一种经验计算方法。从计算理论来看,冲击力的大小同落石陷入土层深度成正比,这与实际并不完全相符。该计算方法适用于深厚土层情形,同明洞或棚洞相对较薄缓冲土层洞顶冲击力的计算差别较大。

(4)数值模拟方法。数值模拟方法包含离散元和有限元等。有限元通常使用显示求解方法,目前已取得了一些成果,往往用于特定环境下的模拟验证、查找影响因素及其规律。由于落石同缓冲土层碰撞的复杂性,导致单元、模型和计算理论上的复杂性,应用不便。

2)落石冲击力计算方法介绍

(1)路基规范方法

路基规范方法基本原理是简化落石冲击过程的功能原理,认为落石冲击作用下陷入土层的过程是落石动能消散的过程。根据《公路路基设计规范》(JTG D30—2015),落石对拦石墙体的冲击力由下式计算:

$$P = P(Z)F = 2\gamma Z \left[2\tan^4 \left(45° + \frac{\varphi}{2} \right) - 1 \right] F \tag{4-20}$$

式中:P——落石冲击力(kN);

$P(Z)$——落石冲击土堤后陷入缓冲层的单位阻力(kPa);

Z——落石冲击陷入缓冲土层的深度(m)。

$$Z = v_R \sqrt{\frac{Q}{2g\gamma F}} \times \sqrt{\frac{1}{2\tan^4 \left(45° + \frac{\varphi}{2} \right) - 1}} \tag{4-21}$$

式中:v_R——落石块体接触缓冲土层时的冲击速度(m/s);

Q——石块重力(kN);

γ——缓冲层重度(kN/m^3);

g——重力加速度(m/s^2),取 9.81m/s^2;

F——落石等效球体的截面积(m^2)。

$$F = \pi R^2 \tag{4-22}$$

$$R = \sqrt[3]{\dfrac{3Q}{4\pi\gamma_i}} \tag{4-23}$$

式中：γ_i——落石重度（kN/m³）；

    R——落石等效球体半径（m）。

实际工程中根据落石陷入土堤的可能最大深度来确定最小填土层的厚度。

（2）隧道手册方法

隧道手册方法指的是《铁路工程设计技术手册·隧道》（修订版）所推荐的方法，从理论上看是基于冲量定理的一种近似算法。其落石冲击力计算式为：

$$P = \dfrac{Qv_0}{gt} \tag{4-24}$$

式中：P——落石冲击力（kN）；

    Q——落石重力（kN）；

    g——重力加速度（m/s²），取 9.81m/s²；

    v_0——落石冲击速度（m/s）；

    t——冲击持续时间（s）。

$$t = \dfrac{2h}{c} \tag{4-25}$$

式中：h——缓冲层厚度（m）；

    c——压缩波往复速度（m/s）。

（3）瑞士方法

Labiouse 等（1996）通过落石冲击现场试验建立了落石冲击力经验计算公式，落石冲击力按下式计算：

$$p = 1.765M_E^{\frac{2}{5}}R^{\frac{1}{5}}(QH)^{\frac{3}{5}} \tag{4-26}$$

式中：M_E——通过荷载板试验得到的缓冲土层变形模量（kPa）。

该公式求解也为自由落体情形下的落石冲击力，以下简称瑞士公式。

（4）日本道路公团方法

日本道路公团（Japan Road Association,2000）基于落石冲击力试验数据和 Hertz 弹性碰撞理论，建议落石最大冲击力采用以下公式计算：

$$p = 2.108Q^{\frac{2}{3}}\gamma^{\frac{2}{5}}H^{\frac{3}{5}} \tag{4-27}$$

式中：Q——落石质量（t）；

    γ——拉梅常数，建议取 1000kN/m²；

    H——落石自由下降高度。

该公式实际求解的为自由下落情形下的落石冲击力，以下简称日本公式。

4.3.2　基于冲量定理的冲击力计算

工程上关注的落石冲击力是冲击碰撞过程落石与缓冲土层相互作用荷载的最大值。落石冲击过程的复杂性决定了从能量、变形等方面入手计算冲击力困难较大，而从冲量定理角度解决该问题，则可回避碰撞过程、变形及能量损耗的复杂性，是较好的解决方法，关键在于如何建立平均冲击力与最大冲击力之间的联系。本文借鉴叶四桥方法，建立如图 4-12 所示的落石冲击力求解模型，假定落石为均质球体，在倾角为 α_j 为斜面上发生碰撞，求解目标为落石运动过程中任意角度冲击缓冲土层的最大冲击力，且在该碰撞过程中考虑落石反弹和重力作用的影响。

采用 AZZONI 在研究落石运动路径弹跳行为过程中，引出的图 4-13 描述碰撞过程。t_0 表示落石与坡表面发生碰撞的时刻，$F(t)$ 表示重力等外力，$f(t)$ 表示碰撞过程的冲击力，显然冲击力是一个随时间变化的量，碰撞过程中速度减小为零时刻对应的冲击力为最大冲击力，即为求解目标。

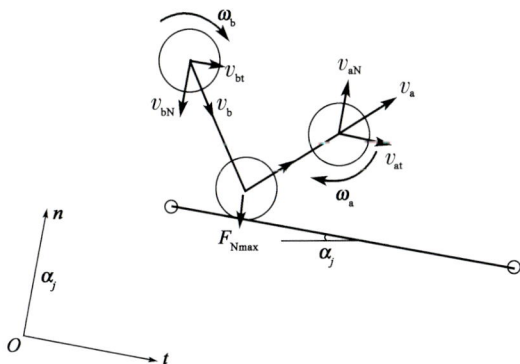

图 4-12　落石冲击力计算模型　　　　图 4-13　AZZONI 落石弹跳冲量模型

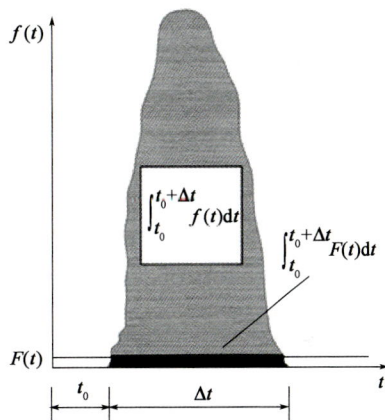

在该模型中，重力等外力冲量可表示为 $\int_0^{t_0+\Delta t} F(t)\mathrm{d}t$，相应冲击力冲量则可表示为 $\int_0^{t_0+\Delta t} f(t)\mathrm{d}t$，重力和冲击力的合冲量将导致落石动量发生改变。对于不发生反弹的情形，则动量在冲击过程中降低为 0，对于反弹情形，则动量发生方向和数值上的急剧改变。

引入如下假定：

（1）落石为均质球体。

（2）冲击过程不考虑落石的分解，忽略土层飞溅的影响。

（3）将碰撞过程速度变化分为法向和切向分量，则可以恢复系数表达相应速度分量变化，以解决斜碰问题。

（4）不考虑落石自身转动影响。

（5）缓冲土层在冲击过程中切向分力的作用下表层发生破坏，不传递切向力，则所求冲击力即为法向最大冲击力。

影响落石冲量变化的力系有冲击力和落石重力，冲击力属于碰撞力范畴，落石重力属于冲击过程外力。一般弹性碰撞理论中，通常由于碰撞力远远大于重力，故在以冲量定理求解碰撞问题时通常忽略重力影响。在落石同缓冲土层的碰撞过程中，由于土层的缓冲变形能力使冲击力并非远大于重力，所以在落石与土层碰撞时应保留重力项，Pichler 试验结果也说明需要考虑重力影响。

根据落石碰撞过程受力和碰撞前后速度变化的情况，可以建立法向、切向冲量方程和角冲量方程；基于前述假定，以落石为研究对象，沿碰撞缓冲土层表面法向建立动量方程。

落石在第 j 段坡表发生碰撞，入射速度为 v_b，沿坡表面法向和切向速度分量分别为 v_{bn}、v_{bt}；反弹速度为 v_a，相应水平和竖直方向速度分量分别为 v_{ax}、v_{ay}，沿坡表法向和切向速度分量分别为 v_{an}、v_{at}，由法向恢复系数定义有：

$$v_{an} = e_n v_{bn} \tag{4-28}$$

由冲量定理则得下式：

$$m(v_{bn} + e_n v_{bn}) = \int_0^{t_0+\Delta t} f_n(t)\,\mathrm{d}t - \int_0^{t_0+\Delta t} F_n(t)\,\mathrm{d}t \tag{4-29}$$

式中：$F_n(t)$——碰撞过程落石所收法向外力（kN），即重力；

$f_n(t)$——碰撞过程法向冲击力（kN），是随时间发生改变的量，当碰撞开始时其值为 0，当落石法向速度为 0 时达到最大值，随着落石的反弹又迅速减小，落石离开时的值为 0；

Δt——冲击过程历时（s）；

t_0——碰撞发生时刻（s）。

落石所受重力 $F_n(t)$ 即为重力法向分量，不随时间改变，即：

$$F_n(t) = mg\cos\alpha \tag{4-30}$$

式中：m——落石质量（kg）；

g——重力加速度（m/s²），取 9.81 m/s²；

α——碰撞斜面倾角（°）。

$f_n(t)$ 为一随时间变化量，工程中关心的是其最大值，若假定最大冲击力为平均冲击力的 k 倍（k 为冲击力放大系数），则有：

$$\overline{F}_n = \frac{1}{k}F_{n\max} \tag{4-31}$$

式中：$F_{n\max}$——冲击力峰值（kN），即为需求解的落石冲击力。

由式（4-29）有：

$$m(v_{bn} + e_n v_{bn}) = \Delta t \left(\frac{1}{k} F_{nmax} - mg\cos\alpha \right) \tag{4-32}$$

$$F_{nmax} = k \left[\frac{m\, v_{bn}(1 + e_n)}{\Delta t} + mg\cos\alpha \right] \tag{4-33}$$

式中：k——冲击力放大系数；

e_n——法向恢复系数。

将冲击历时引入杨其新试验结果，即：

$$\Delta t = \frac{1}{100} \left(0.097mg + 2.21h + \frac{0.045}{H} + 1.2 \right) \tag{4-34}$$

式中：h——结构顶部或背后缓冲土层厚度（m）；

　H——自由落体高度（m）。

式中的 H 实际反映的就是碰撞速度对冲击历时的影响，一般斜碰并非自由落体情形，而通常初始条件为速度，需要将式 4-34 中自由落体落高以等效法向速度代换，对于自由落体：

$$v = \sqrt{2gH} \tag{4-35}$$

则有：

$$H = \frac{v_{bn}^2}{2g} \tag{4-36}$$

代入式（4-34）即有，对应于等价冲击速度作用下的冲击历时：

$$\Delta t = \frac{1}{100} \left(0.097mg + 2.21h + \frac{0.09g}{v_{bn}^2} + 1.2 \right) \tag{4-37}$$

以上公式中，e_n 为缓冲土层性质参数，与法向恢复系数为同一含义，按前述原则取值即可；若冲击过程不发生反弹，则 e_n 为 0，土层越坚硬则 e_n 越大，所产生的冲击力也越大，反之则越小。若 k 取 1，则公式计算结果仍然为基于冲量定理的平均冲击力，只不过考虑了落石反弹和重力对冲击力的增大效应。k 的取值直接决定了落石冲击峰值与平均冲击力的比，通过确定具体情形下的 k 值，即可求得最大冲击力，可参考 Pichler 试验结果（图 4-14）。从该曲线可见，冲击力放大系数先随着落石直径的增加而减小，基本上在直径为 1.0m 达到最小值，而后又会随着直径的增加而增大，而且随着落石冲击速度的增大冲击力放大系数也会增加。该曲线适用于落石直径 3.0m 以内，落石冲击法向运动速度 25m/s 以内的情况。落石尺寸小于 0.2m 的小块飞石，通过构造设置缓冲层即可满足要求，可不必进行落石冲击力计算，或以 0.2m 直径落石 k 值代入进行计算；对于 2.0m 直径以上的落石，特别是 3.0m 以上落石，由于冲击力太过巨大，以棚洞、明洞或填土缓冲被动防护结构作为防治措施的适宜性就要大打折扣。从速度上来讲落石运动速度过大的区段，不适宜布置明洞、棚洞和被动防护结构，而且落石冲击速度也大多不会超过 25m/s，10m/s 以下的落石冲击力可参考 10m/s 曲线 k 进行计算，10～25m/s 之间的 k 值建议内插即可。综上所述，通过该曲线基本可以解决工程中所涉及的落石冲击力计算的问题。

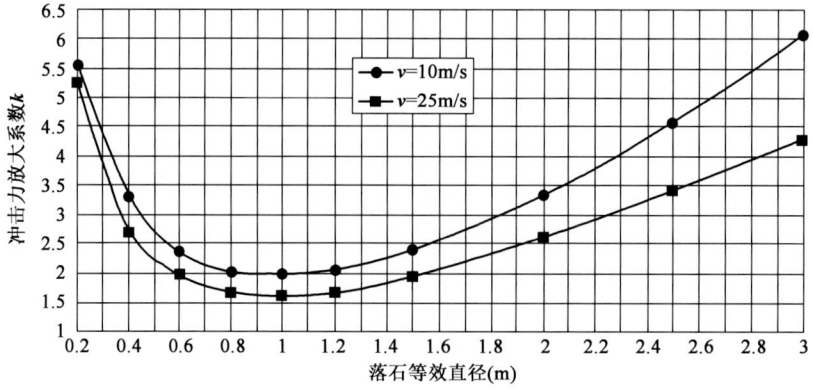

图4-14　冲击力放大系数取值曲线

第 **5** 章

危岩落石防治技术

危岩落石防治技术是保障铁路安全的重要手段,目的是为了预防危岩生成、疏导潜在危岩的能量并阻止落石对周边环境造成破坏。危岩落石防治技术主要分为主动防治技术和被动防治技术两大类。主动防治技术侧重于防止危岩落石的产生,常采用的方法包括锚固、支护、加固等,目的是在危岩形成之前或早期阶段就对其进行固定和稳固,以避免后续脱落的风险。被动防治技术则主要用于拦截和控制已发生的落石,常见手段包括设置棚洞、明洞、拦石墙等,旨在阻止落石对人和物的直接危害。此外,还可以采用主动-被动联合防护技术,将主动固定和被动拦截相结合,从源头防止并最大限度地减少危岩落石带来的危害。

5.1　危岩落石防治技术原则

当悬崖上的岩石在风化、暴雨等诸多外部因素影响下形成危岩体时,其变形速度会逐渐加快。另外,在自然陡峭的边坡条件下,如果进行工程建设活动,则极有可能发生危岩体倾倒、滑移、滚落等灾害,此时,铁路工程建设的前期线路规划应重点避让这些典型区域。主要方式为绕避灾害区域或直接让线路穿山,以隧道形式通过。铁路隧道在修建过程中要保证工点线路有足够长度,重点关注隧道进出口位置的环境地质特征,避免将进出口设置在危岩落石区域内。如果无法完全绕避,也则设置在灾害规模最小的区域内,并进行充分加固处理,以保障隧道进出口的设施安全。

结合铁路工程建设的特点,危岩落石防治主要应遵循下面几点原则:

(1)防治措施应该以保障危岩边坡的整体稳定性及重点危岩体的局部稳定性为首要原则。特殊情况下,若无法完全规避风险,也应将危岩体的变形量控制在安全范围内,保障人员的生命安全及工程设施的安全。

(2)危岩落石防治措施应结合当地实际情况,参考城市建设、经济发展及环境保护等诸多因素,保证工程措施与当地环境保护、城乡规划、土地综合利用相统一。

(3)危岩落石的防治措施应与时俱进,在保证安全的基础上,使用新技术、新方法,促进工程防治技术的更新迭代。此外,应进行多方案比选,在措施经济性和安全性之间寻找平衡点。

(4)以暴雨条件等最不利工况作为危岩落石治理的根本设计前提。

(5)加强危岩落石监测手段,使危岩落石预防和治理相统一。

(6)综合不同地区、不同工程等级的结构物,针对危岩落石的防治应坚持主动与被动防护措施同步进行、优势互补的原则。

5.2 危岩落石防治技术体系

危岩地质灾害具有分布广、所处地形复杂、隐蔽性强、单体规模小、呈带状分布在陡崖上和破坏形式多样等特点。根据危岩地质灾害不同的发育特征和破坏形式,应采用不同的防治方法。主动防治技术包括支撑、锚固、清除、主动防护网、封填、灌浆和排水等,被动防护技术包括拦石墙(堤)、拦石栅栏、被动和引导防护网以及森林防护等。

由于危岩落石发育条件的复杂性及自然环境的多样性,危岩单体的防治与危岩带的防治,采用单一方法的效果有限。为了保障工程活动的安全,在符合当地工程建设、环境条件等诸多因素的情况下,充分考虑主动防治与被动防治技术的结合,重视地表水的截排和地下水的导排作用,才能取得经济有效的治理效果。本章将危岩落石的综合防治技术划分为主动防护技术、被动防护技术及主被动联合防护技术三大类。

5.2.1 主动防治技术

对于体量较大、潜在威胁较大的危岩体,应采取主动防护措施,以保障危岩体的稳定性。其主要的技术手段包括支撑、封填、灌浆、锚固、排水和柔性防护等。

1)支撑技术

支撑防护措施在危岩落石治理中具有多重重要作用(图 5-1)。首先,支撑结构的设置能够有效地固定岩体,防止其发生破坏。这种固定作用可以减少危险岩体对周围环境和人员安全造成的威胁。其次,支撑结构还能够有效地分散和吸收落石的冲击力量,降低其对地面、建筑物等的损害程度。例如,固定岩石碎片可以减轻其冲击力,保护周围建筑物和交通设施的安全。最后,支撑防护措施还能够保护周边环境和生态系统,防止因危岩落石造成的土壤侵蚀、水源污染等问题,促进生态环境的持续改善。

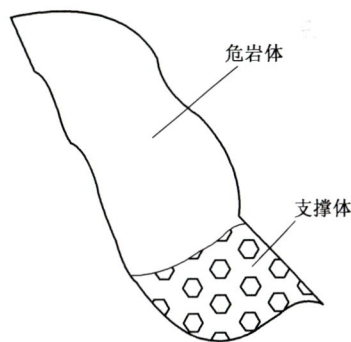

图 5-1 支撑技术示意图

当危岩体下部有一定的凹陷岩腔,而且危岩体重心位于岩腔中心线内侧时,可采用支撑技术。危岩体的支撑包括支撑挡土墙、支护墙及柱式支撑等。支撑挡土墙是保证结构物下部的软弱岩石不会坍塌且上部岩块不会破碎的结构。支护墙则可以与岩壁实现紧密接触,不留缝隙,起到控制岩体风化速度的作用,而且对其结构上部的岩块有支撑作用。柱式支撑结构则适用于上硬下软且岩体较为破碎的边坡。

采用该类技术时,需要注意的是,危岩体下部应相对平缓且具有一定宽度的空间,下伏岩体应较完整、较坚硬且处于稳定的状态,地基的承载力应满足设计要求。支撑体重心位于危岩体重心线外侧。支撑体底部应分台阶清除到满足地基承载力要求的岩层,确保支撑体自身的稳定性。

另外,当采用支撑技术治理倾倒式危岩体及基座具备岩腔的滑移式危岩时,应满足抗倾覆的要求。

施工原则如下:

(1)当危岩体完整性好时宜采用柱(墩)撑;当危岩体裂隙发育时宜采用墙撑,墙撑的走向应尽量与主控裂隙走向垂直;因通行等需要可将墙体外立面按间距设置成拱形门洞,此为拱撑。

(2)对于易风化的软岩凹腔,应增加专门的防风化措施。

(3)支撑的位置应考虑基础条件及上部危岩体结构特点,宜与上部危岩体的重心在同一竖直线上。

(4)支撑的基础可采用嵌岩、锚杆混凝土、承台等,顶部可采用嵌岩或承台、挑梁。

(5)支撑的设计应符合下列规定:

①支撑所受作用力,除自身重力外,主要为顶部危岩体压力、地基反力和地震力及特殊力。

②支撑体截面应根据所提供的反力、支撑体本身的强度、地基承载力进行检算确定。

③柱(墩)撑截面面积 S 可采用式(5-1)计算:

$$S = \frac{R \cdot L}{\sigma} \tag{5-1}$$

式中:R——支撑体反力;

L——柱(墩)心间距;

σ——地基承载力特征值。

④墙撑、拱撑按承重墙进行检算,横向墙撑沿陡崖走向间距宜为 $2 \sim 4\text{m}$。

⑤支撑的地基承载力和结构强度计算,应符合国家现行有关标准的规定。

⑥支撑可采用浆砌片石或条石、混凝土、片石混凝土、钢筋混凝土等。砂浆强度等级不应低于 M10;片石、条石强度等级不应低于 MU30;混凝土强度等级应根据结构承载力和所处环境类别确定,素混凝土强度等级不应低于 C20,钢筋混凝土强度等级不应低于 C25。配筋率、钢筋搭接和锚固、钢筋保护层厚度等应符合现行国家标准《混凝土结构设计标准》(GB 50010)的有关规定。

⑦支撑体底部基础嵌入弱风化基岩不应小于 0.5m,基础外边沿到陡崖坡表的距离不应小于 1.5m,必要时可设置竖向、侧向锚杆等措施稳定基础。

⑧支撑体顶部 50cm 范围内应采用膨胀混凝土浇筑,与其接触的岩体表面应除去风化层并凿平。

⑨当墙撑完全封闭岩腔时,应于岩腔底部设置泄水孔,间距 1.5~3.0m,可采用直径 50~90mm 的 PVC 管以不超过 5% 的倾角倾向坡外预埋设置。进水侧应设置反滤层,反滤层应优先采用土工合成材料、无砂混凝土或其他新型材料。无砂混凝土块或砂夹卵石反滤层厚度不应小于 0.30m。

⑩墙撑可根据需要设置拱形门洞,拱部厚度不应小于 50cm,拱边墙厚度不应小于 100cm,门洞宽度不应大于 120cm。

⑪墙撑应设置伸缩缝和沉降缝,浆砌片石墙伸缩缝间距宜为 10~15m,混凝土墙伸缩缝间距宜为 20~25m;在墙高突变处应设置伸缩缝,在地基岩土性质变化处应设置沉降缝。伸缩缝和沉降缝可合并设置,伸缩缝和沉降缝宽均采用 20~30mm,缝中填沥青麻筋、沥青木板或其他有弹性的防水材料,沿内、外、顶三方填塞,深度不小于 150mm。

2) 嵌补及封填技术

危岩落石防治中的嵌补及封填技术(图 5-2)是一种重要的治理手段,主要用于修复或加固岩体中的裂缝、空洞等缺陷部位,以增强岩体的结构强度和稳定性,减少危岩落石的发生。这些技术涉及一系列复杂的工程措施和材料应用。

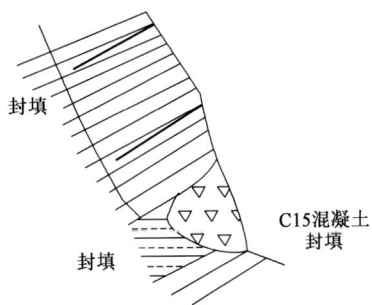

图 5-2 封填技术示意图

(1)嵌补

嵌补技术是指通过填充固化材料或注浆材料等,将岩体中的裂缝、空洞等进行填补,增强岩体的完整性和稳定性。常见的嵌补材料包括混凝土、聚合物、水泥浆等,具有强度高、耐久性强的特点。嵌补技术的具体步骤包括清理岩体表面、钻孔或凿开裂缝、注入填充材料、固化和修整等。

封填技术是指在岩体表面或内部形成一层封闭层,以防止水、空气等外界物质进入岩体内部,从而减少岩体的风化和破坏。常见的封填材料包括水泥浆、聚合物封闭剂等,具有良好的封闭性能和耐久性。封填技术的主要步骤包括表面清理、封闭材料施工、固化和养护等。

综上所述,嵌补及封填技术在危岩落石防治中具有重要的作用,能够有效地修复和加固岩体的缺陷部位,提高其整体稳定性和抗滑性;可以有效地减少危岩落石的发生,保障周围环境和人员的安全。然而,在实际应用过程中,需根据岩体的具体情况和工程需求选择合适的嵌补及封填材料和施工方案,并结合其他防治措施进行综合治理,以取得最佳的防治效果。

由于岩性的差别,不同路堑边坡上正常沉积岩层的抗风化能力也存在差异,进而在斜坡上形成深浅不一的凹陷,在一定外部因素的干扰下,这些位置的岩体可能失稳破坏。因此,应提前对其进行混凝土嵌补,当凹陷发展到一定深度时,可采用浆砌片石等材料进行支撑,使用混凝土对空出部分进行修补,也可以用锚索或锚杆将结构物与基岩连成整体,提高边坡的整体性和稳定性。

嵌补基础应置于稳定地基上,地基承载力应满足结构要求。同时应根据岩腔形态、分布位置、地质特征等进行设计,并符合下列规定:

①嵌补所受作用力主要是自身的重力、基底反力、地震力及摩擦力。

②嵌补应进行抗倾覆稳定性和滑动稳定性检算。

③嵌补体的地基承载力和结构强度应符合国家现行标准的有关规定。

④嵌补所用材料宜采用混凝土或片石混凝土,混凝土强度等级不应低于C20。

⑤嵌补体高度不宜超过10m,必要时可增加横向锚杆防倾。

⑥嵌补体底部宜内倾,当地基面外倾且纵坡大于5%时,应将基底设计为台阶式,其最下一级台阶底宽不宜小于1.0m,必要时可增加竖向锚杆防滑。

⑦顶部50cm应采用膨胀性水泥砂浆。

⑧岩腔底部可根据需要设置泄水孔,间距1.5～3.0m,采用直径50～90mm的PVC管以不超过5%的倾角倾向坡外预埋设置。进水侧应设置反滤层,反滤层应优先采用土工合成材料、无砂混凝土或其他新型材料。无砂混凝土块或砂夹卵石反滤层厚度不应小于0.30m。

⑨嵌补体应设置伸缩缝和沉降缝,嵌补体的伸缩缝间距:对浆砌片石宜为10～15m,对混凝土宜为20～25m。在高度突变处应设置伸缩缝,在地基岩土性质变化处应设置沉降缝。伸缩缝和沉降缝可合并设置,缝宽采用20～30mm,缝中填沥青麻筋、沥青木板或其他有弹性的防水材料,沿内、外、顶三个方向填塞,深度不小于150mm。

嵌补施工应符合下列规定:

①施工前应对凹腔进行清理,清除浮土和不稳定的风化层。

②嵌补所用的砂浆应采用机械拌和,块石、条石表面应清洗干净,砂浆填塞应饱满,严禁干砌。

③嵌补所用石材上下面应尽量平整,应分层错缝砌筑,不应有垂直裂缝,外露面应采用比砌筑体砂浆强度高一级的砂浆勾缝。

（2）封填

当危岩体上部存在大量缝隙时,尤其适宜使用封填手段进行治理(图5-2)。其主要目的是防治或削弱地表水对危岩体内部的侵蚀作用;封填材料主要采用高抗渗性黏土、砂浆及细石混凝土。当节理裂隙宽度大于2cm时,应采用坍落度>200mm的细石混凝土或一定强度的砂浆进行加固,如果裂隙发育较广且宽度不大时,应采用细石混凝土或黏土全面浇筑。

3）灌浆技术

危岩落石防治技术中的灌浆是一种常用的技术(图5-3),旨在巩固和加固岩石体,防止其发生岩体崩塌和落石等危害。将特定的材料注入岩石裂隙或孔洞中,以填充空隙、固化岩体、增加岩石的强度和稳定性,从而达到防治危岩落石的目的。灌浆技术在危岩落石防治中具有广泛的应用,可以有效地增强岩体的抗崩塌能力和稳定性,降低岩石滑坡和落石等灾害的发生风险。

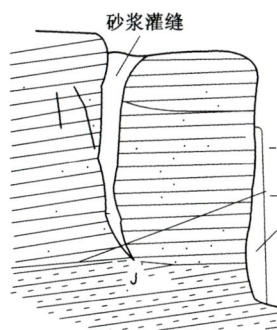

图 5-3 灌浆技术示意图

(1)灌浆技术的主要内容

①材料选择:灌浆材料通常选择耐久性强、固化后具有较高强度的材料,如水泥浆、聚合物浆料、树脂浆料等。材料选择取决于岩体的特性、裂隙的大小和形态以及工程需求。

②准备工作:在进行灌浆之前,需要对岩体进行清理和预处理,清除表面松散物质、泥土和其他障碍物,确保灌浆材料能够充分填充岩石裂隙并固化。

③孔洞钻探:在岩体表面或岩体内部钻孔,以便将灌浆材料注入岩石裂隙中。孔洞的位置、深度和间距,根据具体情况和工程要求进行设计。

④灌浆施工:将选定的灌浆材料以适当的流动性和压力注入预先钻好的孔洞中,确保灌浆材料能够充分填充岩石裂隙,覆盖整个灌浆区域,并与岩石表面紧密接触。

⑤固化和强化:灌浆材料在灌浆完成后会逐渐固化,形成坚固的填充体,增加岩石的整体强度和稳定性。根据不同的材料和工艺,固化时间可能会有所不同,通常需要等待一定的时间才能达到设计强度。

⑥监测和维护:完成灌浆后,需要对岩体进行定期监测,以确保灌浆效果和岩体稳定性。如果发现新的裂隙或者灌浆效果不佳,则及时进行修复和维护,以保障工程的安全和耐久性。

(2)注浆填充设计的有关规定

①注浆充填材料应采用水泥砂浆、混凝土、片石或片石混凝土。

②对于宽度较小裂隙宜灌注水泥砂浆,坡面上影响岩体稳定的大型沟槽宜采用片石、混凝土或片石混凝土填补。

③对于竖向宽缝,可采用低压或无压灌注并灌注饱满。

④对于垂直坡面的宽缝,应采用喷射灌注。

⑤注浆水泥宜采用 42.5 级普通硅酸盐水泥,混凝土等级不应小于 C20,水泥砂浆等级不应小于 M30。

(3)注浆填充施工的有关规定

①注浆填充前应对裂缝、岩腔进行清理,清除植物根系、杂土和不稳定的风化层等。

②注浆应按"先外后内、自下而上"的顺序进行,必要时应进行分层灌注。

③注浆施工前应选择代表性位置进行工艺性试验,确定合适的水灰比和浆液流速、流量。

④施工过程中应准确记录灌入的浆液量,并根据实际灌入情况适当调整水灰比。

4) 锚固技术

危岩落石防治技术中的锚固技术是一种常用的方法,旨在增强和稳固岩体,防止其发生崩塌和落石等危险。这种技术通过将特定的锚杆或钢筋深埋到岩体内部,并与岩石形成牢固的连接,从而提高岩体的抗拉强度和稳定性,防止其发生滑坡、坍塌或落石等灾害。

锚固技术主要包括以下内容:

(1)材料选择:通常选择高强度、耐腐蚀的材料,如钢筋、螺纹钢筋或预应力钢筋等。材料选择取决于岩体的特性、工程需求以及锚固设计要求。

(2)预处理工作:在进行锚固之前,需要对岩体进行预处理,以清除表面松散物质、泥土和其他障碍物,确保锚固材料能够充分贯穿岩石并与之形成良好的连接。

(3)钻孔:在岩体内部或表面钻孔,以便安装锚固材料。钻孔的位置、深度和间距根据具体情况和工程要求进行设计。

(4)安装锚固材料:将锚固材料(如锚杆或钢筋)插入预先钻好的孔洞中,确保锚固材料能够完全贯穿岩石并延伸到设计要求的深度。

(5)灌浆固化:安装完锚固材料后,通常需要使用灌浆材料填充孔洞,以加强锚固效果并提高连接的牢固性。灌浆材料的选择和施工方法与灌浆技术相似。

(6)张拉锚杆(如果适用):对于预应力锚固系统,可能需要在安装后对锚杆进行张拉,以预应力锚杆增强岩体的抗拉性能。张拉过程需要严格控制力度和步骤,确保锚杆达到设计要求的预应力水平。

(7)监测和维护:锚固工程完成后,需要对岩体和锚固系统进行定期监测,以确保锚固效果和岩体稳定性。如果发现有锚固材料损坏或连接松动等问题,需要及时进行修复和维护,以保障工程的安全和耐久性。

锚固技术在危岩落石防治中起着重要作用,可以有效地增强岩体的抗拉强度和稳定性,防止其发生崩塌和落石等灾害,保障人民群众的生命和财产安全。

当滑移式、倾倒式危岩体的规模较大,且主控结构面的开度较宽时,须采用锚固措施。当坠落式危岩体的体积较大,且后缘无裂隙时,可使用锚固措施。当危岩治理采用锚固方案或含有锚固措施时,须充分考虑锚杆(索)的特性、锚杆(索)与被锚固结构体系间的稳定性、经济性以及施工环境的可行性。

在陡峭的山坡上,针对完整度较高的危岩体,可以使用锚杆将危岩体与其基座连接成整体,防止其掉落。如果危岩体表面存在很多裂隙,则应采用锚索的形式进行防护,防止危岩体分解掉落。

5) 排水技术

危岩落石防治技术中的排水是一种重要的技术措施，旨在有效地排除岩体内部的水分，减少水分对岩体稳定性的影响，从而降低发生岩体滑坡和落石等灾害的风险（图5-4）。这种技术通过引导和排除岩体内部的地下水、雨水或地表水，降低水压和水力作用，从而减缓岩体的破坏和崩塌过程。

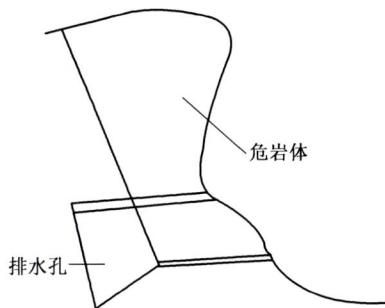

危岩体

排水孔

图5-4　排水技术示意图

概括来讲，排水技术主要包括以下内容：

水文地质调查：在进行排水技术设计之前，需要对危岩区域的水文地质情况进行全面调查和分析，包括地下水位、地表水流动路径、水文地质构造等，以了解水文地质特征对岩体稳定性的影响。

排水井设计：根据水文地质调查结果，设计合理的排水井布置方案，确定排水井的位置、数量、深度和间距，以便有效地排除岩体内部的地下水和雨水。

排水井施工：进行排水井的钻孔和井筒安装工作，确保排水井能够充分贯穿岩体并与地下水层连接通畅，使地下水能够有效地流入排水井。

排水管道布置：将排水井与排水管道连接，并根据岩体的特性和地形地貌进行合理的排水管道布置，以便将排水井收集到的水分有效地排出到安全区域或排水沟渠中。

排水系统：对于岩体表面的陡峭斜坡或悬崖等地形，可能需要建造地表排水系统，包括排水沟渠、排水管道和防护结构等，以引导和排除雨水和地表径流，减少对岩体的侵蚀和破坏。

监测和维护：完成排水系统建设后，需要对排水井、排水管道和地表排水系统进行定期监测和维护，以确保排水系统的畅通性和工作效果。如果发现排水系统存在堵塞、损坏或效果不佳的问题，需要及时进行修复和维护，以保障工程的安全性和持久性。

排水技术在危岩落石防治中扮演着重要的角色，可以有效地降低岩体中水分含量和水压，减缓岩体的破坏和崩塌过程，从而保障人民群众的生命和财产安全。

无论是雨水还是地表水都是危岩落石灾害发育发展的重要影响因素，对水的控制技术是危岩落石防治技术中的重点。目前，对危岩落石影响较大的主要是地表水和裂隙水（危岩体内部）这两类。与之对应的排水技术分别为地表排水和地下排水两类。

排水技术的主要原则就是将危岩裂隙中的水分顺利排出，让其按照工程技术人员设置的渠道进行流动。如果一个区域的地下水较为丰沛，需在危岩体底部打入适量的穿越结构面的孔洞，保证水力排泄通道的畅通。

具体来看，排水工程主要包括危岩体周围的地表截（排）水、危岩体内部排水及减少地表水沿裂隙下渗的封填等措施，须根据具体工程情况统一考虑，并形成排水、防渗相辅相成的有机整体系统。排水工程以降低地下水位、防下渗、尽快汇集排泄水体为原则。

（1）地表排水

当危岩体后端斜坡上存在一定汇水条件时，须在危岩体（带）后端设置明沟排水，且应设在远离危岩体后部主控结构面5m以外的稳定斜坡面之上。砌筑砂浆的强度等级不应低于M7.5，块石、片石的强度等级不应低于MU30，现浇混凝土、预制混凝土强度等级不应低于C20。

截、排水沟底宽、顶宽≥500mm，须采用矩形断面或梯形断面，沟底纵坡≥0.3%。当截、排水沟出水口处坡面坡度>10%、水头高差>1.0m时，可设置跌水及急流槽将水流引出坡体或引入排水系统，截、排水沟应进行防渗处理。

危岩体后缘的截、排水沟，应设在远离危岩体后部主控结构面5m以外的稳定斜坡面上。

排水工程的设计除应按上述要求执行外，还应符合《公路排水设计规范》（JTG/T D33—2012）中的有关规定。

（2）危岩体内部排水

当危岩体内部地下水比较丰富时，宜在危岩体下部适当位置钻设排水孔，排水孔以较大的范围穿越渗透结构面为宜。在设计地下排水设施前应调查明确场地的水文地质条件，获取设计、施工所需水文地质参数。在危岩体下部钻设排水孔时，孔径60～110mm，排水孔坡比>0.5%，与地表排水设施相协调。

危岩体支撑墙内宜安装直径60～110mm的PVC排水管，排水管内侧探入危岩体后部的危岩裂隙或地基岩土体内，排水孔坡比>0.5%。

（3）防渗封填

当危岩体的顶部存在大量裂缝时，应采用封填技术进行治理。裂缝封填的根本目的是减少地表水（雨水）渗入危岩体内部，以稳定岩体。

封填材料须选用高强度等级、抗渗性好的砂浆（M30）或细石混凝土（C20）；危岩体顶部裂缝封填时，如果裂缝宽度在2cm以上时可采用细石混凝土，岩体顶部裂缝宽度小且有广泛发育时宜选用细石混凝土全面浇筑，厚度为20～30cm。采用压力灌浆时，灌浆孔直径60～110mm，沿着危岩体后部拉张裂隙前后一定宽度按梅花桩形式钻孔，钻孔须穿越主要结构面。

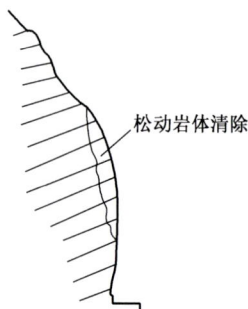

图5-5 危岩清除技术示意图

6）清除技术

危岩落石的清除主要通过人工剥除及爆破等形式进行（图5-5）。这种技术手段主要应用在陡峭崖壁的顶端，一方面，这类危岩体的潜在破坏风险和破坏范围都较大，另一方面，如果对岩壁下方的岩层进行工程活动，可能产生卸荷作用，从而引起一系列的连锁反应，造成更大的灾害。如果危岩体风化程度较高，则应在清除危岩后，在边坡表面喷射一层混凝土加固并隔绝风化作用。

危岩落石的清除工作必须在拦石墙、拦石网等基础设置到位的前提下进行，不得在自然条件下直接开展。静态爆破活动产生的岩块可以就地取材，用于其他结构物的修建工作。

研究显示，危岩体被清除后，其基座母岩往往会受到不同程度的扰动，因此上述技术应该在充分论证的条件下谨慎使用。

清除工程可以分为人力锤击楔裂法、静态破碎法、爆破清除法及岩块运输法 4 种方法。

常规操作原则如下：

清除工程的设计、施工应遵循"一次根治，安全可靠、不留隐患"的原则。

开展危岩清除设计前，应通过现场踏勘、测绘、空中摄影等方法，查清危岩分布。设计应明确清除对象、范围、建议采取的清除施工方法以及必要的临时防护措施。应对清除后的边坡进行稳定性分析评估。

根据危岩规模、特征、周边环境、施工条件等，可采取人工清除、机械清除、静态碎裂清除或爆破清除等方法，也可多种方法组合使用。

清除工程施工前，施工单位应进行现场核查，编写专项施工、安全方案，包括施工工法、施工安全防护措施、质量控制措施等，经评审后实施。当采取爆破清除时应进行专项爆破设计，并按相关规定进行安全评估、评审和审批。邻近铁路营业线时，应当取得铁路主管部门的批准，并符合相关规范的规定。

在清除前或清除过程中，宜先建立完善的地表排水系统。

清除过程中应进行危岩位移和针对重要保护对象的振动监测。

清除施工前，若施工影响区范围内有需要保护的建筑物，则应根据地形地质条件，提前设置拦截、覆盖等临时防护措施，如预留隔墙、钢轨防护栏栅、拦石墙、被动防护网、开口式帘式网等。

人力锤击楔裂或静态破碎清除过程中，当需要限制危岩滚落时，应对危岩采取相应的临时固定、支撑、限制滚落方向等措施。

（1）人力锤击楔裂法

该方法适用于独石、浮石等体积较小的危岩体，主要是针对山坡、陡崖等区域内体积较小的独石、孤石等，使用风钻、电钻等手段在危岩体上方钻孔，将铁钎插入孔内部，使用大锤锤击的方式使危岩通过楔裂作用而开裂、解体，然后人工搬运至安全地带。

特别需要注意的是，钻孔宜采用垂直孔，边缘钻孔与危岩边界距离不宜超过 0.3m，钻孔结合形态布置应使裂开后的岩块适宜人工清理。

另外，工作平台及施工脚手架应强化与岩体连接，并符合相关规程规定。

（2）静态破碎法

该方法针对体积较大、人力清除较困难的危岩，主要优点是无振动、安全可靠、无飞石、无毒、无噪声、无污染，不会造成母岩的内部损伤，爆破时不会损坏周边的任何物体，没有爆破产生的任何公害,膨胀剂便于购买、运输和储存且无任何的限制。

①该方法应遵循的原则

a.对于环境敏感、振动要求严格的危岩,宜采用静态破碎法。

b.当单块危岩高度、厚度较大时,应分层分台阶进行破碎清除,分层清除时应保持危岩体重心的稳定,每层高度宜为1.5~2.0m,利于人工撬动、二次破碎、搬运。

c.钻孔宜从危岩体临空面由外向内呈矩形或梅花形布置。

d.钻孔孔径、孔距、孔深、抵抗线、静态破碎剂用量等应符合产品说明书的要求,一般钻孔孔径为36~42mm,边缘钻孔最小抵抗线宜为0.3~0.5m,孔距和排距宜为0.2~0.4m。

e.钻孔角度不宜小于80°,宜采用垂直孔,各排钻孔应平行。每层钻孔孔底高程宜设计在一个平面上,保证下一循环作业工作面呈平面。

f.静态破碎剂的使用应严格按产品说明书的要求,并应符合以下规定:

应根据季节、气温选用静态破碎剂。不同型号破碎剂不可混用,浆体严禁掺杂其他化学品。

灌注浆体的操作人员应佩戴护目镜及橡胶手套,填充钻孔时操作人员脸部勿正对孔口,防止冲炮造成人员伤害。

应先灌注靠近临空面的炮孔,按"先四周、后中央"的灌注顺序。灌浆时须连续成线,防止形成空气夹层,浆体应灌注到孔口。

气温在10℃以上时,使用静态破碎剂施工后可不需加覆盖物(雨天除外),气温在10℃以下时,灌浆后宜采用草帘或彩条布覆盖保温养护。产生裂纹后可用水浇注,加快其膨胀作用。

②施工防护措施

对危岩体采用自上而下的台阶法进行静态破碎,在实施爆破前,先搭设平台;对危岩体采用钢绳捆绑、挂网以及加密竹跳板等防护措施,以防止危岩体崩裂落下;对一些堆积于斜坡面上的较小岩块,由于周边未捆绑拉结点,可因地制宜地采用其他方式,如利用施工平台垫托及防护,以防止浮石滚动崩塌,确保施工及周围建筑物的安全。每次爆破后要将碎裂岩块清理干净,清理完成后再对下一台阶进行爆破。

③施工工序

工序主要为:安全防护→设置防护措施→搭设施工平台→铺设(安装)临时安全防护措施→危岩体钻孔→安装爆破药物(静态破碎剂)→破碎→清理小块危岩体→破碎→破碎完成→集中运出场地破碎岩块→验收→拆施工平台、清理场地、退场。

④施工技术要求

a.搭设施工平台

按规定技术要求采用扣件钢管搭设合适尺寸的施工平台,平台必须稳固,能承受钻机及相关附属设备、人员的重量和施工机械的冲击力,有一定的水平抗力;施工平台层与层间应便于钻机移动。施工平台的搭设随高度增加,应增加斜拉撑,以增强其整体稳定性。搭设完毕后,应进行安全检查,确认合格后方可进行施工。

b.钻孔工艺

钻孔布置可根据结构的自由面确定,或尽可能多创造自由面,自由面多则破碎时间短。对不同自由面采取不同的布孔方法。

对只有一个自由面的,要创造出至少另外一个自由面,可用钻凿密集预裂孔,或采用倾斜孔与垂直孔相结合的方式,分期分部破碎。

钻孔尽量选用垂直孔,少用水平孔,避免造成操作困难及延长填充时间。

尽可能一次钻多个钻孔,同时灌入静态破碎剂,使各个钻孔内的效力同时发生。

顺着纹理钻孔,可加快破裂进程。

周边的钻孔应适当密集,以确保周边材质先被破裂。

为防止发生冲孔,钻孔须加以覆盖。

c.配浆

根据不同季节选用不同的静态破碎剂,水灰比越大,膨胀压力越小,反应膨胀时间就越长。将破碎剂及清水按不同比例用机械或人工方式(须戴橡胶手套)在容器中搅拌成流动性的均匀浆体。

d.填孔

将孔内清理干净,孔内不得有水或杂物。对垂直孔,可将静态破碎剂直接倾倒进去,并用木棍捣实。对水平孔或斜孔,可用挤压或灌浆泵压入孔内,并用快凝砂浆或泡沫塑料塞子快速堵口,或用干稠胶体(水灰比 0.25 ~ 0.28)搓成条塞入孔中,用木棍捣实,或将胶体装入塑料袋内,用木棍送入孔内。药面高度应比孔口低 2cm 左右。

如采用分层(分次)破碎,当外排孔装药 12h 后,再装填里排孔。快速破碎时,用草袋、纸板等物覆盖。搅拌后的浆体应尽可能在其发热前灌入钻孔内。

对吸水性强的干燥钻孔,应以净水湿润孔后装填,或在配浆时适当增加水量,以免孔壁大量吸收浆体中的水分,影响破碎效果。

按照“先四周,后中央”的灌注顺序,灌浆时应连续成线,防止形成空气夹层。

对水平孔可选用药卷型破碎剂,也可减小水灰比(0.20 ~ 0.25),拌和均匀至呈现湿而松散的面絮状态或胶泥状态后塞入钻孔,并用木棍层层捣实。要求快速破碎时,也可用此法加快速度。注意用草袋或纸板覆盖。

(3)爆破清除法

爆破清除法采用炸药对危岩进行爆破清除,包括定向爆破、光面爆破、预裂爆破、微差爆破、控制爆破等。该方法针对体积巨大危岩体,须谨慎使用。

爆破清除法对周围环境要求较高,宜远离城镇、村庄,爆破时可能需进行交通管制,爆破易造成飞石伤害,易造成母岩破碎、开裂,斜坡上易产生大量孤石等,形成二次危岩,同时炸药和雷管受管制。

（4）岩块运输法

采用岩块运输法清除危岩体时，根据危岩体体积、周围环境选择较为平坦的地带堆放破碎后岩块，确保其稳定安全。若无堆放条件，应将岩块运送到安全区域。

低位、体积≤30m³的危岩体破碎后应选择人工搬运到安全地带。高位、体积>30m³的危岩体破碎后应选择简易架空运输索道将岩块运输至平缓区域。

采用简易架空运输索道运输时，线路不可穿越居民区，也不宜跨越铁路、公路及架空电力线路。

简易索道线路应设置为直线，只设置一个传动区间，不宜设置成转角站。

可采用单区间无支架的双索单料斗往复式索道。索道两端是拉紧端与锚固端，承载索锚固端设定到高端，拉紧端设定到低端。运作时，承载索作承重主绳，下边设置一根副绳作牵引绳，将卡具固定于牵引绳上，卡具上端有活动滑轮，下端接入吊钩连接吊筐，卷扬机拉动副绳使卡具、吊筐在承载绳上滑动、运行。

吊筐与吊钩之间应有锁紧防脱装置。

安装简易架空运输索道前应制订专项安全施工方案。简易架空运输索道的设计、安装应满足《架空索道工程技术标准》（GB 50127—2020）、《货运架空索道安全规范》（GB 12352—2018）、《地下矿用架空索道设计规范》（GB/T 25652—2010）的相关规定。

7）柔性防护网（主动防护网、引导防护网）

柔性防护体系（SNS系统）自20世纪90年代传入我国，其具有制作周期短、经济、环保等优点，近年来发展迅猛，产业化前景广阔。本方法适用于边坡整体稳定但危岩体单体规模小、数量多的危岩破碎带。防护网的形式主要包括主动防护网及被动防护网。图5-6、图5-7分别为典型的主动防护网、被动防护网。

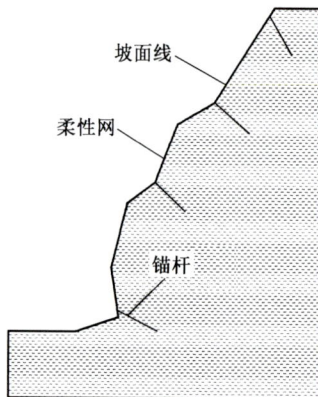

图5-6　主动防护网　　　　图5-7　被动防护网

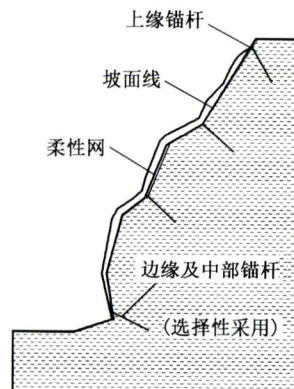

综合防护工程场地条件、防护工程安全等级、落石冲击动能及运动轨迹等情况,确定防护工程方案,进行防护工程设计。条件较为复杂的斜坡,尤其是高大陡峻斜坡,宜根据地形条件、斜坡地质、分区、危岩分布特征,高程分段等信息,有针对性地采用相应的柔性防护网,或与其他防护措施配合使用,以实现防护工程的优化配置。

拟采取主动防护网的工程部位,应查明危岩卸荷带的发育深度、风化带深度,并提出锚固力学参数建议。拟采取被动防护网的工程部位,须提出落石块度、弹跳高度、冲击动能、地基承载力等参数的建议。针对重要保护区,有场地条件时须进行现场落石滚落试验,以辅助分析落石的运动轨迹及过程破坏特征(包括落石自身解体破坏及对环境的破坏)。根据历史上落石或落石试验运动特征、可能体量、块度与形态、主要运动方向等,模拟计算落石冲击动能、运动轨迹及弹跳高度等,为被动防护网或引导防护网设计提供依据。

防护工程选用的材料及定型构件产品应满足防护网系统的承载力要求,并满足防护工程设计使用年限的抗腐蚀要求。柔性防护网工程设计使用年限应与生产厂家给定的产品使用寿命一致。柔性防护网工程应持续进行后期维护和监测。

(1)主动防护网

针对边坡整体稳定的危岩带(剥离式危岩)或采用主动加固的危岩破碎带,可选用主动柔性防护网。其中锚杆可以起到与挂网形成有机整体进而加固山坡坡面的作用,锚杆的设计抗拔力应满足设计要求。同时,选用的钢丝绳应满足材质防锈防腐蚀的要求。主动防护网锚杆所提供的抗拔力应不小于柔性金属网抗顶破力的50%,锚杆间距宜为3~4.5m。

对查明的危岩带、危岩体提出主动防护网设防范围,对其中块体较大的危岩单体,提出锚杆加固深度和锚固设计参数的建议。

应根据勘察报告提供的危岩或潜在落石分布区域,将主动防护网布置范围分别向上缘和两侧缘外延伸不小于2m,距坡脚1m高范围内不宜布置主动防护网。

主动防护网在施工过程中应保证锚杆锚固点的抗拔力大于或等于柔性金属网抗顶破力的一半;锚杆注浆时应保持注浆密实饱满,待浆体强度达到设计强度的70%后方可进行下一道工序施工。防护网在搭建时,横向支撑绳宜按40~60m进行分段(通常按50m进行分段)。用钢丝将双绞六边形网与钢丝绳网固定,每平方米固定不少于4处;每张双绞六边形网连接处应叠盖5cm。

图5-8为柔性主动防护网的示意图。

(2)引导防护网

针对陡峭崖壁落石较为频繁且以坠落为主的状况,宜采用引导防护网引导落石进行受控的运动。

图 5-8　柔性主动防护网

引导式防护网包括覆盖式和张口式两种,如图5-9所示。

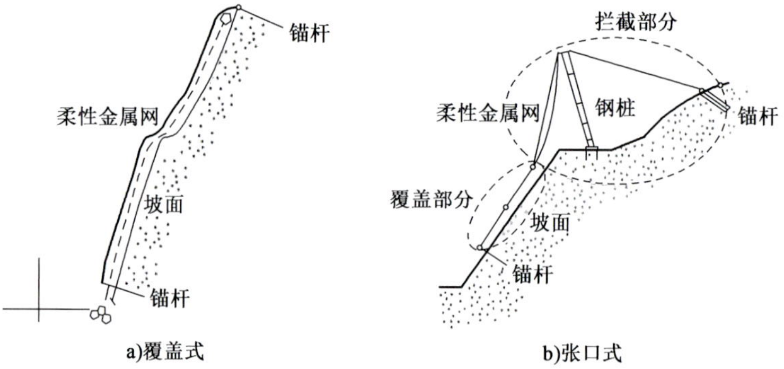

图 5-9　引导防护网安装示意图

覆盖式引导防护网是指将柔性金属网自然覆盖在具有潜在落石的坡面上;张口式引导防护网是指在覆盖式引导防护网的顶部采用钢柱、拉锚绳、支撑绳等固定方式将柔性金属网以一定角度张开。

根据研究区域的范围及相关坡面危岩或落石的威胁区域,当采用覆盖式引导防护网时,应将布置范围向上缘外延伸超过3m,向两侧缘外延伸超过2m;采用张口式引导防护网时,拦截部分可设置于落石弹跳高度相对较低的位置处,布置范围向两侧缘外延伸超过2m。距离坡脚0.5m高的范围内不宜布置引导防护网。

当覆盖式引导防护网的防护范围上缘边坡的锚固条件极恶劣时,可按图5-10所示将上缘锚杆向上移动,并采用悬吊绳来悬挂柔性网。

5.2.2　被动防护技术

相较于主动防护技术,被动防护技术主要使用遮挡、施加柔性防护体系、拦挡等手段防止危岩落石对既有工程设置及人员造成危害。具体措施包括棚洞、明洞、拦石墙、柔性被动防护网等。

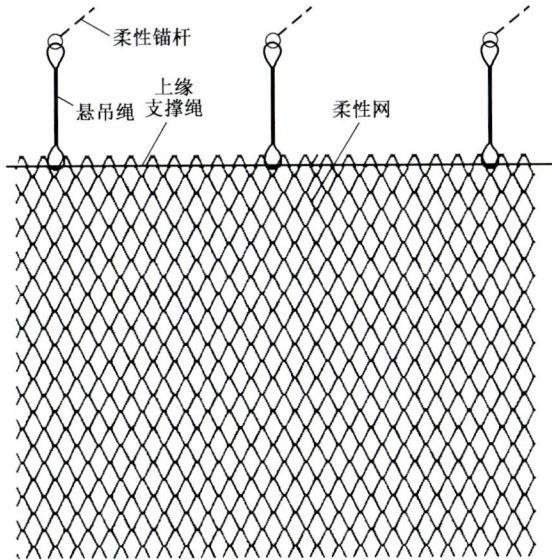

图5-10　带悬吊绳的引导防护网主要结构构成简图

1) 棚洞

隧道的进出口位置往往位于山势陡峻,危岩落石发育地带。棚洞以及明洞可作为隧道结构的一部分,用于防止岩石坠落、滑坡或崩塌;特别是在悬崖、陡坡、高边坡等易发生危岩落石的地质灾害地区。棚洞技术通过在岩体表面或近岩体处建造带有遮挡功能的棚洞结构,阻挡和拦截岩石坠落或滑坡,保护周边区域的安全。图5-11为棚洞。

图5-11　棚洞

(1)结构特点

棚洞通常为钢筋混凝土结构,具有较强的抗压能力,能够一定程度上抵御岩石坠落或滑坡的冲击破坏。棚洞的形状和尺寸根据具体的地质条件和工程要求设计,可以是单孔、多孔或连续式的结构。

（2）位置选择

在进行棚洞结构设计前，需要根据危岩落石的分布情况和岩体的特性，选择合适的位置，以覆盖或遮挡可能发生岩石坠落或滑坡的区域。

（3）施工工艺

棚洞的施工通常包括以下步骤。

预先清理和处理岩体表面，确保基础稳固和表面平整。

建造钢筋混凝土支撑结构，包括立柱、横梁和挡墙等，以提供强大的支撑和遮挡功能。

对棚洞结构进行防水处理，以防止雨水渗透和结构表面的水分积聚，减少水对结构的影响。

可以在棚洞结构上覆盖防护网或悬挂网，以进一步拦截和阻挡可能坠落的碎石和岩石。

棚洞结构的施工过程需遵循如下原则：

①棚洞土石方开挖前应对坡顶坍落、滑石进行严格检查和防护，开挖过程中密切监测坡顶情况，防止出现安全事故。

②棚洞墙、柱施工完后，宜采用支架法进行横梁、纵梁及系梁施工。

③顶梁采用预制构件的棚洞，顶梁安装后，应及时分层满铺回填，如现场浇筑，需待顶梁混凝土达到设计强度70%以后回填。

④墙后与棚洞顶回填土石须分层夯实，如用片石回填，应分层码砌，与边坡接触面应挖成台阶。

⑤棚洞顶需做黏土隔水层时，隔水层应与边仰坡搭界平顺、封闭紧密，防止地表水下渗。

（4）监测和维护

棚洞完成建设后，需要定期对结构进行监测和维护，以确保其稳定性和功能性。如果发现结构存在损坏、松动或效果不佳的情况，需要及时进行修复和维护，以保障周边区域的安全。

（5）结构设计

棚洞主要适用于体量较小的落石地带以及地层软硬差距大不适宜设置拱形明洞的段落。棚洞结构的主要类型包括悬臂式、柱式、墙式以及钢架式棚洞。棚洞的结构形式和构件截面尺寸，应结合地形、地质及荷载等情况具体设计，遵循如下原则：

①棚洞的内墙、隔墙、洞门端墙按照重力式挡土墙构件，采用容许应力法计算其强度及稳定性，其余构件按破坏阶段计算其强度和抗裂；刚架式棚洞需验算刚架悬臂端的挠度。

②棚洞结构的顶梁按简支梁计算，外墙及柱式棚洞的立柱按偏心受压构件计算。

③锚杆式内墙及单层或双层纵、横向刚架均按超静定平面结构计算。

④当外墙为深基础且轨下为土质路基或填石路堤时，须计算外墙所承受的主动土压力及列车活载所产生的侧压力。

⑤位于曲线地段的棚洞,除按规定将净空加宽、加高外,其结构平面布置应考虑曲线的影响。

⑥墙式棚洞外侧支承结构外墙截面厚度不宜小于50cm,外墙应设置混凝土或钢筋混凝土顶帽,以承托顶梁。

⑦柱式棚洞的立柱基础埋于路基面以下超过3m时,需设立柱纵撑和横撑。

⑧为洞内采光、方便养护维修,并节省圬工,外墙应设置侧洞。侧洞间隔(中至中)为8.0m、跨度2.0~4.0m,侧洞拱顶至墙顶高度不宜小于1.5m。

⑨地层、结构形式变化处,应设置沉降缝或施工缝。气温变化较大的地区,应根据情况设置伸缩缝。伸缩缝的间距一般为20~30m(石质地基)或10~20m(土质地基)。

⑩棚洞顶部应铺设具有抗渗、抗腐蚀、耐久、黏结力强的防水层,并应设置2%的坡度。沉降缝处的防水层应有防断裂措施。

⑪如有侵蚀性地下水时,应采用抗侵蚀混凝土或采取其他措施。圬工抗侵蚀的要求应视水的侵蚀类型而定。

2)明洞

针对隧道洞顶覆盖较薄,难以用暗挖法修建隧道的地段,受塌方、落石、泥石流等威胁的隧道洞口或路堑地段以及公路、铁路、沟渠等必须在其上方通过,但不宜做隧道、立交桥或涵渠的地段,可以使用明洞的形式进行危岩体的防护,如图5-12所示。

图5-12　明洞

明洞结构类型包括混凝土明洞(路堑对称型、路堑偏压型、半路堑偏压型、半路堑单压型)和钢结构明洞(钢波纹板明洞)两种类型。明洞的结构形式和构件截面尺寸,应根据地形、地质和荷载等情况进行设计,并遵循以下规定:

(1)明洞的荷载包括结构自重、围岩压力及回填土石压力(其中应考虑一定数量的塌方、落石);立交明洞应计算汽车活载、列车活载或渡槽流水的垂直荷载。

(2)与公路(铁路)立交,拱顶填土厚度不足1.2m时,应计算列车冲击力;拱顶无填土时,应计算列车制动力;深基础明洞外墙计算列车活载时,不考虑列车的冲击力、制动力。汽车冲击力按照《公路桥涵设计通用规范》(JTG D60—2015)的规定进行计算;铁路列车活载及去冲击力、制动力按《铁路桥涵设计规范》(TB 10002—2017)的规定计算。

(3)考虑落石冲击力时,只计洞顶实际回填土石质量,不计塌方、落石的堆积土石质量。

(4)明洞拱圈和路堑式明洞、半路堑式明洞内墙可比照隧道整体式衬砌设计,半路堑式明洞外墙宜适当加厚;边墙一般采用直墙,当墙背侧压力较大时,宜采用曲墙。

(5)宜采用对称拱圈截面,其拱脚厚度一般为拱顶厚度的1.0~1.5倍,一般的拱形明洞,常采用等截面拱圈。

(6)明洞结构构件截面尺寸,应不小于圬工允许最小厚度。半路堑拱形明洞外墙设置的挡土耳墙墙顶厚度不小于0.5m。

(7)对明洞衬砌结构轴向力的偏心距要求,与隧道衬砌相同。但半路堑明洞外墙不应大于0.3倍截面厚度。半路堑单压明洞应按规定检算滑动和倾覆稳定性。

(8)单跨拱形混凝土明洞拱圈视为固定在边墙上的弹性无绞拱,边墙处于石质地层,且紧贴开挖面砌筑,并向岩层方向变形时,可按弹性地基梁计算。否则,按弹性墙计算。边墙基础视为水平刚性梁,边墙基底与地基间的摩擦力较大,可略去墙底水平位移的影响。拱形明洞内力计算,宜采用力法或数值方法。

(9)双跨拱形混凝土明洞除中间墙按弹性墙计算外,拱圈和两侧边墙计算按照单跨拱形明洞处理。

(10)单、双跨钢波纹板拱形明洞结构内力计算宜采用数值方法,其结构及连接件强度的校核应满足《钢结构设计规范》(GB 50017—2017)中的相关规定,同时变形应满足供电安全距离要求。

(11)对明洞衬砌有不良影响的软硬地层分界处,应设置横向贯通的沉降缝。在气温变化较大的地区,应根据情况设置伸缩缝。伸缩缝、沉降缝和工作缝的设置要求,按隧道衬砌设计要求处理。

(12)明洞衬砌应按要求设置防水层和隔水层,避免渗水、积水和冰冻危害。

3)拦石墙

拦石墙技术是一种常用的危岩落石防治技术,旨在防止岩石坠落、滑坡或崩塌,特别适用于山区公路、铁路、水利工程等。拦石墙技术通过建造坚固的墙体结构,拦截和阻挡岩石坠落或滑坡,保护周边区域的安全。

拦石墙可以拦挡并存续落石,起到缓冲和消能的作用。对于 1.6~2m 的落石,拦石墙效果最佳。它的优点在于能够一次性清理大量落石灾害,且价格便宜,经济合理。常规的拦石墙强度较低,容易被腐蚀。因此,研究人员在挡墙内部加入了钢筋,提高了挡墙的整体刚度和抗腐蚀能力。

(1)结构特点

拦石墙通常由混凝土、钢筋混凝土或砌石等材料构成,具有较强的抗压和抗拉能力,能够承受岩石冲击和压力,保护周边区域的安全。拦石墙的形状、尺寸和高度根据具体的地质条件和工程要求设计,通常为垂直或者近似垂直的墙体结构。

(2)位置选择

在进行拦石墙技术设计时,需要根据危岩落石的分布情况和岩体的特性,选择合适的位置建造拦石墙,覆盖或遮挡可能发生岩石坠落或滑坡的区域,通常选择在山坡、悬崖边或陡坡等易发生岩石崩塌的地方。

(3)施工工艺

拦石墙的施工包括以下步骤。

预先清理和处理施工区域,确保基础稳固和表面平整。

根据设计要求确定拦石墙的尺寸和布置,并进行混凝土浇筑、砌石或钢筋混凝土构造等方式进行墙体建造。

对拦石墙进行支护和加固,以确保墙体的稳定性和安全性。

可以在拦石墙上设置防护网或悬挂网,以进一步拦截和阻挡可能从岩体表面坠落的碎石和岩石。

(4)拦石墙的施工须遵循的原则

①拦石墙施工前应清除坡面上的浮土、孤石、危石,做好施工临时安全防护措施。

②缓冲层施工时应减小单次填筑厚度,提高碾压频次等方法提高压实度。

③缓冲层填筑时,应保证排水通畅,墙背不得积水。

④基坑开挖后不应积水,并应及时进行基础施工。

(5)效果评估

完成拦石墙建造后,需要对其效果进行评估和监测,包括墙体稳定性、岩石坠落情况以及周边区域的安全情况等。根据评估结果,及时调整和完善拦石墙技术,以提高其防治效果和可靠性。

(6)监测和维护

拦石墙建设完成后,需要定期对墙体结构进行监测和维护,以确保其稳定性和功能性。如果发现墙体存在裂缝、松动或坍塌等问题,需要及时采取修复和维护措施,以保障工程的安全和持久性。

（7）拦石墙的墙后落石槽设计

①落石槽底宽应根据落石堆积规模与弹跳水平距离确定，不宜小于2m。

②落石槽内坡坡率不宜陡于1∶1.25。

③落石槽槽底宜设置排水盲沟排水，纵坡不宜小于5‰，条件困难时不应小于3‰，可设置形成单面或双面排水纵坡，出口接自然沟或既有水沟。盲沟设计应符合国家现行有关标准的规定。

4）森林防护工程

森林防护是一种危岩落石防治技术，其功能是保护和恢复植被覆盖，增加地表的抗冲蚀能力和稳定性，从而减少岩石崩塌、滑坡或坡面坍塌等地质灾害的发生风险。森林防护工程旨在利用植被的根系和地表覆盖层来固定土壤和岩石，减少水土流失，保护地表的完整性和稳定性。

（1）植被恢复和保护

森林防护工程的核心是恢复和保护植被，包括树木、灌木、草本植物等。这些植被通过根系的牢固固定土壤和岩石，形成地表覆盖层，减少水土流失和土壤侵蚀，提高地表的抗冲蚀能力和稳定性。

（2）植被覆盖

通过植被的种植和生长，形成覆盖整个岩体或危险地带的植被覆盖层。植被覆盖层能够有效地减缓雨水冲刷的速度，降低水土流失的风险，保护岩体的表面不受侵蚀和破坏。

（3）根系固定

植被的根系具有固土的作用，能够将土壤和岩石稳固地固定在原位。特别是深根系的树木和灌木能够渗透到岩石裂缝中，增强土壤和岩石的稳定性，减少岩体崩塌和滑坡的发生。

（4）水土保持

森林防护工程不仅能够减少岩石崩塌的风险，还能够有效地保护水资源和土壤资源。植被覆盖层能够拦截雨水，减少水土流失，防止水土流失对河流、湖泊和农田等地区造成的污染和破坏。

（5）综合管理

森林防护工程需要进行综合管理和维护，包括植被的定期修剪、病虫害防治、火灾防范等工作。通过科学合理的管理措施，保持植被的健康生长状态，提高森林防护工程的持久性和效果。

（6）生态效益

森林防护工程不仅具有防止岩石崩塌的效果，还能够提供生态服务和产生环境效益。恢复和保护森林生态系统能够改善气候、净化空气、保护生物多样性等,对维护地球生态平衡具有重要意义。

该方法主要针对山体坡脚坡度较为平缓,有一定安全滚动距离,且坡面上无建筑物、交通等设施,坡面覆盖着一定厚度土体(一般土体厚度须大于1m),土体含水量相对较大的情况。

乔木种植一般包括椿树、龙眼、松树、小叶榕、杉树等,竹林种刺竹、植刺楠竹等,该方法主要优点是投入成本低;缺点是对大体量崩塌危岩体防护能力较差,植被生长较慢,对环境要求比较高;防护效果一般,危岩体可能从植被间隙中间穿过等。该方法应结合被动防护网、落石沟槽、坡改梯工程等综合防治。

5) 被动拦挡墙、桩工程

在危岩落石防治中,被动拦挡墙和桩工程是常见的防护措施,用于拦截和阻挡岩石坠落、滑坡或崩塌,以保护人员、车辆和建筑物等设施的安全。这些工程通常被设计成稳固的结构,能够承受岩石的冲击和压力,起到有效地拦截和阻挡岩石的作用。

被动拦挡墙是一种结构稳固的墙体,通常由混凝土、钢筋混凝土或砌石等材料构成。被动拦挡墙的主要功能是拦截和阻挡岩石的坠落或滑坡,保护周边区域的安全。根据具体的工程要求和地质条件,被动拦挡墙的形状、尺寸和结构可以有所不同,通常是直立的垂直或近似垂直的墙体结构。

桩工程是一种通过深入地下将桩体固定在岩体中,以增强地基承载能力和岩体的稳定性的工程措施。在危岩落石防治中,桩工程通常用于增加地下结构的支撑力,减轻岩体的自重压力,从而减少岩石破坏。桩体的材料多为钢筋混凝土、钢管桩等,根据具体情况选择合适的桩型和布置方式。

在进行被动拦挡墙和桩工程设计时,需要根据危岩落石的分布情况和岩体的特性,选择合适的位置进行建造或设置,覆盖或遮挡可能发生岩石坠落或滑坡的区域。通常选择在山坡、悬崖边或陡坡等易发生岩石崩塌的地方。

被动拦挡墙和桩工程的施工包括预处理、基础施工、结构建造等多个步骤。施工过程中需要确保结构稳固、牢固,能够承受岩石的冲击和压力。根据具体的工程要求和地质条件,采用合适的施工工艺和材料,确保工程质量和安全性。

完成被动拦挡墙和桩等工程建设后,需要对其效果进行评估和监测,包括结构稳定性、岩石坠落情况以及周边区域的安全情况等。根据评估结果,及时调整和完善工程措施,以提高其防治效果和可靠性。

被动拦挡墙和桩工程在危岩落石防治中具有重要的应用价值,能够有效地拦截和阻挡岩石的坠落或滑坡,保护人员、车辆和建筑物等设施的安全,提高地质灾害防治的效果和可靠性。

这些工程主要适用于山体坡脚平缓,有一定安全滚动距离,且坡面无建筑物、交通等情况;主要内容是在坡脚适宜的位置设钢筋混凝土挡墙、钢筋混凝土桩板墙等,并在迎坡面设落石槽、沟等。

6)被动防护网

当研究区域内的危岩体无法被全部勘查出来或采用主动防治方法进行治理比较困难的时候,可考虑被动防护网。

被动防护网属于被动防护系统,它以高强度的柔性网(图 5-13)作为主要构件,形成一种可以拦截、堆存落石的柔性拦石网。主要利用网的柔性和强度吸收、分散、传递预计的落石冲击能量。被动防护应该以落石所具有的冲击动能这一综合参数作为最主要的设计参数,这样才能避开传统结构设计以荷载作为主要设计参数时所存在的冲击荷载难以确定的问题,实现结构的定量设计。

图 5-13　柔性被动防护网

当落石与拦挡结构发生接触碰撞时,柔性防护系统受到岩石冲击允许的变形大、作用时间长,所发生的冲击力较小,能拦截高能量的大块落石,并实现结构的轻量化,充分体现了柔性防护思想。

被动防护网混凝土结构部分的设计年限为 50 年,但由于网体是钢制的,裸露在空气中,受外界环境因素较大,尤其是气候、雨水的腐蚀,而自然环境受城市建设、经济发展的影响,有较大的不确定性,因此对网的使用年限要根据长期观测情况和材料的耐锈蚀情况确定。

(1)被动防护网施工技术要求

①清坡。在确定防护范围内首先应进行危石、杂草、树木等的清除工作及不适当坡面的处

理工作。

②放线。在清理过的坡面上进行放线,放线时要选取易于操作的位置,要严格按照设计要求用尺子测量其断面长度,确保支撑柱基座的准确位置。

③固定基础位置。在土质基础上采取人工开挖,在岩石上则可以直接钻凿锚杆孔。

④注浆。

给土质基础注浆,需先设置钢筋笼;钻孔注浆则直接灌注即可。

a.先做锚孔清扫工作,清除孔内灰尘,保证锚孔深度。

b.将钢丝绳锚杆放入固定基座,调试拉锚绳。锚孔内,用注浆机注浆。

⑤固定基座并立钢柱。

a.将基座与地脚螺栓吻合,并用螺栓将其固定。

b.将钢柱立于基座之上,使它与基座吻合连接,并用螺栓扣紧。

⑥拉绳与上下支撑绳的定位,在固定支撑绳时检查拉绳的松紧度,以免钢柱被拉歪。

a.根据此段系统长度切取支撑绳。

b.将支撑绳的一端固定在相应位置穿上减压环。

c.将穿好减压环的支撑绳固定到钢钉柱上,然后在未固定的一端用紧线器或相应设备将支撑绳拉紧并用绳卡卡死。

⑦挂网,先挂钢绳网并缝合,再挂上格栅网。

a.将缝合绳切好并运送到相应的地方。

b.铺挂钢绳网,并用缝合绳缝合。

c.用绳卡将缝合绳与钢绳网卡死。

d.逐个铺挂格栅网,并进行连接。

⑧检查。

检查环节特别重要。在检查过程中,若发现其中某个环节出现差错而需要整改的应及时修正。因某个环节或某个细节上的错漏将直接影响工程质量,也可能成为一个严重的缺点或工程质量缺陷,影响后续工程的实施。

(2)锚杆类型

①除临时防护工程外,其他工程均应采用全长黏结形式的锚杆或混凝土基础埋置形式的锚杆,或在上覆土层段落采用混凝土基础而下覆岩石段采用钻孔注浆复合形式的构造锚杆。

②与支撑绳、拉锚绳等钢丝绳类构件相连接的锚杆,须采用锚头有连接环套的柔性锚杆,包括由单根钢绞线弯折而成的钢丝绳锚杆及由钢绞线弯折而成的柔性锚头。

③梅花形锚固网的带锚垫板锚杆和被动防护网基座锚固锚杆应采用钢筋锚杆,需要时可采用自钻式中空注浆锚杆。

（3）锚杆设计

①被动防护网用柔性锚杆的轴向宜与其所受拉力方向一致；

②被动防护网钢柱基座锚杆轴向与钢柱间夹角不宜超过 15°；

③柔性锚杆的锚头连接环套内应嵌套套环，连接环套钢绞线段应套装套管；

④采用钻孔注浆锚固的锚杆，钢丝绳锚杆的钻孔直径不宜小于钢丝绳公称直径的 2.5 倍；锚固段杆体为钢筋或钢管的锚杆，如杆体全长采用了防腐蚀镀层，注浆体保护层厚度应不小于 6mm，否则注浆体保护层厚度应不小于 10mm；

⑤钻孔锚杆的注浆须采用强度等级不低于 M20 的水泥砂浆或水泥浆，埋置锚杆的基础混凝土强度等级不应低于 C20。

5.2.3 主动-被动联合防护技术

危岩的防治工程主要包括危岩单体的防治与危岩带的防治，由于工程环境的复杂性，一般都需要采用多种防治技术优化组合，须充分考虑主动防治与被动防治技术的优缺点，重视地表水的截排和地下水的导流作用，方能取得经济有效、科学合理的治理效果。

危岩落石的发育程度、发育条件、危害范围及潜在破坏能力与自然界息息相关，而自然界作为一个开放的大系统又是极为复杂的，无论再精细的勘察手段都无法保证将所有危岩落石的灾害隐患排查清楚。因此，在进行危岩落石防护治理的时候，往往会结合主动与被动防护技术，实现危岩的联合治理。

基于上述原因，主动-被动联合防护技术可以最大限度地减少危岩落石灾害发生的风险，保护周边区域的安全。这种联合防护技术结合了主动防护手段（如监测预警系统、除险加固等）和被动防护手段（如拦石墙、棚洞、植被恢复等），通过综合施策，提高防护效果和可靠性。

主动防护手段包括利用现代科技手段进行地质灾害监测和预警，以及对岩体进行除险加固等措施。例如，可以通过安装监测设备（如摄像头、位移传感器、地震监测仪等）对岩体进行实时监测，并建立预警系统，及时发现异常情况并采取应对措施。

被动防护手段包括建造拦石墙、设置棚洞、植被恢复、桩工程等措施，用于拦截和阻挡岩石的坠落或滑坡，保护周边区域的安全。这些被动防护措施通常是结构稳固、耐久性强的工程，能够有效地减少岩石危岩体对人员和财产造成的危害。

主动-被动联合防护技术的关键在于综合利用主动和被动防护手段，根据具体的地质条件和工程要求，灵活选择和组合不同的防护措施，形成综合施策的防护体系。通过主动防护手段实现对岩体状态的实时监测和预警，及时发现潜在风险，再结合被动防护手段进行预防和应对，以最大限度地保障周边区域的安全。

完成主动-被动联合防护工程后,需要对其效果进行评估和监测,及时发现问题并采取改进措施。通过不断地改进和优化防护体系,提高防护效果和可靠性,确保地质灾害防治工作的持续有效。

上述防护措施的典型形式包括锚固-支撑联合技术以及锚固-拦挡联合技术。如图 5-14、图 5-15 所示。

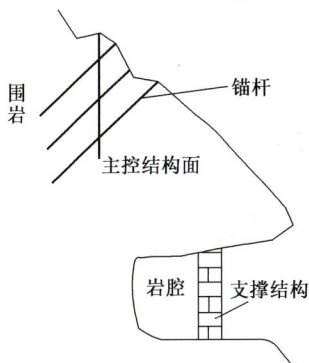

图 5-14　锚固-支撑联合技术　　　　　图 5-15　锚固-拦挡联合技术

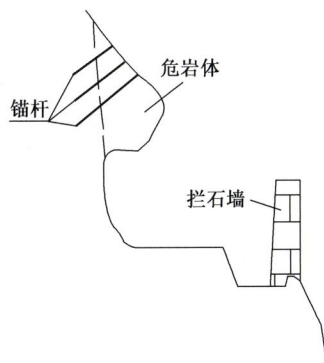

从适用性方面考虑,清除、锚固、主动防护网加固、拦挡优化组合技术,受地形及植被影响较大,踏勘工作有时无法完全查明危岩体情况,本项优化组合技术可以将危岩单体的清除、锚固、主动防护网加固与危岩单体之间的漏勘共同考虑,进而弥补因危岩勘查精度不高而可能造成的灾害。将危岩单体和拦挡结构之间的区域圈定为地质灾害危险区,植树造林,杜绝人类的工程活动。拦挡结构则采用拦石墙、被动和引导防护网或面状森林防护。

支撑、锚固优化组合技术,主要针对以倾倒式危岩为主的复合危岩体,当同时具有倾倒式和滑移式破坏的危岩体时,应采用此项技术。

防治设计过程中须优化设计参数,将锚固力、支撑力综合考虑。当支撑体在危岩体滑动力作用下发生滑移失稳时,为确保支撑体稳定须在支撑体上布设锚杆。

对单独采用支撑技术治理的坠落式危岩及倾倒式危岩,为防止其在随机荷载作用下发生失稳,可在危岩体上布置一定数量锚杆,作为安全储备,提高治理有效性。

在具备支撑条件时,最好不采取清除技术,避免清除危岩体后产生新危岩;应尽量优先采用支撑技术或支撑、锚固、拦挡综合防治手段。

此外,在危岩防治工程中,由于山峰高陡,危岩体多发育在陡崖上,需借助脚手架方能到达,进行抵近勘查和施工。

须根据《建筑施工扣件式钢管脚手架安全技术规范》(JGJ 130—2011)的要求安装、使用、拆除脚手架,并按相关技术要求计算、分析脚手架在工作状态下的稳定性,确保其安全使用。

可采用落地式或型钢悬挑式双排及以上扣件式钢管脚手架。

应根据脚手架工程实际情况编制安全专项施工方案。

搭设高度40m及以上的落地式钢管脚手架、架体高度15m及以上的悬挑式脚手架等应进行专家技术论证。

图5-16为危岩治理脚手架工程。

图5-16　危岩治理脚手架工程

第 6 章

危岩落石一体化勘察评价系统

危岩落石是山区地质灾害中的一种典型类型,从工程地质角度看,它是一种自然动力地质现象,也是一种人类活动作用于自然山坡而产生的工程地质变化过程。

山区铁路受选线条件制约,经常面临危岩落石风险。多年来,成昆、西成、宝成、成渝、宜万、襄渝等山区铁路一直遭受危岩落石的侵害,危岩落石已成为威胁铁路运营安全的重要因素。

近年来,我们结合新建铁路工程建设及既有铁路运营需求,开展了系统化的危岩落石勘察评价技术研究及应用工作。

研究过程中利用无人机遥感、贴近摄影测量、三维实体建模、遥感人工智能提取、数值模拟及仿真计算等手段,深入开展危岩落石快速勘察与评价关键技术研究,结合新建铁路项目开展试生产应用,总结梳理危岩落石勘察评价技术方法,及时研发短缺的软件工具,以满足各个阶段的工作需求:

(1)现场调查和数据采集。现场调查铁路沿线危岩落石分布情况,评估危岩落石危害,确定重点研究区域。利用无人机遥感、贴近摄影测量及三维激光扫描等技术,开展高精度实体三维建模和危岩物理参数提取技术研究。开展重点区域取样工作,以备室内试验分析。

(2)危岩落石物理及力学参数提取。基于无人机实景模型,开展岩体产状、裂隙宽度、岩体的面积、体积等物理参数量测。开展样品土工试验,提取岩样黏聚力、内摩擦角等参数。

(3)危岩落石稳定性评价。利用工程地质类比法、刚体极限平衡法和数值模拟等方法,研究不同工况和不同形式危岩落石的稳定性。开发铁路工程地质危岩落石稳定性综合评价系统。

(4)迁移路径及冲击能量仿真计算。基于块体运动和力学原理,综合危岩落石几何形状、坡面特性及植被覆盖等信息,利用刚体接触法模拟落石在三维空间中的运动轨迹。在此基础上,开展落石冲击力数值模拟技术研究,建立落石冲击力计算模型,为防护措施设计提供定量参考,通过研究各类危岩落石防护技术,制定适宜防护措施。

(5)试生产应用与标准化。依托雄忻、川藏、广湛等铁路项目开展试生产应用,研究危岩落石勘察评价技术的标准化内容,为该技术的推广应用提供指导。

在研究过程中,结合试生产情况,适时调整、扩充、完善自研软件的功能,最终形成了完整的"危岩落石一体化勘察评价系统"(简称"危石猎人",RockfallHunter)。

6.1　系统的总体设计与架构

6.1.1　系统的总体需求原则

"危岩落石一体化勘察评价系统"开发伊始,进行了系统的总体规划与定位,约定了以下基本原则:

(1)面向危岩落石勘察评价生产项目提供全过程服务。

针对危岩落石勘察评价工作,业内见到的一些软件工具,多是针对危岩落石勘察评价工作的某个环节开发的,比如用于危石稳定性评价的、用于危岩落石运动轨迹及能量三维仿真计算的等,不便于服务危岩落石勘察评价工作的整个过程。RockfallHunter 面向危岩落石勘察评价生产项目提供全过程服务,不但可以用于组织生产,还对项目内的所有危岩落石、边坡以及危岩带等进行管理,支持相关研究对象的工程力学参数的全过程服务,支持针对研究对象的稳定性评价、三维仿真计算及运动轨迹模拟,支持针对整个危岩落石勘察评价项目的勘察报告辅助编制等,为危岩落石勘察评价项目提供一条龙服务。

(2)基于3D GIS 的三维地形场景进行业务管理与功能处理。

开发针对危岩落石勘察评价工作全流程的软件工具,需要有一个友好的人机交互界面。为了充分利用3D GIS 的三维地形场景,RockfallHunter 基于成熟的 3D GIS 平台进行二次开发,将危岩落石勘察评价功能完全融于3D GIS 平台内,充分利用3D GIS 的高清地形模型以及空间定位体系,将对危岩落石、边坡、危岩带等研究对象的管理以及对落石的三维仿真计算和运动轨迹模拟,完全置于统一的三维场景之中,方便用户的使用。

(3)将整个软件系统分解为几个功能相对独立的子系统,为用户提供可伸缩的软件产品系列,满足不同用户的不同需求。

针对危岩落石勘察评价工作全过程开发的 RockfallHunter,对于承担危岩落石勘察评价项目的用户来说,无疑是一个得力的辅助工具。但是,不同的用户会有不同的需求,比如建设单位,更关心的也许是危岩落石勘察评价的结果,而并不关注评价分析的过程。为此,将 RockfallHunter 分为几个功能相对独立的部分,包括危岩落石一体化勘察评价系统(基础平台)及危岩落石空间参数量测系统、危岩落石运动轨迹及能量三维仿真计算系统、危岩落石运动路径三维模拟演示系统、危岩落石稳定性评价定量检算系统、危岩落石勘察报告辅助编制系统等 5 个子系统,其中危岩落石一体化勘察评价系统(基础平台)是 RockfallHunter 系统的核心,提供基本服务功能,负责对各个子系统的管理,5 个子系统均为独立的可选模块,用户可根据不同需求进行选用。

6.1.2 系统的总体设计与架构

系统的总体设计首先需要考虑系统的用户需求。在对系统的总体需求以及各种具体需求进行分析的基础上,将系统需求转化为系统的总体结构和数据模型,并规划出系统的各个构成元素——总体逻辑结构、数据库结构、专用功能模块等,即系统的总体设计。

系统的总体设计还要考虑系统的实施策略和开发组织方式。在系统实施过程中,随着系统规模的增大,需要划分为不同的模块协同开发。为了实现不同模块间"高内聚,低耦合"的组织原则,RockfallHunter 采用三层架构,将整个软件系统规划为表现层(User Interface,UI)、业务逻辑层(Business Logic Layer,BLL)和数据访问层(Data Access Layer,DAL)三层组成,再通过管理对象类将三层连接在一起,以实现系统功能。软件系统的三层架构模式经历了实践的检验,被认为是合理有效的系统架构方案;它不仅使项目开发工作便于组织,使开发人员分工更加明确,也使开发人员将精力更专注于核心业务逻辑的分析、设计和开发,进而加快项目研发进度,提高开发效率,便于项目更新和维护工作。

RockfallHunter 采用三层架构的分层设计系统架构方案,总体结构如图 6-1 所示。

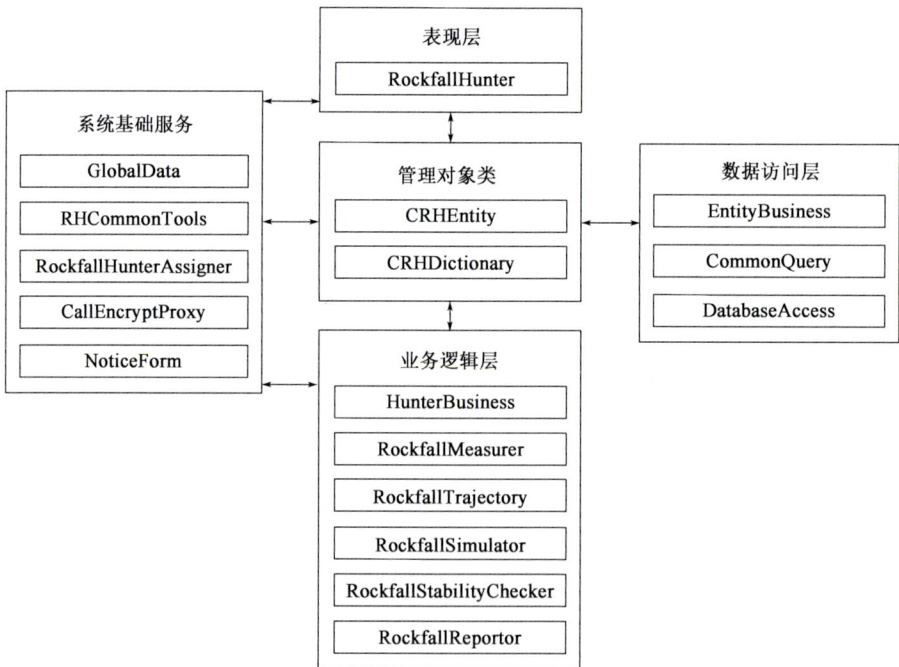

图 6-1　RockfallHunter 总体架构图

从图 6-1 可以看出，RockfallHunter 逻辑上分为以下几个部分：

（1）系统基础服务

包括 GlobalData、RHCommonTools、RockfallHunterAssigner、CallEncryptProxy、NoticeForm 等模块。

（2）管理对象类

包括 CRHEntity、CRHDictionary 等模块。

（3）表现层

包括 RockfallHunter 模块。

（4）业务逻辑层

包括 HunterBusiness、RockfallMeasurer、RockfallTrajectory、RockfallSimulator、RockfallStability-tyChecker、RockfallReportor 等模块。

（5）数据访问层

包括 EntityBusiness、CommonQuery、DatabaseAccess 等模块。

其中数据访问层相对独立，通过管理对象类的数据处理模块为管理对象类服务。另外，管理对象类将表现层和业务逻辑层联系在一起，在系统基础服务的支持下，共同完成 Rockfall-Hunter 的所有功能。这样处理对于开发 RockfallHunter 具有以下优点：

①搭建针对综合类工程软件项目的开发体系结构，提供模块化开发方案，支持模块化的应用程序开发，支持构建具有协作关系的独立了系统组成的复杂应用，并且在运行时可以对各个子系统进行动态管理，使系统可以拆分成多个部分来独立开发，适合团队协作开发，提高软件研发组织工作的弹性。

②通过将表现层和业务逻辑层分离、将业务逻辑层与数据访问层分离，使开发团队每个成员都能专注于自己的业务逻辑，每个专业功能单元都由特定的研发人员完成，方便单元测试，提高系统稳定性，提高生产效率。

③高度可扩展性和灵活性，由于逻辑分组和多层体系结构带来的解耦，可以很方便地添加新的功能，而不会对系统的既有功能造成影响。

④专业功能模块封装成物理独立 DLL 文件，通过独立授权的方式接入系统，可以实现功能插件的定制服务，提高软件系统推广与应用工作的可伸缩性。

1）系统基础服务

系统基础服务主要为系统中的表现层、业务逻辑层以及管理对象类服务，由以下几部分组成。

（1）全局状态参数共享

虽然从形式上将整个系统分成了不同的部分，但它们仍属于同一个系统，难免要进行相互通信、配合及数据交换。这时，如果完全采用参数透传的方式实现信息沟通，则会造成诸多不便。为此,RockfallHunter 通过 GlobalData 模块来提供全局状态参数的共享。同时,提供了部分状态参数的自动保存与恢复机制,以便 RockfallHunter 在启动后能够自动恢复用户的上次作业现场状态。

RockfallHunter 的全局状态参数主要包括:当前登录用户的属性状态、当前打开项目的属性状态、当前后台数据库的属性状态、当前扩展功能模块的授权状态、当前绘图参数的属性状态、当前功能实现的参数状态等。

另外,由于 GlobalData 模块需要在 RockfallHunter 系统启动后第一时间处理,所以,该模块还提供了软件运行环境识别、软件授权认证处理、全局参数的保存与恢复、初始化数据库链接等功能服务。

（2）通用实用工具集

在进行专业软件开发的过程中,经常会遇到一些与专业业务不甚相关的共性问题需要解决,而这些问题往往会在其他的软件研发项目中反复遇到。此时,可以将这些问题纳入到一个独立的模块进行解决,使其与项目完全解耦,进而能在多个软件研发项目中重复使用。

RockfallHunter 中的 RHCommonTools 就是一个通用的实用工具集,与 RockfallHunter 中的具体业务模块没有关联。在项目研发过程中,可以把诸如 Active Directory 处理、矩阵及坐标转换计算、INI 文件及注册表操作、用户交互数据的验证规则处理、属性对话框的类型转换器及编辑器的定制等,纳入到 RHCommonTools 中实现。作为通用实用工具集,RHCommonTools 可以被其他有需求的软件研发项目直接使用。

（3）任务管理器

根据规划,RockfallHunter 不仅要按三层架构进行设计,还要划分为多个子系统并行研发。为此,需要设计一种机制,能够满足不同逻辑层之间、不同子系统之间顺畅的功能调用。

RockfallHunter 采用委托机制建立任务管理器 RockfallHunterAssigner。通过针对 Rockfall-Hunter 管理对象类、表现层以及业务逻辑层的顶层设计与规划,深入分析数据流的控制因素,对任务管理器 RockfallHunterAssigner 使用的任务参数进行规范化,同时,RockfallHunterAssigner 也提供提交任务的外部调用接口,使得任务能够以异步调用委托的形式,携带任务参数,传递给已经注册的任务执行器进行处理。

RockfallHunter 的任务处理机制如图 6-2 所示。通常情况下,在表现层,也就是用户界面,当用户执行了某个操作时,比如点击了某个菜单项,或者是点击了某个工具栏按钮,RockfallHunter 将获得相关参数值并设置当前的任务参数,进而提交任务。此时,立即触发 RockfallHunterAssigner 的任务分派机制,以异步阻塞方式调用完成注册的

图 6-2 RockfallHunter 任务处理机制图

任务处理器,由相关的业务模块处理相应的任务,直至任务完成。

在表现层,任务的来源包括 RockfallHunter 主界面命令、系统菜单、系统工具栏、3D GIS 项目树、3D GIS 三维地形窗口等几个方面。每当任务分派后,注册的各个任务处理工具均可以针对感兴趣的任务进行处理,此时,任务管理器根据各个任务处理工具的反馈信息,决定任务的继续流转或者是中止。

通过任务处理机制,可以方便地实现跨模块功能调用,且调用者不用关心这个功能究竟是由哪个模块具体实现的。当然,通过 RockfallHunter 的任务处理机制,也可以方便地将 RockfallHunter 基础模块以及 3D GIS 平台的一些功能,开放给各个子系统使用。

（4）系统授权认证处理

RockfallHunter 基础平台的授权认证处理方案包括两个部分:一个是针对 RockfallHunter 基础平台的授权认证处理,另一个是针对各个子系统的授权认证处理。

针对 RockfallHunter 基础平台的授权认证处理,是 RockfallHunter 基础平台授权认证的基本需求,是通过 CallEncryptProxy 调用 SG_Proxy.dll 实现的。RockfallHunter 基础平台的授权认证处理包括两个步骤:一个是系统的授权注册码验证,用于控制系统是否能够被授权使用;另一个是系统的授权 license 验证,用于进一步控制系统被用户使用的限制条件,比方使用时间限制、使用次数限制、抑或是使用时间和使用次数双重限制。

各个子系统的授权认证处理,是 RockfallHunter 基础平台授权认证的扩展需求,依靠 RockfallHunter 直接调用 SG_Encrypt.dll 实现。RockfallHunter 子系统的授权认证处理只包括一个步骤,就是子系统的授权注册码验证,用于控制子系统是否能够被授权使用,同时记录子系统的授权认证状态,以进一步控制各子系统能够为用户提供的功能服务。

SG_Encrypt.dll 是授权认证功能的核心模块,提供申请码生成、注册码计算以及软件运行环境识别等服务;SG_Proxy.dll 是授权认证代理模块,进一步提供了体系化的软件授权认证服务,以简洁方式提供了软件授权认证、license 校验、与用户的交互、应用软件运行环境参数获取等服务。

（5）通用进度信息显示

RockfallHunter 的研发以团队协作方式进行,基础平台及子系统将由不同的人员研发。为了在系统运行时能给用户反馈风格一致的进度信息显示,RockfallHunter 基础平台提供了通用的软件作业进度信息显示窗体 NoticeForm。

NoticeForm 窗体提供两个信息显示行,可以分别指定需要显示的信息,也可以使用其中任意一行,以满足不同的需求,如图 6-3 所示。

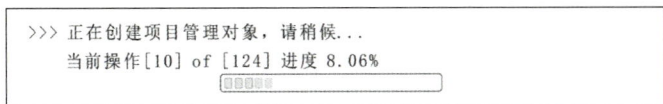

>>> 正在创建项目管理对象,请稍候...
当前操作[10] of [124] 进度 8.06%

图6-3　RockfallHunter 通用进度信息显示

RockfallHunter 以全局状态参数共享的方式提供 NoticeForm 窗体对象,以非模态的方式显示于各窗体前端,方便 RockfallHunter 基础平台及各个子系统的调用。使用时,只需设定需要显示的信息,刷新窗体;在使用结束时,将该窗体隐藏即可。

2) 管理对象类

RockfallHunter 针对的是危岩落石勘察评价项目全过程服务,所以,在进行 RockfallHunter 管理对象类规划与设计时,不仅要考虑危岩落石勘察评价工作需求,还要考虑针对评价过程的管理需求。为此,RockfallHunter 在对各种需求进行深入分析的基础上,对管理对象进行分层设计,如图 6-4 所示。

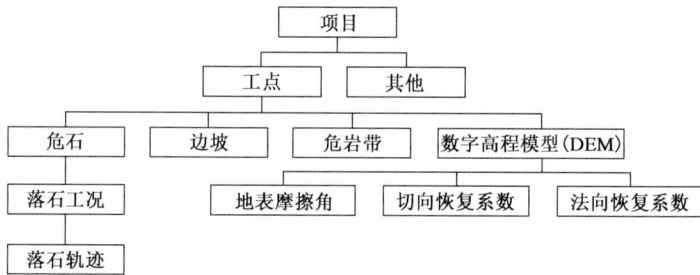

图 6-4　RockfallHunter 管理对象关系图

RockfallHunter 以项目为单位组织危岩落石勘察评价工作,根据具体工作需要,在项目下划分为工点以及不能纳入工点管理的其他工作。RockfallHunter 以工点为单位组织具体的勘察评价工作,可以将地理位置相近、相互关联或者便于内外业工作组织的危石、边坡以及危岩带纳入一个工点进行勘察评价工作。对于每个工点,均可包含不限数目的危石、边坡、危岩带,当然也可以创建不限数目的数字高程模型 DEM。RockfallHunter 提供针对 DEM 的采集及管理服务,同时依托 DEM 对工点范围内的岩土力学参数(如地表摩擦角、切向恢复系数、法向恢复系数等)分区域进行管理,以备在进行危石迁移三维轨迹模拟分析计算时使用。

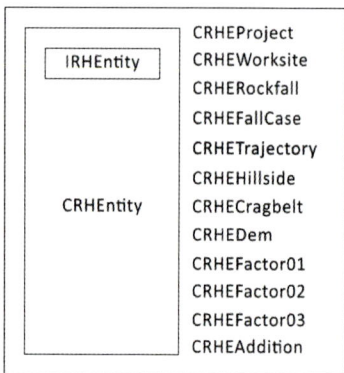

图 6-5　RockfallHunter 管理对象类关系图

RockfallHunter 针对管理对象的规划,分层进行对象类设计。

首先,通过 IRHEntity 接口约束对象类的通用属性和公共行为标准,实现对象识别以及对象层级关系的确定,实现对象的序列化与反序列化通用标准,支持对象的字典化管理;然后,通过对象基类 CRHEntity 以及虚函数机制,提供 IRHEntity 接口,实现针对对象类的通用属性和公共行为管理,实现对象属性与表现层的联动机制;最后,根据各个具体管理对象的个性特征及需求,扩充对象类的属性和行为,实现对象的所有规划功能。

RockfallHunter 管理对象类的关系,如图 6-5 所示。

（1）管理对象类接口 IRHEntity

接口 IRHEntity 定义 RockfallHunter 管理对象类的契约与规范,约束管理对象类的通用属性和公共行为标准,使管理对象在同一层次具有通用性和可替代性,适合多态化操作,方便对管理对象的管理,便于功能调用与扩展。

在接口 IRHEntity 中,通过约定管理对象类的属性和方法,可以实现识别管理对象、构建管理对象的层级谱系、管理对象的序列化与反序列化处理、字典方式管理内存中的管理对象集合等目的。

（2）管理对象基类 CRHEntity

设置管理对象基类 CRHEntity 的目的,一个是实现管理对象类接口 IRHEntity,一个是为子类提供一组基础功能,通过子类提供实现这些功能的具体方法,实现对管理对象的高效管理。

对于管理对象的属性,RockfallHunter 分为三种情况管理:一个是承接于管理对象类接口 IRHEntity 的属性,由管理对象基类 CRHEntity 直接处理,负责数据库读写操作;一个是常规数量的对象属性,由管理对象基类 CRHEntity 提供处理机制,由具体管理对象类处理,由管理对象业务处理模块 EntityBusiness 负责具体操作;一个是批量的对象属性,直接由具体管理对象类处理并完成具体操作。

对于管理对象的方法,RockfallHunter 分为两种情况实现:一个是通过常规函数直接实现函数功能,一个是通过虚函数机制,使管理对象基类和管理对象类协同实现函数功能,尤其是对象属性与表现层联动处理功能的实现。

（3）管理对象类

在 RockfallHunter 中,总计设计 12 个管理对象类,共同完成 RockfallHunter 的所有功能。虽然在管理对象类层次设计中,它们处于同一层级,均为管理对象类,但是在 RockfallHunter 的业务逻辑关系中,管理对象却存在着上下级关系,即是图 6-5 所示的管理对象关系。管理对象的业务逻辑上下级关系,是通过对象 ID 属性关联的。

在进行具体管理对象类的设计时,不仅要实现常规数量对象属性的处理,必要时还要实现批量对象属性的处理与具体操作。另外,其还要通过虚函数机制,实现管理对象属性与表现层联动的具体处理功能。

（4）管理对象池

根据 RockfallHunter 的业务逻辑及功能需求,需要随时可以操作某个管理对象。如果在需要时创建管理对象,完成对该管理对象的处理之后,再将其销毁,触发垃圾回收机制,释放掉内存,这一系列的操作将影响系统性能,严重时可能会导致系统运行卡顿。

为此,RockfallHunter 使用对象池技术解决这个问题。根据规划,在 RockfallHunter 中,管理对象 ID 以 GUID 字符串定义,它可以标识一个管理对象;所有的管理对象类均派生自管理对象基类 CRHEntity。这样,在管理对象池 CRHDictionary 内通过创建对象管理字典,以实现诸如添加对象、移除对象、获取对象、清空对象池等函数服务。

在 RockfallHunter 打开项目的时候,根据管理对象的层级关系,逐级创建管理对象,添加到管理对象池 CRHDictionary 中。之后,在需要某个管理对象的时候,可以在管理对象池 CRHDictionary 中通过管理对象 ID 得到该对象,以完成针对该管理对象的处理。直到关闭项目的时候,再由系统自动清理管理对象池 CRHDictionary。这样,可大大减少管理对象创建和销毁的次数,进而改善系统的性能。

3)表现层

在三层架体系中,表现层就是系统的用户界面,用于数据的收集和展现,其最重要的是操作的易用性、外观的简洁性。

RockfallHunter 定位于基于 3D GIS 平台进行二次开发,将系统功能融于 3D GIS 平台内,充分利用 3D GIS 的高清地形模型以及空间定位体系,将危岩落石、边坡、危岩带等管理对象以及落石运动轨迹模拟,置于统一的三维场景之中,方便用户使用。

所以,RockfallHunter 系统的表现层,主要是 3D GIS 平台的 3D 地形模型窗体、工程项目树以及 RockfallHunter 围绕系统功能服务提供的窗体菜单、工具栏、右键菜单、管理对象属性窗体等。

为了充分将 RockfallHunter 系统功能与 3D GIS 平台融合为一体,同时通过管理对象类将表现层与业务逻辑层、数据访问层关联在一起,RockfallHunter 需做以下工作:

(1)将 RockfallHunter 的项目管理功能与 3D GIS 平台的工程管理功能融合。

3D GIS 平台有自己的工程管理机制,一般是以工程文件的方式进行工程管理,在工程文件中记录当前工程的一些环境配置信息、文件引用信息、作业状态信息等;RockfallHunter 规划为由后台数据库支持的管理系统。在用户使用 RockfallHunter 时,如果在打开一个危岩落石勘察评价项目后,还要进而为其指定一个配套的 3D GIS 平台的工程文件,无疑会增加用户的负担,同时也会恶化用户的使用体验。

RockfallHunter 需要深入研究 3D GIS 平台工程管理机制,将其工程文件内容保存在数据库中。在用户新建、打开、保存 RockfallHunter 项目时,RockfallHunter 在后台同步处理针对 3D GIS 平台工程文件的相应操作,使用户觉察不到对 3D GIS 平台工程文件的处理,优化用户的使用体验。

(2)将 RockfallHunter 系统功能与 3D GIS 平台融合。

为了方便用户使用,不管是在 3D GIS 平台的 3D 地形模型窗体,还是在其工程项目树,3D GIS 平台均提供右键菜单以及一些快捷操作服务,而这些操作对于 RockfallHunter 来说,有些是不必要的,有些是不期望的。

为了使 3D GIS 平台更好地服务于 RockfallHunter 的功能,RockfallHunter 需要接管 3D GIS

平台针对 3D 地形模型窗体和工程项目树的右键菜单操作,纳入到自身功能服务体系之中,并支持用户的需时切换:是使用 3D GIS 平台的功能,还是使用 RockfallHunter 的功能。

(3)将表现层元素与 RockfallHunter 管理对象关联。

在表现层中,3D GIS 平台的 3D 地形模型窗体和工程项目树,是最重要的两个组成部分,也是 RockfallHunter 功能实现最主要的媒介。能不能对这两个区域高效利用,是 RockfallHunter 功能实现能否成功的关键。

RockfallHunter 采用客户数据(ClientData)技术,通过搭建客户数据管理体系,实现对工程项目树节点以及 3D 地形模型窗体内实体的管理。在 RockfallHunter 搭建的客户数据体系中,客户数据包括管理对象的类型、关联的管理对象 ID、关联的管理对象的父对象 ID 等。

在 RockfallHunter 创建工程项目树节点或 3D 地形模型窗体内实体时,将为其附加客户数据,包括管理对象的类型、关联的管理对象 ID、关联的管理对象的父对象 ID 等。

RockfallHunter 通过表现层元素的客户数据,实现与管理对象关联,为实现表现层动作与 RockfallHunter 任务管理器的关联创造条件。

(4)将表现层动作与 RockfallHunter 任务管理器关联。

表现层并不实现业务逻辑,只是响应用户的操作,根据当前的操作场景获取任务参数,进而提交任务,最终由业务逻辑层完成具体的功能实现。

表现层通过任务参数与任务管理器实现联系,任务参数的获取是从响应用户的操作开始的。当用户操作 3D 地形模型窗体内实体或工程项目树节点时,RockfallHunter 将获取该实体或节点的 ID,进而获取其客户数据,根据管理对象的类型获取用户操作动作对应的任务组和任务号。至此,可获取到当前用户操作动作对应任务的所有任务参数,遂提交任务,完成表现层的处理工作。

对于 RockfallHunter 任务的参数,并不是所有的任务都要求是完备的,与具体的任务匹配即可。比如,当用户操作系统菜单或工具栏等表现层元素时,通常均不是针对某具体管理对象的操作,这时关联管理对象 ID 等参数就没有实际意义,使用缺省值。

4) 业务逻辑层

业务逻辑层主要是针对业务逻辑的处理,主要包括业务规则的制定、业务流程的实现等与业务需求有关的系统设计。在 RockfallHunter 中,业务逻辑层主要实现系统的功能,同时实现对管理对象的组织与管理。通常情况下,RockfallHunter 基础平台的业务逻辑层通过管理对象与数据访问层打交道,或者直接与数据访问层打交道;各子系统只是实现业务逻辑层特定领域的具体功能,只通过管理对象与数据访问层打交道。

RockfallHunter 的业务逻辑层划分为以下几个部分实现:

①RockfallHunter 基础平台的业务逻辑部分 HunterBusiness；

②危岩落石空间参数量测系统 RockfallMeasurer；

③危岩落石运动轨迹及能量三维仿真计算系统 RockfallTrajectory；

④危岩落石运动路径三维模拟演示系统 RockfallSimulator；

⑤危岩落石稳定性评价定量检算系统 RockfallStabilityChecker；

⑥危岩落石勘察报告辅助编制系统 RockfallReportor。

其中，子系统 RockfallMeasurer、RockfallTrajectory、RockfallSimulator、RockfallStabilityChecker 和 RockfallReportor 单独开发，功能相对独立，可根据不同需求选用。

（1）RockfallHunter 基础平台的业务逻辑部分 HunterBusiness

RockfallHunter 基础平台是作为 RockfallHunter 的核心存在的，承接和落实 RockfallHunter 系统的总体构架，负责搭建对象管理体系，负责表现层、业务逻辑层、数据访问层在对象管理体系下的黏合，协同完成系统的所有功能，包括对可选子系统的授权管理。

RockfallHunter 基础平台的业务逻辑部分 HunterBusiness，负责完成上述任务的业务逻辑部分，具体分为以下几个方面：

①RockfallHunter 及各子系统的认证授权管理；

②3D GIS 平台功能调用的处理；

③3D 地形模型窗体和工程项目树右键菜单体系的创建与管理；

④工程项目树的创建及节点客户数据的管理；

⑤3D 地形模型窗体内实体创建及实体客户数据的管理；

⑥RockfallHunter 任务处理功能接口；

⑦具体业务功能的实现。

（2）危岩落石空间参数量测系统 RockfallMeasurer

RockfallMeasurer 子系统作为 RockfallHunter 的可选模块提供，主要是在 3D GIS 平台 3D 地形模型环境下，解决以人机交互方式进行的空间参数量测问题。需要实现的参数量测包括如下：

①空间两点的平距、高差、斜距以及距离；

②结构面的倾向、倾角；

③结构面的走向；

④直接针对危石的空间几何尺寸的量测，包括与视线垂直方向上的长度、宽度、高度，此时需要自动记录量测时的 3D 地形模型窗体的视口状态，以备数据检查与复核。

另外，在 3D 地形模型窗体内，需要提供通用的可定制人机交互坐标点拾取功能服务。

（3）危岩落石运动轨迹及能量三维仿真计算系统 RockfallTrajectory

RockfallTrajectory 子系统作为 RockfallHunter 的可选模块提供，主要进行危石崩落迁移的运动轨迹及能量的仿真计算,为危岩落石运动路径三维模拟演示系统 RockfallSimulator 提供数据服务。RockfallTrajectory 需要提供的主要功能包括:

①指定区域的数字高程模型(DEM)数据采集及管理;

②指定区域的地面、地形、地貌参数的采集及管理;

③落石工况的批量创建支持;

④落石迁移轨迹计算时有关参数的抖动处理策略及实现;

⑤危岩落石运动轨迹及能量三维仿真计算结果的导入与导出处理。

(4)危岩落石运动路径三维模拟演示系统 RockfallSimulator

RockfallSimulator 子系统作为 RockfallHunter 的可选模块提供,主要进行危石崩落迁移的运动路径三维模拟演示。RockfallSimulator 需要提供的主要功能包括:

①危石崩落迁移时的危石速度、动能以及弹跳高度模拟;

②单迁移轨迹模拟以及工况下所有迁移轨迹模拟;

③模拟量数据范围连续色谱图例显示;

④3D 地形模型窗体迁移轨迹关联的视口状态的设置与恢复。

(5)危岩落石稳定性评价定量检算系统 RockfallStabilityChecker

RockfallStabilityChecker 子系统作为 RockfallHunter 的可选模块提供,主要进行危石、边坡及危岩带的稳定性评价与定量检算工作,在这个过程中需要考虑以下因素:

①支持多种常用规范的计算方法;

②支持自然、暴雨、地震以及暴雨 + 地震等不同工况的计算分析;

③支持滑移、倾倒、坠落、滚落等多种危石破坏模式;

④支持完全干燥、潮、湿、淋水、涌水等多种地下水状态。

对于危岩带,RockfallStabilityChecker 不必提供具体的稳定性评价功能,但需要将稳定性评价材料以文档形式纳入系统进行管理。

(6)危岩落石勘察报告辅助编制系统 RockfallReportor

RockfallReportor 子系统作为 RockfallHunter 的可选模块提供,主要进行危岩落石勘察评价项目的勘察报告辅助编制工作,在这个过程中需要考虑以下因素:

①危岩落石勘察报告以单文档的形式提供;

②危岩落石勘察报告内容应包括前言、自然地理概况、危岩基本特征及形成机制、危岩稳定性评价方法、重点危岩区稳定性评价、结论与建议等几部分;

③危岩落石勘察报告中使用的描述性资料,以管理对象属性的方式提供;

④危岩落石勘察报告中使用的部分统计性资料,应利用管理对象属性自行分析。

对于 RockfallReportor 子系统辅助编制完成的勘察报告,应以管理对象属性的形式,保存到数据库中,纳入系统进行统一管理。

5）数据访问层

RockfallHunter 的数据访问层解决对数据的操作以及对数据库的操作问题，主要通过管理对象为业务逻辑层提供数据服务。

RockfallHunter 的数据访问层主要包括以下几个方面的内容：

①管理对象数据访问业务处理 EntityBusiness；

②数据驱动的数据表列样式控制 CommonQuery；

③针对数据库的操作 DatabaseAccess。

RockfallHunter 系统设置数据访问层的目的，主要是使各子系统的开发避开数据库相关的操作，简化各子系统的开发过程，减少开发工作量。

（1）管理对象数据访问业务处理 EntityBusiness

RockfallHunter 通过针对管理对象的数据业务处理模块 EntityBusiness，搭建数据访问层，其功能的实现需要 DatabaseAccess 的支持。

在管理对象创建、编辑、删除时，其对应的数据库插入、更新、删除等操作，以及针对数据库的查询操作，包括建立数据连接和构建各种 SQL 语句，均在 EntityBusiness 内完成。

在建立数据连接和构建各种 SQL 语句时，EntityBusiness 统筹考虑不同数据库的操作特点，以备在 RockfallHunter 系统后台数据库类型切换时，不会影响到业务逻辑层的功能。

（2）数据驱动的数据表列样式控制 CommonQuery

CommonQuery 主要以用户控件的方式提供针对数据表的操作服务，在搭建 CommonQuery 时，需要考虑以下需求：

①提供通用的数据表操作控件，支持插入、编辑、删除、查询、数据导入/导出等操作；

②支持数据驱动的数据表列样式控制解决方案；

③支持以易读信息的方式操作数据表数据；

④支持日期字段、BLOB（Binary Large Object，二进制大对象）字段便捷方式处理；

⑤支持数据表数据的下拉列表、直接编辑等多种操作方式；

⑥支持数据校验；

⑦支持右键菜单操作。

（3）针对数据库的操作 DatabaseAccess

DatabaseAccess 主要提供建立数据库连接、数据表查询以及执行 SQL 语句等服务，在搭建 DatabaseAccess 时，需要考虑以下需求：

①支持 MS Access 和 SQL Server 数据库，使 RockfallHunter 同时支持本地数据库和网络数据库；

②针对 MS Access 和 SQL Server 的处理功能实现，尽量采用相同或相近的方式；

③针对 RockfallHunter 的需求,提供快捷处理 BLOB 字段的服务;

④支持事务处理。

6) 数据库结构设计

RockfallHunter 针对危岩落石勘察评价工作的全过程开发,涵盖项目策划、工作组织、危石空间尺寸量测、危石迁移轨迹仿真计算及模拟演示、危石及边坡和危岩带的稳定性检算及评价、勘察报告编制等多个环节,实体及业务处理的逻辑关系并不复杂,前面规划的管理对象类设计方案,已基本体现数据库概念数据模型设计思想,满足了概念数据模型的设计目标。

在进行数据库逻辑结构设计时,不但要考虑数据库概念数据模型设计的结果,还要考虑功能与性能的统筹。

在进行数据库物理结构设计时,数据访问效率高和维护成本低是期望的目标,对于 RockfallHunter 来说,维护成本低似乎显得更为重要。考虑到 RockfallHunter 需要同时支持 MS Access 和 SQL Server,所以必须保证两者物理结构设计的一致,同时避免使用两者不兼容的特征。

6.2 "危岩落石一体化勘察评价系统"基础平台

"危岩落石一体化勘察评价系统"(RockfallHunter),广义地讲,是一个产品系列,涵盖项目管理、现场勘察、三维地形视窗下量测、危石迁移轨迹仿真计算、危石迁移模拟、危石稳定性评价和勘察评价报告编制等各个环节,可以全过程为危岩落石勘察评价工作服务;狭义地讲,是指"危岩落石一体化勘察评价系统"的基础平台,也就是主控模块。其他部分如三维地形视窗下量测、危石迁移轨迹仿真计算、危石迁移模拟、危石稳定性评价和勘察评价报告编制等均为独立的子系统,可以根据具体需求选择使用。在本节,除非特别说明,"危岩落石一体化勘察评价系统"(RockfallHunter)是指系统的基础平台。

RockfallHunter 基础平台结合危岩落石勘察评价工作的全过程需求,考虑系统产品系列的总体布局,完成整个软件体系的架构,为产品系列中各子系统提供协同作业条件,使产品系列一起共同提供针对危岩落石勘察评价工作的全过程服务。

RockfallHunter 基础平台主要完成以下任务:

①系统初始化及各子系统初始化;

②系统授权认证及子系统的授权认证管理;

③任务处理机制及任务管理器的实现;

④对象管理体系的构建,对象处理业务的功能实现;

⑤系统菜单和工具条功能调用接口处理；

⑥自定义菜单体系的设计及功能调用实现；

⑦项目管理及项目树数据完整性自检功能的实现；

⑧实现 3D GIS 平台项目树信息与系统数据库的协同管理；

⑨数据库操作功能实现,通用数据驱动方式数据查询及数据表窗体实现；

⑩为各子系统提供实时数据服务、功能服务及开发通用工具。

6.2.1　在系统中的地位

"危岩落石一体化勘察评价系统"产品系列,包括危岩落石一体化勘察评价系统 Rockfall-Hunter(基础平台)以及危岩落石空间参数量测系统 RockfallMeasurer、危岩落石运动轨迹及能量三维仿真计算系统 RockfallTrajectory、危岩落石运动路径三维模拟演示系统 RockfallSimulator、危岩落石稳定性评价定量检算系统 RockfallStabilityChecker、危岩落石勘察报告辅助编制系统 RockfallReportor 等 5 个子系统,其中基础平台 RockfallHunter 是整个产品系列的核心,定义了整个软件体系的架构,实现了系统的基本功能,为各个子系统提供实时的数据与功能服务。

RockfallHunter 基础平台在整个产品系列中的核心地位,主要体现在:

①在开发工作组织方面,是组织者；

②在系统功能实现方面,是主导者；

③在系统推广应用方面,是管理者。

1)系统研发工作的组织者

"危岩落石一体化勘察评价系统"产品系列采用团队协作研发模式,这需要为研发团队提供协同作业平台,此时,RockfallHunter 基础平台就自然而然地承担起这个责任。

根据规划,RockfallHunter 基础平台以桌面应用程序形式开发,其他的子系统以类库或类库集的形式开发,子系统的功能服务通过 RockfallHunter 基础平台调用的方式实现。这样,在子系统开始研发工作之前,RockfallHunter 基础平台必须首先提供必要的开发调试条件以及基本的数据服务和功能服务。"危岩落石一体化勘察评价系统"产品系列逻辑关系如图 6-6 所示。

为了给子系统研发创造条件,RockfallHunter 基础平台需要做好以下工作:

①规划系统开发的环境条件；

②完成 RockfallHunter 的基本功能开发；

③搭建协同开发文档管理体系；

④提供子系统开发模板代码框架。

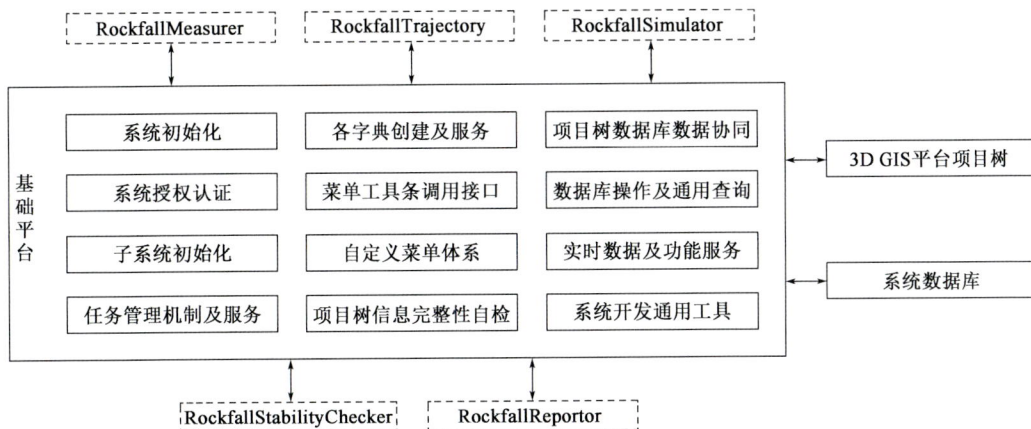

图6-6 RockfallHunter 基础平台产品系列逻辑关系图

（1）系统开发的环境条件

软件系统开发的环境条件指的是在构建一个软件系统时，所依赖的条件、工具和基础设施等，包括软件环境、硬件环境、支持技术工具、管理技术相关的工具，这些要素需要有机地结合在一起。软件系统开发的环境条件约定，不仅要考虑开发过程中的软硬件环境，也要考虑开发过程中所用其他软件工具的应用环境，同时还要考虑软件系统预期应用场景的软硬件环境。

软件环境通常是指操作系统环境、网络环境、数据库环境、软件工具等；硬件环境通常是指支撑开发软件系统运行的基础硬件设备（比如计算机、CPU、显卡、内存、硬盘等）以及特殊需求的硬件设备等。

还有一些更为具体的要素，比如.NET 应用程序需要约定 Framework 的版本、应用程序需要确定是 32 位还是 64 位等。

以团队方式实施的软件开发项目，约定统一的系统开发环境条件是一个最基本的要求，这不仅利于项目研发工作的顺利推进，还能避免一些麻烦。

（2）RockfallHunter 基础平台的基本功能开发

在研发团队开始协作研发工作之前，RockfallHunter 基础平台需要完成必要的基本功能开发，至少应包括：

①RockfallHunter 基础平台基本用户界面框架；

②项目管理，如新建项目、打开项目等；

③子系统功能调用或相应测试功能。

这样，子系统开发人员就拥有了最基本的代码开发、调试条件，进而可以进行系统研发团队的协作开发作业。

（3）协同开发文档管理体系

当以团队方式实施 RockfallHunter 基础平台的协作开发工作时，除了约定统一的系统开发环境条件外,还应该创建统一的协作开发作业空间,比如类似于图6-7所示的协同开发环境文件夹结构。

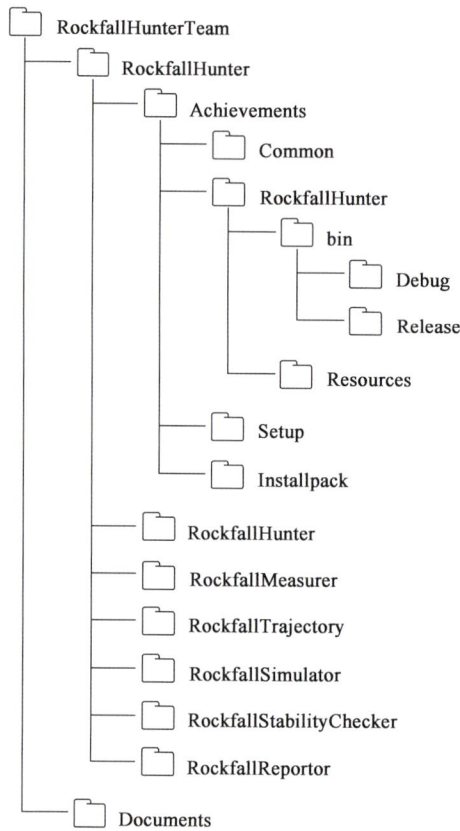

图6-7　RockfallHunter基础平台协同开发环境文件夹结构

创建统一的协作开发作业空间,再加上对相关文档进行版本管理,将有利于项目研发团队进行协同开发作业,也便于进行开发过程管理、源码管理、成果管理、发行管理等。

(4)子系统开发模板代码框架

以团队方式实施RockfallHunter基础平台的协作开发工作时,在创建子系统开发项目后,需要将系统开发的环境条件设定、项目编译生成成果的储存位置、与RockfallHunter基础平台的沟通与反馈等,保存到项目工程文件内或者在源码中实现。在这个过程中,一般需要处理以下工作:

①应用程序目标框架、目标平台配置与设定;

②程序集信息设定;

③编译成果输出路径设置;

④编译生成事件处理,比如编译成功后将成果文件复制至指定位置;

⑤设置调试时启动的外部程序。

例如,当前工程在编译成功后,需要自动将编译成果文件复制到归档文件夹Achievements

下的相应文件夹内。

当然,为了提高效率和减少差错,也可以将上述设定形成子系统开发模板代码框架,保存在子系统开发模板中,分发给研发团队中的子系统开发人员。

2)系统功能实现的主导者

"危岩落石一体化勘察评价系统"产品系列共同协作,提供针对危岩落石勘察评价工作的全过程服务,其中 RockfallHunter 基础平台是这些功能实现的主导者。在系统功能实现的过程中,RockfallHunter 基础平台实现了系统功能的各个环节,各子系统在相关环节上实现功能的深度扩展。比如,对于危石尺寸,RockfallHunter 基础平台已提供了相关管理功能,支持用户交互;RockfallMeasurer 子系统扩展了危石尺寸的获取场景,支持在 3D GIS 的三维地形环境交互量取,进一步满足了用户的不同需求。

为实现这个目的,首先,要对危岩落石勘察评价工作的全过程需求进行分析和梳理,确定组成全工作流程的各个环节,分离出相对独立的、能为子系统提供服务的单元,减少甚至消除子系统间的偶合因素,确定系统的产品系列构成。

其次,要认清插件式子系统的地位和性质,规划和制定基础平台与子系统间的功能划分原则。基础平台作为主导模块,需要独立提供基本的系统服务;子系统的功能实现要相对独立,尽量不涉及用户界面操作、数据库操作等与基础平台有交叉的操作,尽量不涉及危岩落石勘察评价项目实施中其他环节的业务。

在主导系统功能实现方面,RockfallHunter 基础平台承接以下工作:

(1)提供基本系统服务

"危岩落石一体化勘察评价系统"规划为按产品系列提供服务,作为产品系列功能实现的主导者,RockfallHunter 基础平台独立提供基本的系统服务,包括:

①系统界面规划与实现;

②项目管理机制;

③对象管理体系构架及实现;

④任务管理体系构架及实现;

⑤数据流管理体系构架及实现;

⑥数据库设计及数据服务实现;

⑦子系统授权认证管理。

如果用户只是拥有 RockfallHunter 基础平台,也仍然可以在三维地形环境下,完成危岩落石勘察评价项目的管理以及项目的组织推进工作。

(2)提供针对子系统的管理功能

作为"危岩落石一体化勘察评价系统"产品系列的组成部分,插件式子系统是否提供服务是需要被 RockfallHunter 基础平台感知的,也就是说,RockfallHunter 基础平台需要管理各个子系统,掌握各个子系统的状态,以确定某子系统是否需要提供服务及能否提供服务等。

首先,是否需要某子系统提供服务,是由用户确定的,RockfallHunter 基础平台可以通过某种方式获取这个信息。

其次,在 RockfallHunter 基础平台进行系统初始化处理时,如果获知某个子系统需要提供服务,则对该子项目进行授权检查,然后记录其授权状态,以决定其是否能够提供相应功能服务。实际上,RockfallHunter 基础平台记录了子系统的授权状态,具体子系统是否提供功能服务,提供怎样的功能服务,既可以由 RockfallHunter 基础平台控制,也可以由子系统自行控制。

(3) 为子系统提供实时数据和功能服务

"危岩落石一体化勘察评价系统"的子系统只能与 RockfallHunter 基础平台一起提供功能服务,当然在这个过程中,子系统需要基础平台提供实时数据和功能服务。

RockfallHunter 基础平台为子系统提供的实时数据和功能服务表现在:

①当前子系统是否通过了授权认证;

②与子系统功能任务关联的基础数据的获取;

③子系统功能任务遂行所需要的 RockfallHunter 基础平台的功能服务,完善的基础平台服务将使子系统功能开发仅着眼于自身功能的逻辑实现,简化关联环节,降低开发难度;

④子系统功能任务完成的数据结果的保存。

3) 系统推广应用的管理者

在"危岩落石一体化勘察评价系统"产品系列中,只有 RockfallHunter 基础平台是以桌面应用程序的形式提供的,能够独立运行;各个子系统都以类库形式提供,只能被 RockfallHunter 基础平台调用,不能独立运行。

在"危岩落石一体化勘察评价系统"产品系列推广应用时,RockfallHunter 基础平台是必选项,各个子系统可由用户根据需求选用,它们之间没有依赖。比如,对于子系统 RockfallSimulator 来说,在没有子系统 RockfallTrajectory 时,只要能获取其处理结果,仍能进行危岩落石运动路径三维模拟演示。

在"危岩落石一体化勘察评价系统"产品系列中,哪些子系统能用、哪些不能用,是由用户所拥有产品授权情况决定的。对于产品授权的认证操作,是由 RockfallHunter 基础平台进行的。

6.2.2 需要解决的关键问题

作为"危岩落石一体化勘察评价系统"产品系列的主控模块,RockfallHunter 基础平台面临一系列的关键问题需要解决。这些待解决的问题中,有的会影响到系统的功能,有的会影响到系统的性能,有的会影响到子系统的开发和整个系统的开发进度,有的会影响到系统的推广应用。

RockfallHunter 基础平台开发需要解决的关键问题,主要包括:

①产品系列授权认证解决方案;

②RockfallHunter 与 3D GIS 平台的融合;

③对象管理体系的搭建;

④任务处理机制及任务管理器的实现;

⑤为子系统提供实时数据服务和功能服务。

1) 产品系列授权认证解决方案

在"危岩落石一体化勘察评价系统"产品系列中,包括 RockfallHunter 基础平台以及 5 个功能相对独立的子系统。对于这个产品系列,授权认证工作分两种方式解决:基础平台的授权认证和子系统的授权认证,这些工作都需要在子项目开发工作开展之前完成。

(1) RockfallHunter 基础平台的授权认证

RockfallHunter 基础平台的授权认证,是"危岩落石一体化勘察评价系统"产品系列的主要授权认证问题,不仅要解决授权认证本身,还要解决与授权认证相关的一系列问题,如软件运行环境识别、软件安装模式支持、应用程序关联路径识别、应用程序注册码认证、应用程序授权 license 控制支持以及应用程序升级控制等。

SG_Encrypt. dll 和 SG_Proxy. dll 共同组成 RockfallHunter 基础平台授权认证系统,SG_Encrypt. dll 是授权认证功能的核心模块,提供申请码生成、注册码计算以及软件运行环境识别等服务;SG_Proxy. dll 是授权认证代理模块,以简洁方式提供软件授权认证、license 校验、与用户的交互、应用软件运行环境参数获取等服务。

(2) 子系统的授权认证

各个子系统的授权认证处理,是在 RockfallHunter 基础平台授权认证的基础上进行的。需求比较简单,只需校验子系统是否授权即可,可通过 RockfallHunter 基础平台直接调用 SG_Encrypt. dll 实现,其授权认证处理也只包括一个步骤,就是子系统的授权注册码验证及授权认证状态记录,据此可进一步控制各子系统能够为用户提供的功能服务。

2) RockfallHunter 与 3D GIS 平台的融合

"危岩落石一体化勘察评价系统"基于 3D GIS 平台进行二次开发,期望的效果是:用户面对的是一个基于 3D GIS 场景的危岩落石一体化勘察评价软件,而不是在 3D GIS 平台下多了一个危岩落石一体化勘察评价工具。

为此,需要解决以下几个问题:

(1)RockfallHunter 项目管理功能与 3D GIS 平台工程管理功能的融合

RockfallHunter 基于危岩落石勘察评价项目开发,3D GIS 平台基于自己的工程管理理念进行构架。若基于 3D GIS 平台进行 RockfallHunter 系统开发,则应对这两个需求进行融合,以免恶化使用体验,让用户觉得在项目管理方面,3D GIS 平台和 RockfallHunter 系统是"两张皮"。

RockfallHunter 以基于危岩落石勘察评价项目为主线,将与当前项目相关的 3D GIS 平台的工程文件内容保存在后台数据库中,当执行新建、打开、保存 RockfallHunter 项目操作时时,在后台同步处理针对 3D GIS 平台工程文件的相应操作,优化用户的使用体验。

(2)RockfallHunter 管理对象与用户界面元素的融合

RockfallHunter 管理对象承载了业务流程管理以及业务节点管理,如果能将其与 3D GIS 平台 3D 地形模型窗体内的实体关联,与 3D GIS 平台的工程项目树节点关联,无疑会使 Rock-fallHunter 系统的功能实现完美融于对用户界面元素的管理之中。

RockfallHunter 采用客户数据(ClientData)技术,搭建客户数据管理体系,为工程项目树节点以及 3D 地形模型窗体内实体添加客户数据,包括管理对象的类型、关联的管理对象 ID、关联的管理对象的父对象 ID 等。这样,用户在操作这些用户界面元素时,RockfallHunter 就能通过客户数据获得与其关联的管理对象,从而实现 RockfallHunter 管理对象与用户界面元素的融合。

(3)自定义菜单体系设计

RockfallHunter 需要构建自定义菜单体系,以接管 3D GIS 平台针对 3D 地形模型窗体和工程项目树的右键菜单操作,并根据需要能随时切换。对于自定义菜单体系中的菜单项,以任务组和任务号的形式进行管理,并与管理对象关联。当用户在操作用户界面元素时,Rockfall-Hunter 可以获取与之关联的管理对象,进而为用户提供与管理对象关联的菜单。当用户操作某菜单项时,RockfallHunter 能确定该操作对应的任务组、任务号、关联的管理对象 ID 等任务参数,进而提交任务,实现自定义菜单功能的调用。

(4)用户界面动作与 RockfallHunter 任务处理机制的融合

当用户操作某界面元素时,RockfallHunter 将携带任务参数提交任务,这样,就把用户界面动作完美融入 RockfallHunter 任务处理机制之中。

在 RockfallHunter 处理任务时,依赖于当前任务参数,包括:工程项目树节点或 3D 地形模型窗体内实体 ID、任务组号、任务号、关联管理对象的父对象 ID、关联管理对象 ID。对于这 5 个任务参数,并不是所有任务都要求是完备的,只需与具体的任务匹配即可。

(5)3D GIS 平台功能的提供

在 RockfallHunter 提供功能服务的过程中,有时仍需要使用 3D GIS 平台的功能,如地形隐藏与显示、2D/3D 场景切换等,这时,RockfallHunter 要以系统菜单、系统工具栏或者 3D 地形场景右键菜单等形式提供,以方便用户的使用。

3) 对象管理体系的搭建

RockfallHunter 管理对象承载着业务流程管理以及业务节点管理的任务,同时,还肩负着将用户界面操作与具体的功能实现关联的责任,所以,RockfallHunter 对象管理体系的搭建,是一项既基础又十分重要的工作。从某种程度来讲,该对象管理体系搭建的好坏,将直接影响到 RockfallHunter 系统的质量,甚至是项目的成败。

RockfallHunter 对象管理体系的搭建要考虑以下几个因素:

(1)危岩落石勘察评价项目管理的需要

对于危岩落石勘察评价项目来说,以工点为单位组织具体的危岩落石勘察评价工作。在一个工点内,可以包含不限数目的危石、边坡、危岩带以及必要数目的 DEM。危石下设置落石工况,落石工况下设置迁移轨迹;针对 DEM,支持数据采集及管理,其下设置岩土力学参数对象(如地表摩擦角、切向恢复系数、法向恢复系数等);针对危石,需要指定其所引用的 DEM,以备在进行危石迁移三维轨迹模拟分析等相关计算时使用。

搭建的 RockfallHunter 对象管理体系,至少要满足上述业务需求。

(2)编码时对管理对象分层分级管理的需要

搭建的 RockfallHunter 对象管理体系,除应满足作为最低条件的业务需求外,还要满足编码的要求。在搭建对象管理体系时,要遵循结构简洁、层次清晰、分级管理的原则。根据 RockfallHunter 总体架构,管理对象要按照接口、基类、管理类、管理对象池的层次进行规划设计,同时,将管理对象的管理属性和工程属性分开管理,便于设计简洁的数据表结构,也便于扩充管理对象工程属性。

(3)对管理对象属性处理的需要

对于管理对象的属性,主要通过对象属性对话框的方式与用户交互。考虑到 Rockfall-Hunter 管理对象所承载的任务不同,其属性的数量也存在显著差异,故需要分为三种情况管理:对于承接于管理对象类接口的属性,作为管理对象的基本属性由基类进行管理;对于常规数量的对象属性,由通用数据表存储,由管理对象基类提供处理机制,由具体管理对象类负责处理;对于批量的对象属性,考虑到数据处理效率,由专用数据表存储,直接由具体管理对象类处理。

(4)对管理对象方法处理的需要

对于管理对象的功能方法,分为几种情况实现:对于通用功能,通过基类的函数实现;对于与具体管理对象相关的功能,通过管理对象类的函数实现;对于由基类和管理对象类协同完成的功能,或者能进行多态化处理的功能,通过虚函数机制实现。

4) 任务处理机制的搭建及任务管理器的实现

任务管理机制是 RockfallHunter 的核心,它不仅直接实现了 RockfallHunter 的各项功能,提供了单独或者协同完成某项任务的机制,还将基础平台及各个子系统彻底解耦,使彼此没有依赖。另外,还可以通过该机制,实现 3D GIS 平台功能的对外开放,而不用关心是谁在调用这些功能。

RockfallHunter 采用委托机制建立任务管理器 RockfallHunterAssigner,在 RockfallHunter 对象管理体系搭建完成以后,深入分析数据流的控制因素,对任务管理器 RockfallHunterAssigner 使用的任务参数进行固化,确定任务参数结构。

在设计任务管理器 RockfallHunterAssigner 时,不仅要使任务能以异步调用委托的形式进行任务分发,调用完成注册的任务执行工具,还需根据任务执行状态决定任务是否继续执行;此外,还应提供提交任务的外部调用接口,以便支持有需求的模块可以提交任务。

任务处理机制搭建及任务管理器的实现,为研发团队多子系统的并行开发创造了条件。

5) 为子系统提供实时数据服务和功能服务

"危岩落石一体化勘察评价系统"采用团队协作研发模式进行开发,基础平台 RockfallHunter 需要尽早提供协同作业条件,以使整个研发团队能够迅速投入研发工作;这个协同作业条件包括为子系统开发提供的实时数据服务和实时功能服务。

根据总体设计要求,各个子系统主要针对各自模块的工程业务开展工作,一般不直接操作数据库,也不直接与用户界面沟通。这样,各个子系统在开展研发工作之前就必须获得必要的技术支持。

另外,在子系统开发的过程中,会遇到一些 RockfallHunter 平台当前未提供的功能需求,这时基础平台 RockfallHunter 要积极配合,及时提供相应功能服务。

6.2.3 提供的主要功能服务

作为"危岩落石一体化勘察评价系统"产品系列各项功能提供的主导者,基础平台 RockfallHunter 在系统功能、对子系统的管理功能、为子系统开发提供支持的功能等三个方面向外界提供服务,其间既有面向最终用户提供的功能,也有面向开发用户提供的服务功能,还有作为系统平台提供的管理功能。

1) 面向最终用户提供的功能

(1) 项目管理

"危岩落石一体化勘察评价系统"产品系列,以工程项目来组织危岩落石勘察评价全过程的工作。基础平台 RockfallHunter 提供了项目管理功能,包括新建项目、打开项目、保存项目、删除项目等。在这个过程中,RockfallHunter 在后台对 3D GIS 平台的工程文件进行管理,并将自身的项目管理机制与 3D GIS 平台的工程文件管理融为一体,优化了用户使用体验。在打开危岩落石勘察评价项目之后,RockfallHunter 主要以 3D GIS 平台的项目树为载体,对整个危岩落石勘察评价项目进行管理。

(2)针对 3D GIS 平台的操作

3D GIS 平台提供的功能中,与危岩落石勘察评价有关的功能,RockfallHunter 在用户界面中开放,包括菜单、工具栏、项目树节点、三维地形窗体内实体右键菜单等。具体功能包括 KML 图层加载、三维网格图层加载、当前视口状态保存与恢复、地形显示与隐藏等。

(3)针对管理对象的管理

RockfallHunter 以管理对象为载体,进行危岩落石勘察评价工作的过程管理以及危岩落石勘察评价工作的节点管理。

在打开项目后,RockfallHunter 根据项目存储在数据库中的数据以及 3D GIS 平台的项目树数据,来生成及恢复当前状态的项目树;该项目树拥有 RockfallHunter 当前所有管理对象节点。在该项目树上,用户可以针对各类节点进行处理,包括 RockfallHunter 管理对象节点,可以进行管理对象的创建、编辑、删除等操作,这些操作只是针对管理对象的基本属性进行处理。

RockfallHunter 对于管理对象的属性是分类管理的,一类是基本属性,包括对象标识、对象间层级关系描述、对象的基本管理信息等,所有管理对象的基本属性都是相同的;另一类是扩展属性,描述管理对象的个性化特征,每类管理对象的扩展属性都是不一样的。

(4)针对管理对象的属性管理

RockfallHunter 通过属性对话框来对管理对象的属性进行管理,这是对管理对象属性管理的主要方式。

通过属性对话框来对管理对象属性进行管理,需要对管理对象属性分组进行管理;支持二进制大对象类属性处理,包括 RTF 文字串、文档类数据、基础数据类型数组数据等,支持对象属性更改后能实时更新关联的用户界面等。

(5)针对管理对象的特异化处理

针对管理对象的特异化处理,是指与具体管理对象关联的操作,通常操作的具体内容与管理对象的类别相关联。一般情况下,RockfallHunter 通过项目树节点和三维地形窗体内实体的右键菜单进行管理对象的特异化处理。

(6)针对管理对象集的特异化处理

针对管理对象集的特异化处理,是指与具体管理对象集关联的操作,通常操作的具体内容与管理对象集内管理对象的类别相关联。一般情况下,RockfallHunter 通过项目树管理对象集节点的右键菜单,进行管理对象集的特异化处理。

2）面向开发用户提供的服务功能

"危岩落石一体化勘察评价系统"产品系列采用团队协作模式研发，其中，RockfallHunter基础平台以桌面应用程序形式开发，其他的子系统以类库或类库集的形式开发。子系统在开发时，需要 RockfallHunter 基础平台密切配合，提供必要的功能服务，这些功能服务包括：

（1）面向开发用户的通用服务功能

RockfallHunter 基础平台面向开发用户的通用服务功能，是指特意为提高团队研发效率，或者为解决团队研发面临的新问题而额外提供的服务功能。

例如，对于数据访问层来说，如果不是团队协作研发，不是为了子系统开发时免于数据库操作，也许会用一种简略的方式提供服务。而如今，需要成体系地完成数据访问层的功能服务。这样，无论是 RockfallHunter 基础平台开发，还是各子系统的开发，都避免了直接的数据库操作，而是通过管理对象与数据访问层沟通，完成数据的创建、编辑、删除等操作。

例如，RockfallHunter 通过搭建客户数据管理体系，实现对工程项目树节点以及 3D 地形模型窗体内实体的管理，实现关联的工程项目树节点和 3D 地形模型窗体内实体间的双向跳转，而不用关心这些待处理的对象是 RockfallHunter 基础平台创建的，还是子系统创建的。

例如，自定义菜单体系与任务管理机制的构建，将各子系统的功能实现与用户界面无缝衔接，并与 RockfallHunter 基础平台的功能服务完美融为一体。

（2）面向子系统开发的特定服务功能

在 RockfallHunter 基础平台与各子系统协同开发的过程中，不可避免会遇到一些新的问题需要解决，这时要根据系统总体架构以及 RockfallHunter 基础平台与各子系统的功能划分原则，决定问题的处理位置。需要 RockfallHunter 基础平台解决的，则提供面向子系统开发的特定服务功能。

例如，在子系统 RockfallTrajectory 开发过程中，遇到用代码创建落石工况和迁移轨迹管理对象的问题。对于最终用户来讲，创建落石工况或迁移轨迹管理对象自界面菜单开始，一切顺理成章；但在子系统内由代码创建，则问题较多。为此，RockfallHunter 基础平台提供了用代码创建危石、落石工况、迁移轨迹等功能，提供给子系统调用。

例如，在子系统 RockfallStabilityChecker、子系统 RockfallReportor 系统开发的过程中，需要为部分管理对象增加大量的扩展属性，若沿用以往的解决方案，在处理对象的扩展属性时则严重影响系统的使用效率，大大损害用户的使用体验。

为此，根据子系统的开发需求，RockfallHunter 基础平台提供了针对项目、工点、危石等管理对象的特定扩展属性管理方案，解决了扩展属性处理效率问题。而在子系统 RockfallStabilityChecker、子系统 RockfallReportor 开发时，仍沿用以往的扩展属性处理方法，不增加额外的工作量。

3) 作为系统平台提供的管理功能

作为"危岩落石一体化勘察评价系统"产品系列的管理者，RockfallHunter 基础平台无论是在应用层面，还是在开发层面，都要提供一些管理功能，以完成 RockfallHunter 产品系列的协同作业。

（1）系统的授权管理功能

RockfallHunter 基础平台首先要在应用层面，完成对 RockfallHunter 以及各子系统的授权认证，并记录各部分的授权认证信息，作为 RockfallHunter 产品系列提供功能服务的依据。

RockfallHunter 产品系列的授权认证信息记录在系统的 INI 文件里。

在 RockfallHunter 启动时，首先获取 INI 文件里的 RockfallHunter 基础平台授权信息，进行校验，此时还进一步检查软件的 license。校验通过后，检查各子系统的授权需求以及校验其授权信息，同时记录了各子系统的授权情况。用户操作 INI 文件里的相关信息，即可控制某子系统是否需要进行授权检查。这时，即完成了应用层面的软件授权认证需求。

之后，RockfallHunter 基础平台将根据各子系统的授权情况，同子系统一起控制提供给用户的功能服务，从而完成相应的授权管理功能。

（2）应用程序环境参数管理功能

在系统完成授权认证工作之后，同时获得了应用程序的安装环境、安装路径、数据路径、公共数据路径、当前用户的登录状态信息以及当前计算机的状态信息等应用程序环境参数，存入全局状态参数，与各子系统共享使用。

（3）应用程序版本及升级管理功能

RockfallHunter 基础平台对于应用程序与后台数据库的版本进行管理，同时提供后台数据库的自动升级机制。在系统运行时，RockfallHunter 首先检查后台数据库版本与当前应用程序的版本是否匹配，如果不匹配，则进一步检查后台数据库版本是否支持自动升级，然后根据检查情况由用户决定是否对后台数据库进行升级操作。

（4）应用程序运行状态参数管理功能

RockfallHunter 基础平台以 INI 文件的方式管理应用程序的运行状态参数，其中也包括各子系统的运行状态参数。当然，INI 里的有些参数在 RockfallHunter 的用户界面中也可以设置。

（5）应用程序发行安装模式支持

应用程序在发行时，支持以所有用户、多用户、仅当前用户等各种模式部署到用户的计算机中，同时，自动处理各种部署模式下应用程序的安装路径、数据路径等信息，通过全局状态参数反馈给应用程序的各个部分。所以，RockfallHunter 是在代码层次支持应用程序的多模式部署。

6.3　危岩落石空间参数量测系统

"危岩落石空间参数量测系统"（RockfallMeasurer）是"危岩落石一体化勘察评价系统"的子系统,实现三维地形视窗下的人机交互量测功能,同时为开发人员提供量测功能开发的通用辅助工具。

"危岩落石空间参数量测系统"的主要完成以下任务：

（1）创建三维地形视窗人机交互器,支持单点模式、双点模式、多点模式人机交互鼠标取点,支持取点过程中的实时信息提示,为开发人员提供量测功能开发通用辅助工具。

（2）开发多环节通用空间参数量测工具,支持空间位置、空间距离、空间平面的走向/倾向/倾角的量测。

（3）支持管理对象属性对话框量测类属性的三维地形视窗下直接交互操作。

（4）支持危石长度、宽度、高度等空间尺寸的量测及管理。

6.3.1　在系统中的地位

作为 RockfallHunter 产品系列的一个子系统,"危岩落石空间参数量测系统"是作为用户的一个选项提供的。

当用户需要在三维地形视窗下进行人机交互量测操作时,应该使用 RockfallMeasurer；当用户不使用 RockfallMeasurer 时,可以通过其他途径（如野外现场调查）获取危石的几何属性（如长度、宽度、高度等）以及空间位置、空间距离、空间平面的走向/倾向/倾角的数据,不影响对 RockfallHunter 其他部分的使用。

6.3.2　需要解决的关键问题

为了完成复杂业务逻辑的人机交互量测任务,对于 3D GIS 平台下三维地形视窗的人机交互量测工作,需要划分为以下几个环节进行处理：

（1）三维地形视窗人机交互处理：主要完成鼠标取点操作,响应 3D GIS 平台三维地形视窗的鼠标左键点击、鼠标右键点击、键盘 ESC 键等事件,记录交互过程和交互结果,支持单点模式、双点模式、多点模式人机交互鼠标取点,支持取点过程中的实时信息提示。

（2）通用多环节人机交互取点机制支持：完成多个相同或者不同模式的取点过程组合,实现具有特定工程属性的取点操作序列,获取结果点集数据。

（3）量测数据计算与处理：对获取的点集数据进一步处理,包括计算各种类型的距离,计算空间平面的走向、倾向、倾角等数据。

之后,还要处理视线垂直方向上的距离计算,以解决危石长度、宽度、高度的获取,处理管理对象属性对话框量测类属性在三维地形视窗下直接获取的问题,处理根据点坐标计算空间平面的走向、倾向、倾角的问题等。在这个过程中,RockfallMeasurer 解决了几个关键问题,主要包括:

(1)三维地形视窗人机交互器设计;

(2)通用多环节人机交互取点功能实现;

(3)视线垂直方向上的距离获取;

(4)管理对象属性对话框量测类属性的三维地形视窗下直接交互操作。

1)三维地形视窗人机交互器设计

三维地形视窗人机交互器主要完成 3D GIS 平台三维地形视窗内的标准模式鼠标取点,其处理的是鼠标操作等事件,获得的处理结果包括操作是否成功、操作成功时提供获得的点集合以及其他状态数据;在这个过程中要考虑根据需求提供单点、双点、多点等多模式取点功能,考虑取点过程中鼠标指针处提供实时提示信息以及辅助线,考虑取点作业结束后及时通知后续处理函数进行处理等。

为此,RockfallMeasurer 采用委托机制建立三维地形视窗人机交互器 RockfallHunterInteractor,处理三维地形视窗内的相关事件,通过约定参数返回处理结果,以此解决 3D GIS 平台三维地形视窗内的鼠标取点问题,处理流程如图 6-8 所示。

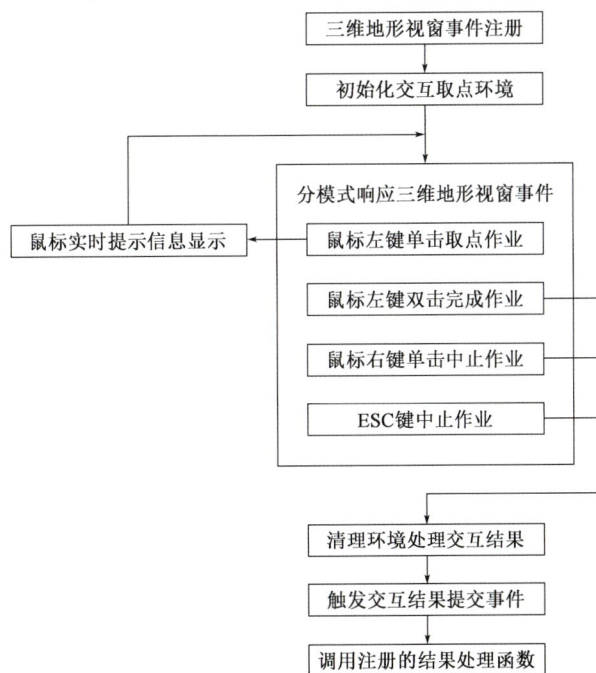

图 6-8　RockfallMeasurer 三维地形视窗人机交互器流程图

（1）三维地形视窗人机交互器参数

以委托机制建立三维地形视窗人机交互器，首先需要约定交互器的交互结果提交事件的参数。通过对三维地形视窗人机交互器预期功能的分析，确定人机交互器参数包括：

①令牌：交互取点发起者与人机交互器间的约定标志信息，确保交互取点发起者与人机交互器间返回信息的匹配，特别是在多环节人机交互取点操作时。

②最后取点时摄像机位置：最后获取点时三维视窗中摄像机的位置，也就是当时三维视窗的显示状态。

③最后取点时的鼠标状态：表征各种虚拟键是否被按下。

④最后取点时的鼠标指针位置：鼠标指针在三维视窗中的 X、Y 屏幕坐标，左上角为起始坐标。

⑤点集：人机交互获取的坐标点集合，为大地坐标。

⑥操作结果标志：标识当前取点操作需求是否成功完成。

（2）按三种模式组织取点操作

三维地形视窗人机交互器按单点模式、双点模式、多点模式等三种模式组织取点操作，以满足不同的取点需求。

①单点模式：支持鼠标指针实时指定信息提示，支持多义线型的辅助线显示，取点后立即返回。

②双点模式：支持鼠标指针实时设定信息提示，支持橡皮线和橡皮矩形两种类型辅助线，取两个点后立即返回。

③多点模式：支持鼠标指针实时设定信息提示，支持多义线和封闭多边形两种类型辅助线，必须由用户进行鼠标左键双击结束取点操作。

（3）三维地形视窗事件注册

由于要在 3D GIS 平台的三维地形视窗通过人机交互获取点位置，所以需要临时接管三维地形视窗的部分事件，以完成交互取点操作。结合实际取点需求和取点动作设定，需要处理的三维地形视窗事件包括：

①鼠标左键单击：拾取当前点。

②鼠标左键双击：结束并完成当前取点作业。

③鼠标右键单击：中止当前取点作业，放弃已完成的取点成果。

④ESC 键：中止当前取点作业，放弃已完成的取点成果。

（4）响应三维地形视窗事件

在完成三维地形视窗事件注册后，即初始化交互取点环境，进入交互取点待命状态。之后，通过响应三维地形视窗事件完成取点作业。根据规划，RockfallHunterInteractor 按单点模式、双点模式、多点模式分别组织取点操作。

（5）结束三维地形视窗取点作业

无论是正常完成取点作业，还是中止取点作业，RockfallHunterInteractor 都需要进行取点作业结束后的处理，包括：

①清理临时创建的辅助对象。

②注销三维地形视窗事件。

③触发交互结果提交事件。

④调用注册到交互器的交互结果处理函数。

2）通用多环节人机交互取点机制支持

三维地形视窗人机交互器解决了三维地形视窗内的标准模式鼠标取点问题，支持实现通用多环节人机交互取点机制，即通过多个相同或者不同模式的取点过程组合，实现具有特定工程属性的取点操作序列，满足各种人机交互取点需求，并对取点结果进行分环节处理。

通用多环节人机交互取点机制流程如图6-9所示。

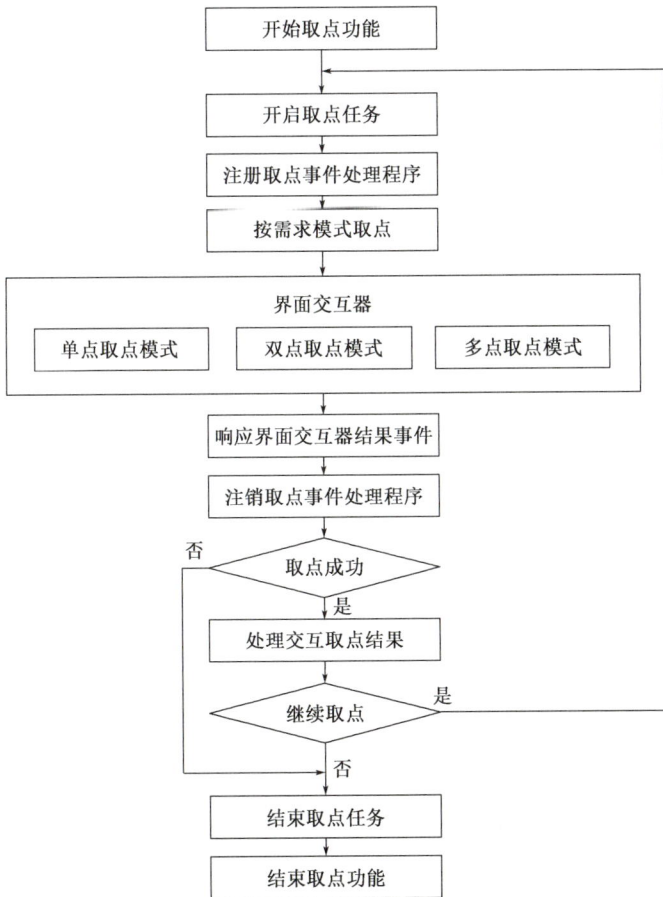

图6-9 RockfallMeasurer通用多环节人机交互取点机制流程图

RockfallMeasurer 的通用多环节人机交互取点机制,不限制取点环节的数目,在每个环节使用一个取点模式进行取点。如果当前环节取点操作成功,则处理交互取点的结果,之后进入下一取点环节,或者结束取点操作;如果当前环节取点操作失败,则直接结束取点操作。

例如,有一个需求,在三维地形视窗内鼠标点取一个多边形区域,然后在该范围内指定位置绘制区域标签。这时,可以专门设计一个类来解决这个问题,在这个类中做以下处理:

①定义一个三维地形视窗人机交互器类对象。

②定义取点功能开始函数,注册首环节的取点事件处理程序,调用人机交互器类对象的多点模式的取点函数,实时提示信息显示斜距,按多边形方式显示辅助线。

③定义人机交互器处理结果事件的响应函数,在该函数内处理多环节的界面交互业务,包括:调用处理当前环节交互器结果数据的函数,注销当前环节取点事件处理程序,注册下一环节取点事件处理程序,调用下一环节人机交互器类对象的单点模式取点函数,实时提示信息显示"区域标签位置"等。

④定义与每个环节匹配的交互器结果数据的处理函数,在处理函数中进行具体的业务处理,如绘制多边形区域、绘制区域标签等。

3)视线垂直方向上的距离获取

在 3D GIS 平台的三维地形视窗内量取某物体的尺寸时,似乎并不像想象的那样直接。首先,物体的姿态会对尺寸量测带来影响,其次,三维地形视窗内摄像机的位置及姿态会对尺寸量测带来影响,最后,三维地形视窗内鼠标所取点的精准度也会对尺寸量测带来影响,某些条件下,误差可能大到离谱。总之,在三维地形视窗内通过鼠标点取的两个点来获取物体相应的尺寸,往往与期望的结果有偏差。

为此,针对三维地形视窗内物体尺寸的量取,RockfallMeasurer 提出一个"视距离"的概念(也就是"看起来的距离")。因为物体尺寸的量取,与量测时三维地形视窗内摄像机的位置及姿态相关,"视距离"是量测时所获取的两个三维点在与视线垂直的平面上的投影距离,而视线则定义为摄像机的大地坐标位置与三维地形视窗中心点对应的大地坐标位置的连线。

这样,在进行危石的长度、宽度、高度等尺寸量测时,就避免了很多的问题。并且在量测过程中,同步记录了尺寸量测时摄像机的位置及姿态,便于进行数据检查和复核。

4)管理对象属性对话框量测类属性的三维地形视窗下直接交互操作

对于 RockfallHunter 的管理对象,有些具有量测类的属性,如危石的落差、危石倾倒式破坏后缘裂隙的倾角等。在通过管理对象属性对话框处理对象的属性时,需要对这类属性支持三维地形视窗下的直接交互操作,也就是通过三维地形视窗内鼠标拾取点操作,进而计算出这些属性的值,并更新到管理对象属性对话框中。为了实现这个需求,要做以下工作:

（1）定制空间参数量测工具窗体

该窗体支持三维地形视窗内鼠标交互拾取点操作，同时支持空间点坐标值直接输入，支持空间距离、水平距离、垂直高差以及由三点确定空间平面的走向、倾向、倾角的计算，支持计算结果提交给属性对话框当前处理的属性。

（2）定制属性对话框的属性编辑器

在定制属性对话框的属性编辑器中，执行属性编辑操作时，会打开空间参数量测工具窗口，根据需求提供空间点位置，计算所需数值，并通过反射机制将计算结果提交给属性对话框当前处理的属性。

（3）管理对象属性定义时使用定制的属性编辑器

在管理对象属性定义时，对于需要在三维地形视窗下直接交互操作的量测类属性，指定上述定制的属性对话框属性编辑器。

6.3.3　提供的主要功能服务

作为"危岩落石一体化勘察评价系统"产品系列的一个可选子系统，RockfallMeasurer 主要提供两个方面的功能服务，一个是面向最终用户提供的功能，一个是面向开发用户提供的量测类基础服务功能，使开发用户在没有针对三维地形视窗进行相关事件操作的情况下，仍然可以开发人机交互操作功能。

1）面向最终用户提供的功能

（1）危岩落石及边坡空间参数量测工具

危岩落石及边坡空间参数量测工具是一个通用工具，不依赖于 RockfallHunter 的其他功能。该工具可根据具体的需求，由用户提供或在三维地形视窗内交互拾取相应数目的坐标点，进行相应参数计算，支持空间距离、水平距离、垂直高差以及由三点确定空间平面的走向、倾向、倾角的计算。实际上，也可利用该工具获取在三维地形视窗内拾取的大地坐标。

（2）危石几何尺寸（长度、宽度、高度）量测

当用户在 RockfallHunter 中创建了危石对象时，在其项目树上会生成对应的节点，同时该节点下会自动创建"量测"节点以及"量测"节点下的"长度""宽度""高度"等节点。在这些节点的右键菜单中，都有对应的、针对量测相关的菜单项，供用户操作。危石的长度、宽度、高度等几何尺寸的量测流程如图 6-10 所示。

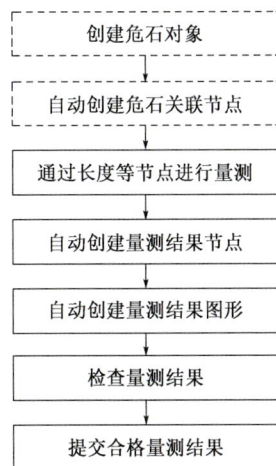

图 6-10　RockfallMeasurer 危石尺寸量测流程图

以下是相关项目树节点与量测有关的操作：

①清除该危石的所有长度、宽度、高度相关的数据，清除项目树节点以及三维地形视窗内的对应实体。

②对于危石的长度、宽度、高度进行量测或重新量测，在项目树自动创建对应的起点、终点及视距离节点，在三维地形视窗内自动绘制相应实体，同时自动记录量测时摄像机位置及姿态；将三维地形视窗切换为该参数量测时的视口状态，便于数据检查和复核；清除该参数的所有量测结果，包括项目树对应节点以及三维地形视窗内对应实体；将当前量测结果提交给管理对象相应的属性。

以下是三维地形视窗内相关实体与量测有关的操作：

①起终点间的连线：重新量测该实体对应的参数；将三维地形视窗切换为该参数量测时的视口状态；将项目树的当前节点置为该实体对应参数的视距离节点；清除该实体对应参数的所有量测结果，包括项目树对应节点以及三维地形视窗内对应实体；将当前实体对应参数的量测结果提交给管理对象相应的属性。

②对于危石几何尺寸的量测操作，是在三维地形窗体内的视线垂直方向上进行的。对于量测结果的检查或复核，可通过切换到量测时的摄像机姿态检查量测效果。因此，RockfallMeasurer 提供了"转量测时视口"功能，用以恢复到量测时的视口状态。

如果用户决定放弃当前的量测结果，可以通过"长度"类节点右键菜单的"清除数据"菜单条删除。若直接重新执行量测操作，也可以由用户确定清除既有的量测数据。

对于经过用户确认的量测结果，可通过相应节点右键菜单的"提交"菜单条，将当前量测结果保存至危石对象的相应属性中。如果用户未使用 RockfallMeasurer 软件，危石几何尺寸亦可以通过野外现场调查等其他手段获取，不影响 RockfallHunter 其他功能的使用。

(3)管理对象属性对话框量测类属性的三维地形视窗下直接交互操作

在用户打开管理对象属性对话框时，对于管理对象的量测类属性，如危石的落差、危石倾倒式破坏后缘裂隙的倾角等，RockfallMeasurer 均提供三维地形视窗下直接交互操作进行获取，当然此时亦可以由其他途径提供。

当需要在三维地形视窗下直接交互操作获取参数时，RockfallMeasurer 显示危岩落石及边坡空间参数量测工具，待计算完相应参数后，直接点击"提交"按钮，数据将更新至管理对象属性对话框相应属性框中。

2) 面向开发用户提供的功能

(1)三维地形视窗人机交互器

RockfallMeasurer 将在三维地形窗体内的人机交互取点需求规划为统一的标准模式，并且提供了基本的单点取点模式、双点取点模式、多点取点模式等功能,支持三维地形窗口内地形点获取过程中的多类型信息反馈,如鼠标指针处的 Tips 可显示距离、平距、高差等多种信息,多点拾取时可显示折线、多边形等多类型橡皮辅助线显示;以基本数据类型(浮点数)数组方式反馈量测点集结果,支持三维地形窗口内的任意多环节组合的大地坐标点获取,不对开发用户附加约束条件。

无论哪种取点模式,取点过程中点击鼠标右键,或者按键盘 Esc 键都会中止当前取点作业。

(2)通用多环节人机交互取点机制的支持

RockfallMeasurer 对通用多环节人机交互取点机制的支持只是在代码层次,与具体功能相关的业务逻辑需要调用者自行实现。

例如,如果有一个任务,先拾取若干点组成多边形后,再在该多边形内拾取一点,则可以将多点模式与单点模式组合使用,共同完成取点任务。当然在这个过程中,根据调用者的业务需求,需要对获得的点集数据进一步处理,实现调用者的功能。

6.4　危岩落石运动轨迹及能量三维仿真计算系统

6.4.1　在系统中的地位

"危岩落石运动轨迹及能量三维仿真计算系统"(RockfallTrajector)是"危岩落石一体化勘察评价系统"系列产品的扩展模块之一,也是整个系统功能的重要组成之一。基于三维地形实现了 DEM 范围拾取、地形参数范围拾取、DEM 数据采集、TIN 对象的构建、绘制和删除等功能,建立了物理计算模型,同时完成了 DEM 数据管理、地表物理参数管理和危石运动数据管理,为"危石迁移模拟"模块和"报告辅助编制"模块相关功能提供了数据基础。

当用户不使用 RockfallTrajector 时,用户可以使用已经完成此模块相关工作的数据库完成后续工作,不影响对 RockfallHunter 的使用。

6.4.2　需要解决的关键问题

1)抽象真实场景

图 6-11 所示是一张隧道出口的照片,显示的是需要进行危岩落石勘察的实际情况。设想

这个场景中,危岩落石发生了,岩石滚落下来;需要对这个场景进行抽象化分析,场景中的主要元素包括坡体、危石和使危石运动的物理规律。

整个仿真计算理论采用质点法,这种方法将危石视为一个质点,危石的设定相对简单。对于地形,既有高耸也有平缓,同时地形对于仿真来说影响很大,所以如果构建一个能与现实相差无几的地面是一个重要的任务。

为了更好地描述地形的特点,使用了 Mesh 技术,它通过点构成线,再由线构成三角形,最后由三角形构成面,使用这项技术模拟实际地形,如图 6-12 所示。

图 6-11　某隧道出口处危岩落石

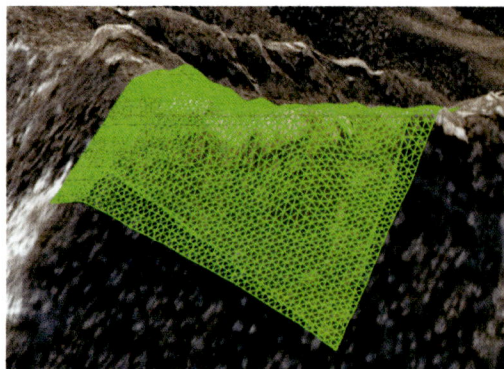

图 6-12　使用 Mesh 技术描述的地形

2) 地形数据的精细度控制

数据的密度对于拟真非常重要,适当的密度能够提高拟真效果的同时还能加快计算速度,所以数据的精细度控制是十分必要的。如图 6-13 所示,左侧是一头由 Mesh 技术生成的大象,轮廓有些突兀,距离真实的大象差距明显。当三角的密度提高以后,大象变得栩栩如生。

图 6-13　由 Mesh 技术生成的大象

为此,在软件中设计了一个采集界面,如图 6-14 所示。在这个界面中,用户可以自定义采集分辨率和采集模式。分辨率和行列数是互算的,当用户输入分辨率的时候,软件会自动算出行列数,反之,当用户输入行列数的时候,软件会自动算出分辨率,这样有利于用户把握采集数据的尺度。

图6-14　采集数据界面

3) 数据采集

多个数据集或者多个图层数据能够同时显示在三维窗口中,此时一个位置叠加了多个数据,采集数据可能会发生混乱。对于人眼只能看到最外层数据形成的模型,所以我们使用射线法获取最外层的数据,避免数据错误。

此外,使用射线法除了能够拿到所见即所得的地形数据外,还有兼容多种数据的优点。

4) 运动碰撞

物理碰撞模拟的难点源于计算机对连续物理过程进行离散计算,每计算一次小球就会出现在一个新的地方。

碰撞的时候其实是一个面和一个小球相交,在这种情况下,很容易出现小球穿过面的情况,计算前小球位置在面上,计算完成后小球位置已经处于面下,最终没有发现碰撞。

对应的处理方案是使用一个扩大的包围盒,包围盒的尺度比步长大得多,检测包围盒和面的相交碰撞,没检测到继续下一步运动,检测到大幅提高检测频率,捕捉小球和平面的相交。这样既提高了计算效率,又保证了碰撞位置的准确度。

5) 能量损失

在现实世界中,物体在发生碰撞的时候,往往会伴随着能量的损失,机械能转化成热能、光能或者其他形式能量,物体的相对回弹速度就会变小,如式(6-1)所示。如果物体不是垂直碰撞到其他物体上,在碰撞平面方向上有速度分量,则会受到摩擦力的影响,如式(6-2)所示。最终物体会停下来。

这里我们应用牛顿碰撞定律和库仑摩擦定律,依靠恢复系数和摩擦系数控制这两部分能量损失。

$$V_{\text{rel}(n)}^{+} = - \in V_{\text{rel}(-n)}^{-} \quad (0 < \in < 1) \tag{6-1}$$

$$\left| F_{\text{f}} \right| = \mu \left| F_{-n} \right| \quad (0 < \mu < 1) \tag{6-2}$$

式中：$V_{\text{rel}(n)}^{+}$——物体发生碰撞后的法向速度；

$\quad V_{\text{rel}(-n)}^{-}$——物体发生碰撞前的法向速度；

$\quad \in$——恢复系数（$0 < \in < 1$）；

$\quad F_{\text{f}}$——物体与其他物体接触后产生的摩擦力；

$\quad F_{-n}$——物体与其他物体接触后的法向力；

$\quad \mu$——摩擦系数（$0 < \mu < 1$）。

6）面域材质管理

碰撞和摩擦都受材料影响，不同的材料，表现各不相同。同一危石在草地和基岩表面滚动效果肯定是不一样的，对面域材质的管理就是一个需要解决的重要问题。

为此，软件中设计了一套基于面域的属性管理机制，通过这套机制，可以在地表任意划取一块区域，赋予相关的材质参数，包括恢复系数和摩擦系数等。软件可以很方便地读取对应区域的材质参数，反馈到计算系统中，以实现对应的模拟效果。软件支持多种面域划分模式，既可以使用多段线切割原有区域，也可以单独划分一个封闭区域，还可以拾取两个区域的交集。

6.4.3 提供的主要功能服务

模块主要结合危岩落石勘察评价工作的迁移路径计算需求，设计了一套危石迁移需要的数据和模型，包括 DEM 数据、TIN 模型、物理模型，最终实现了多参数控制下的危石迁移模拟计算。

"危岩落石运动轨迹及能量三维仿真计算系统"的主要功能包括 5 个方面。

1）关注范围地形重构

在大范围的地形数据中选取用户关注的部分，能够大幅提高数据组织效率。范围选取完成后就可以进行数据拾取功能，形成局部 DEM，完成关注范围内的地形重构。

2）地形参数范围人机交互方式拾取及多种参数设置方式

使用量测模块中提供的接口，支持面域的选取、切割、相交提取操作。

3）多种 DEM 数据采集模式

软件提供三种采集模式（图 6-15），匹配有不同的采集精度和处理速度，为数据采集提供方便。正常获取模式下，数据采集速度最快，但是会牺牲一部分精度。从内存获取模式下，软件会从内存中寻找对应数据,数据采集速度和精度都处于中间档。从渲染获取模式下,软件会重新渲染模型然后采集数据,优点是数据精度高,与显示完美匹配,缺点是速度较慢。总之,采集精度越高处理速度就越慢。在使用时,可以根据实际需求,选择不同的模式进行数据采集。

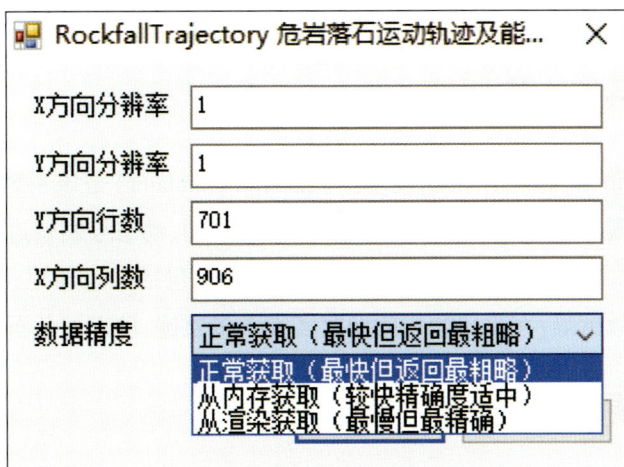

图 6-15　数据采集

4) TIN 对象构建、绘制和删除

统一设计 TIN 构建规则,提高数据检索查询效率。针对 TIN 图形对象,提供绘制和删除功能。用户可以通过此功能控制 TIN 图形对象在三维操作窗口中是否显示,也能间接检查 TIN 对象的质量。

5) DEM 数据管理和落石轨迹数据管理

DEM 数据和轨迹数据具有参数多、体积大的特点,将这类数据通过序列化为二进制数组方式存储,使用时采用懒加载方式,避免占用多余的内存。二进制数组也带来更快的访问速度和更高的数据安全性的优点。

6) 物理模型计算

软件设计了一个小型的三维刚体物理模型,三维地形和危石被完整地纳入到模型中。模型中的计算以步长为基本单位,每一步长都会进行一次计算,以此循环往复,推动整个系统运行。模型中使用了摩擦系数模拟由材质表面粗糙度带来的能量损失,恢复系数来模拟弹跳时形变带来的能量损失。整个系统时间是不断向前的,系统对运动物体的状态进行实时监控,当整个系统的运动小于设定阈值时,停止整个系统运行。系统停止后,将对整个系统中的数据进行梳理组织,随后进行存档,以供后续分析使用。

6.5 危岩落石运动路径三维模拟演示系统

6.5.1 在系统中的地位

"危岩落石运动路径三维模拟演示系统"（RockfallSimulator）是该系列产品的扩展模块之一，基于三维地形实现了危石运动路径显示、速度色彩绘制、动态绘制轨迹、重复图形绘制和图形删除等功能。除此之外完成了所有步骤的批量化处理，包括批量新建、批量绘制轨迹、批量删除、批量清除图形数据等，在简化操作的同时实现了多轨迹、动态的危石迁移模拟效果。

6.5.2 需要解决的关键问题

1) 连续颜色梯度计算

连续颜色能够直观反映数值大小和变化趋势，在数值较多的场景较为常用，例如：高程图、热度图等。受太阳光光谱连续色彩的启发，使用其中的过渡平缓的一段光谱段作为计算的基准，将数据映射到基准色彩范围。当需要显示色彩时，根据数值从色彩范围中寻找对应的颜色值。三维窗口接收到颜色值的时候，就可以把颜色显示在界面中。

2) 模拟动态绘制

现实世界中的运动都是以时间为横坐标的连续函数。为了能够重现模拟过程，软件按照物理模型中记录的步长信息作为时间间隔，严格按照时间顺序将运动点位置和前后位置的连线绘制到界面中，在用户界面中，看到的轨迹就是"运动"的。

3) 批量处理

一处危岩落石会有很多块危石，每块危石都有很多运动路径，现实世界中一次灾害发生，会有很多危石同时落下。针对这种工况，利用多线程技术实现了多轨迹批量模拟，支持单块危石的多轨迹同时模拟和多危石多轨迹的同时模拟。除了批量模拟以外，为了方便轨迹控制，还实现了批量删除轨迹工况、批量清理轨迹图形对象等功能。

6.5.3 提供的主要功能服务

危岩落石运动路径三维模拟演示系统主要结合危岩落石勘察评价工作的迁移路径模拟需

求,设计了一套危石迁移模拟的数据处理规则和多轨迹同时绘制机制,实现了对危石轨迹的同时多条动态展示。

"危岩落石运动路径三维模拟演示系统"的主要功能包括6个方面。

1) 轨迹数据处理

从数据库中检索所需数据,数据合规性检验,同时也负责数据导入导出的数据加工处理。

2) 连续颜色梯度计算

将数据映射到颜色范围中,输入具体的数值能够快速输出颜色值。

3) 轨迹实时着色绘制

轨迹在绘制时,自动获取颜色并在轨迹中对应段落显示。

4) 模拟动态绘制

依据时间前后顺序和数据中的时间步长绘制位置点和位置变化的连线,以模拟真实运动轨迹。

5) 批量处理

针对整个流程的批量化处理,支持批量建立轨迹、批量计算、批量模拟、批量清除、批量删除图形对象、批量导出。

6) 后台状态提示

计算和模拟需要占用大量的 CPU 资源,软件运行时会显示鼠标繁忙状态,用户可以减少操作等待软件计算完成。

6.6　危岩落石稳定性评价定量检算系统

6.6.1　在系统中的地位

作为 RockfallHunter 产品系列的一个子系统,"危岩落石稳定性评价定量检算系统"(RockfallStabilityChecker)是作为用户的一个选项提供的。

当用户需要在三维地形视窗下通过人机交互进行危岩落石稳定性评价时,应该使用 RockfallStabilityChecker;用户可通过该模块实现快速定性评价危岩落石发育区稳定性等级、危岩边坡自然稳定坡角分析、定量检算危岩体多模式多工况条件下的稳定安全系数。不使用 RockfallStabilityChecker 时,不影响对 RockfallHunter 其他部分的使用。

当用户需要在三维地形视窗下进行人机交互量测获取相关稳定性评价参数时,应该同时选择 RockfallMeasurer 模块。

6.6.2 需要解决的关键问题

危岩落石稳定性评价定量检算系统中需要解决的关键问题主要在于模糊综合评判模型的构建和基于极限平衡的定量检算计算方法,这两部分内容在稳定性评价方法章节中进行了阐述。

6.6.3 提供的主要功能服务

作为"危岩落石一体化勘察评价系统"产品系列的一个可选子系统,RockfallStabilityChecker 主要提供以下功能服务,辅助设计人员评价危岩落石稳定性。

1)危岩落石发育区稳定性模糊综合评价

结合单因素分级辨识标准输入或量测评价指标信息,基于危岩落石稳定性模糊综合评判模型快速评价该危岩落石发育区的稳定性等级。该软件将危岩落石发育区的稳定性分成 4 个等级,即稳定(Ⅰ级)、较稳定(Ⅱ级)、欠稳定(Ⅲ级)、不稳定(Ⅳ级)共 4 个级别。

2)危岩边坡自然稳定坡角分析

用户通过输入某一危岩落石边坡的坡高、地下水状态、视块度、单轴抗压强度等计算参数信息,软件基于历史数据统计规律进行危岩边坡自然稳定坡角分析。

3)危岩体稳定性定量检算

基于极限平衡理论,用户选择危岩体破坏模式(滑移、倾倒、坠落、滚落)、计算依据(《危岩落石柔性防护网工程技术规范》(T/CAGHP 066—2019)、《铁路工程危岩防治技术指南》(Q/CR 9578—2014)、《崩塌防治工程勘查规范》(T/CAGHP 011—2018)、本书推荐方法)、计算工况和计算模式等,输入或量测各计算参数信息,软件自动检算危岩体的稳定安全系数。

6.7　危岩落石勘察报告辅助编制系统

6.7.1　在系统中的地位

作为 RockfallHunter 产品系列的一个子系统,"危岩落石勘察报告辅助编制系统"(Rock-fallReportor)是作为用户的一个选项提供的。

当用户需要 RockfallHunter 辅助编制危岩落石勘察评价报告时,应该使用 RockfallReportor。不使用 RockfallReportor 时,不影响对 RockfallHunter 其他部分的使用。

使用 RockfallReportor 辅助编制危岩落石勘察评价报告时,报告内容取决于用户所选用的 RockfallHunter 产品情况。

6.7.2　需要解决的关键问题

危岩落石勘察报告辅助编制系统需要解决的关键问题,是将 RockfallHunter 针对危岩落石勘察项目完成的各种工作成果汇集输出为成果报告。

6.7.3　提供的主要功能服务

危岩落石的评估分析涉及勘察评价、室内试验、现场试验、数值仿真、稳定性分析等各类内容,将所有这些内容综合成一份报告是一个费时费力的工作。在整个报告的编辑过程中需要统计各类计算评估结论,并综合分析得出结论,该过程极易发生差错漏碰。本书以面向对象程序语言为基础,在三维地形视窗内实现危岩落石评估报告的自动生成功能。主要功能包括:

危岩落石发育区各层级属性信息的整理统计;危岩落石评估报告的自动生成。

1)危岩落石发育区各层级属性信息的整理统计

危岩落石发育区内待评估元素众多,它们之间存在着层级关系,为了更好地梳理危岩落石分析流程,RockfallReportor 按照项目、工点、危石、轨迹这种层级关系递进地进行规定,以便可以更清晰地安排各层级的属性信息,进而实现整理统计功能。这里主要实现危岩落石评价项目中各层级属性信息的分类整理和显示。程序的运行逻辑是将如图 6-16 所示的层级属性抽取出来,放置到对应的报告编写位置,进而实现评估内容的信息自动提取。

a)项目级属性　　　　b)工点级属性　　　　c)危石级属性　　　　d)编制报告

图 6-16　RockfallReportor 各层级属性信息的整理统计功能

2)危岩落石评估报告的自动生成

在完成第一步信息提取工作后,各层级信息已经自动显示在如图 6-17 所示的三个主要界面当中。结合危岩落石评估分析的主要逻辑,程序可通过点击按钮自动完成所有信息的统计汇总、格式排版,实现危岩落石评估报告的一键生成功能。生成的报告部分内容如图 6-18 所示。

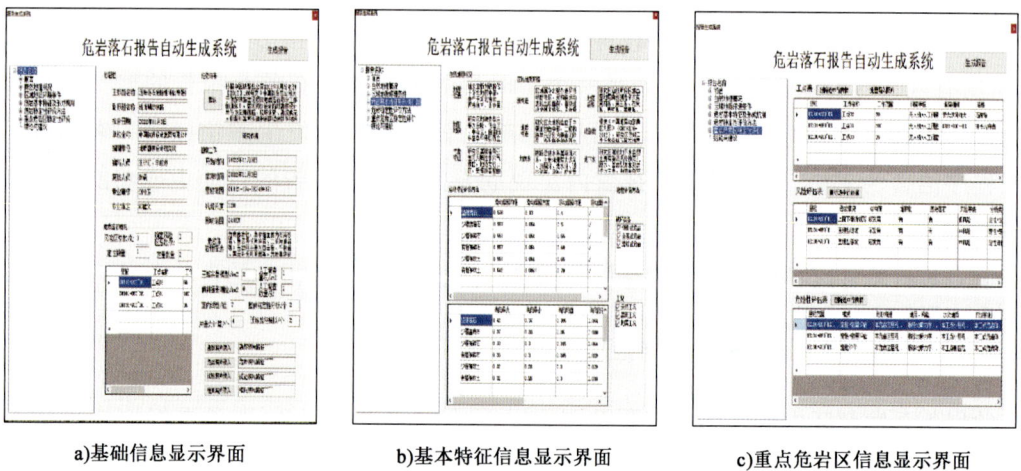

a)基础信息显示界面　　　　b)基本特征信息显示界面　　　　c)重点危岩区信息显示界面

图 6-17　危岩落石评估报告的自动生成功能

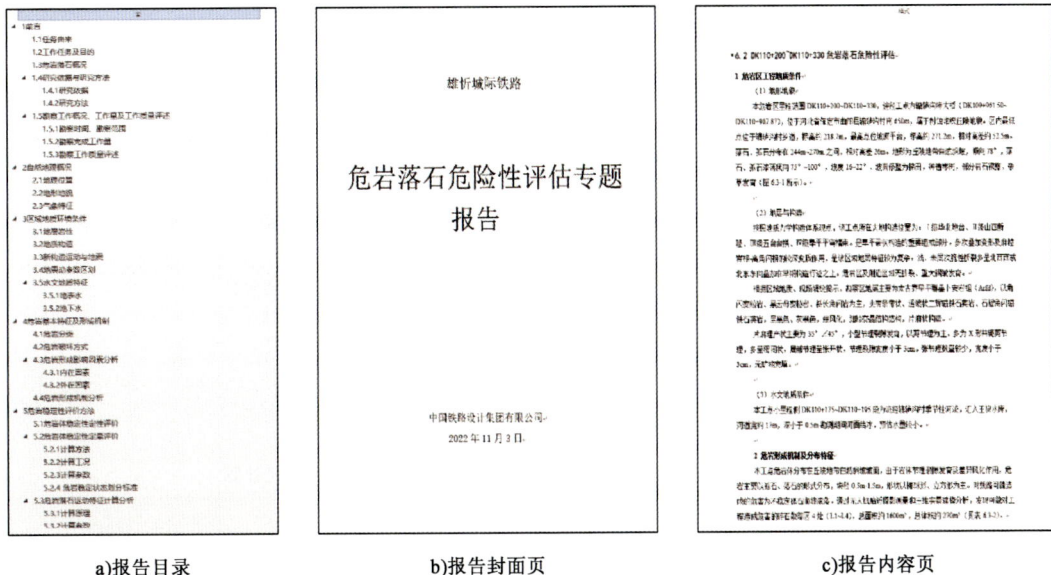

a)报告目录　　　　　　　　b)报告封面页　　　　　　　　c)报告内容页

图6-18　危岩落石评估报告的自动生成功能

6.8　危岩落石勘察评价系统的使用

系统服务于危岩落石勘察评价工作,为其提供一个全过程的辅助工具,涵盖项目管理、现场勘察、三维地形视窗下量测、危石迁移轨迹仿真计算、危石迁移模拟、危石稳定性评价以及勘察评价报告编制等各个环节。危岩落石勘察评价系统由基础平台程序和5个扩展模块组成,用户可以根据自身需求选择相应的模块,每个模块可以单独使用完成相对应的工作,也可以搭配其他模块完成主要关注的工作,还可以串行使用完成整个危岩落石勘察评价任务。

如图6-19所示,串行工作时,工作流程分为6个部分,分别为前置工作、数据准备、三维量测数据、运动轨迹计算、运动轨迹模拟、稳定性评价和报告编制。支持单独使用一个模块完成相应的工作,例如:导入外部的轨迹数据,在本地软件中进行模拟演示;使用量测工具获取危石的三维几何信息;使用稳定性评价模块完成稳定性分析工作;使用报告编制模块,自动排版输出报告等。也可以使用不同模块完成一部分工作,例如:同时使用轨迹计算和轨迹演示模块完成危岩落石轨迹计算仿真等。

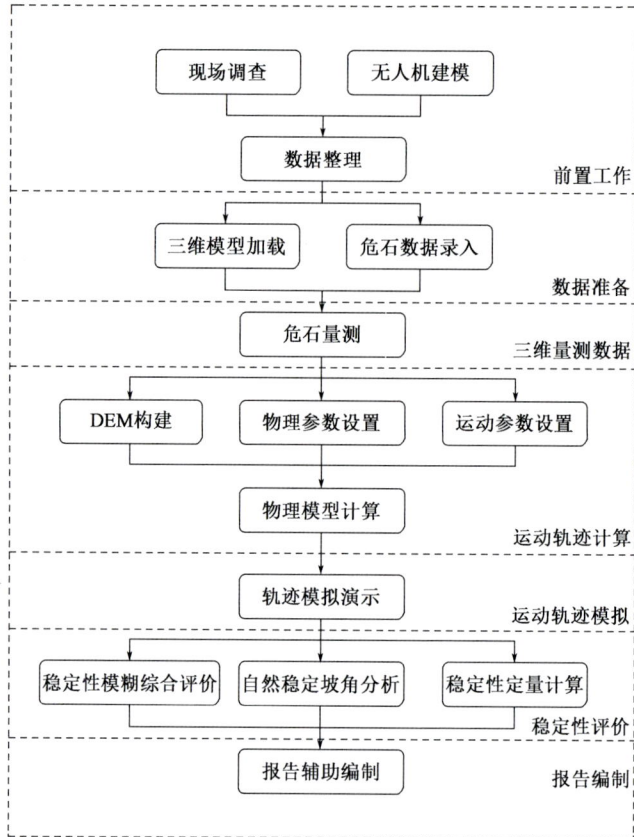

图 6-19 危岩落石勘察评价系统应用流程图

第 7 章

工 程 应 用

7.1 雄忻铁路

雄安至忻州铁路位于华北地区中部,走行于河北省和山西省境内,大致呈东西走向,线路东起自雄安新区雄安站,西至大西铁路忻州西站,途经雄安新区、保定市、顺平县、望都县、唐县、曲阳县、阜平县进入山西省境内,经过忻州市五台山景区、五台县、引入忻州西站,新建正线线路长度为340.167km。由于线路经过区域位于低中山地区,山高坡陡、河流冲刷严重,岩石软硬不均及风化严重、节理裂隙发育,造成沿线发育有大量的落石、危岩等不良地质体,对铁路工程造成潜在威胁,需要对其展开专项评估工作,为工程设置及防治措施提供依据。

根据收集的资料和现场调查分析,本次调查的危岩落石风险主要分布于雄忻线阜平组和五台组两个段落内。里程范围为 DK101+859~DK241+350,影响范围内线路长度达140km左右。沿线危岩落石风险区及潜在风险区共计46处。经初步风险评估,排除了其中的26处潜在风险区,评估了20处工点的危岩落石风险,其中中风险14处,高风险区5处,极高风险1处。定性分析工点11处,定量分析工点9处。定量分析中,共评估危岩82处,落石85处,危岩带4处,其中坠落式破坏的危岩32处,滑移式破坏的危岩22处,倾倒式破坏的危岩24处。在此,以黄木尖隧道进口为例进行分析。

7.1.1 研究区概况

研究区位于山西省忻州市五台县耿镇香炉石村,属于剥蚀中山山区。区内最低点位于山涧河床,高程约1245m;最高点位坡顶,高程约1405m,相对高差约160m。危岩带主要分布在1300~1405m之间,相对高差约105m。地形为中山山区自然斜坡,斜坡倾向约95°,斜坡上部和中部分别为50°~60°与80°~90°的陡坡,下部为30°的缓坡平台。此类折线坡形为危岩的形成创造了条件,危岩落石崩塌、滚落倾向80°~110°,坡面植被较发育,以小型灌木为主,部分岩石裸露,如图7-1所示。

研究区范围内地层主要为中元古界长城系高于庄组白云岩、中元古界长城系常州沟组石英砂岩、下元古界滹沱群北大兴组二段白云岩,其岩性特征由新至老依次描述如下。

图 7-1　坡体地形地貌三维影像图(镜像 300°)

1) 中元古界长城系高于庄组

白云岩:灰白色,灰黄色,弱风化,主要矿物成分为白云石,中细粒结构,层状构造,岩层产状 280°∠15°。主要有 3 组剪节理:J1,340°∠70°,间距最小 3cm,最大 1m,以 0.1 ~ 0.3m 为主;J2,245°∠85°,间距最小 5cm,最大 1m,以 0.1 ~ 0.5m 为主;J3,00°∠55°,间距最小 5cm,最大 1m,以 0.1 ~ 0.3m 为主,其中 J1 与 J2 为共轭节理。

2) 中元古界长城系常州沟组

石英砂岩:红色、灰白色,灰黄色,弱风化,主要矿物成分为石英、长石,中细粒结构,层状构造,岩层产状 280°∠15°;存在有 2 组共轭剪节理:J1,85°∠90°,间距最小 5cm,最大 1m,以 0.1 ~ 0.3m 为主;J2,20°∠70°,间距最小 5cm,最大 1m,以 0.1 ~ 0.3m 为主。

3) 元古界滹沱群北大兴组二段

白云岩:青灰色夹肉红色,弱风化,隐晶质结构,中厚层构造,节理较发育,岩层产状 350°∠65°。存在有 2 组共轭剪节理:J1,340°∠85°,间距最小 5cm,最大 1m,以 0.1 ~ 0.3m 为主;J2,230°∠70°,间距最小 5cm,最大 1m,以 0.1 ~ 0.3m 为主。

拟建隧址区位于五台山穹状隆起的东北部、系舟山断褶带中部,区内早前寒武纪地层受吕梁期北西-南动向挤压缩短机制的控制,形成一系列北东-东向的褶皱。逆断层 F1 于 DK197 + 367 处与洞身交汇,断层产状 197°∠60°,破碎带宽、断距不详。根据《中国地震动参数区划图》(GB 18306—2015),结合沿线地质条件分析,在 Ⅱ 类场地条件下研究区基本地震动峰值加速度为 0.15g(Ⅶ度),拟建隧址区基本地震动加速度反应谱特征周期值为 0.40s(现铁路抗震规范二区)。黄木尖进口位于殊宫寺沟,沟内四季有水,河床宽 4 ~ 5m,主要受大气降水补给,为清水河支流;地下水主要为基岩裂隙水,大气降水入渗是变质岩裂隙水的主要补给来源,降水入渗于风化裂隙及构造裂隙中,向沟谷径流,地下水流与地形坡向一致。拟建隧址区位于属大陆性高寒气候区。受季风影响,气候变化具有明显的季节性,四季分明。年平均气温 7℃,最高气温 36.0℃,最低气温 − 26.1℃,无冰雪期为 6 月至 9 月近 4 个月,多雨雪和冰雹。

7.1.2　危岩形成机制及分布特征

研究区位于黄木尖隧道进口,自然斜坡在构造运动、河流下切、风化卸荷等地质作用下,形成了上部、中部、中右部三处陡崖地形,为危岩的形成演化提供了外部空间条件,同时岩体本身的软硬不均、抗风化差异性及内部的构造节理与卸荷裂隙,为危岩的形成演化提供了内在条件。

1) 危岩体的演化分析

在降雨、冰劈、根劈、卸荷应力等地质营力的长期作用下,构造节理或卸荷裂隙在陡峭岩壁后缘形成大致平行于临空面的裂缝,并不断加深加宽甚至向坡外扩展,演化形成板状危岩体(W7);另一方面,由于差异风化、基座应力集中、下部岩体楔形破坏等原因,形成底部岩腔,并不断向坡内扩展,导致岩体底部悬空,演化形成悬挑状危岩体(W1);或由上述两方面共同作用形成危岩体(W6)。此外,多组节理裂隙发育,由一组或多组理裂隙与临空面构成不利组合,在地质营力的长期作用下,结构面力学参数不断弱化,形成不稳定块体或楔形体(W11)。

2) 危岩体的潜在破坏模式分析

在降雨、地震、工程施工等诱发因素的作用下,岩体后缘拉裂或底部岩体拉裂破坏导致危岩体发生倾倒式失稳破坏(W7),岩体后缘拉裂或剪切破坏导致危岩体发生坠落式失稳破坏(W1);由于危岩体分布位置、形态、结构面产状及基座的不同,其崩塌破坏的方式或机理各异,一般是以一种形式为主,几种形式复合进行的,并且某些组合模式在发展过程中也可转化为另一种组合模式。

3) 危岩带特征

危岩带指的是危岩体在斜坡上连续分布、或成群出现的岩体组合。通过无人机贴近摄影测量和三维实景建模分析,边坡整体可分为Ⅰ区、Ⅱ区、Ⅲ区三个危岩带,如图 7-2 所示。

(1) Ⅰ区危岩带稳定性分析

Ⅰ区危岩带以坠落式破坏为主,典型危岩体发育特征如 W1 ~ W4。坡面岩体破碎,多数危岩底部悬空,依靠危岩与母岩的连接作用支撑,悬挂在坡表面;在重力作用下,后部的陡倾结构面不断发育扩展,危岩发生坠落失稳破坏,多为方形、不规则形;受地形、危岩形状及破坏形式的影响,部分小体积崩落块石在危岩带交界的平台斜坡处受阻,大体积块石继续向下滚动/坠落,堆积于坡脚。典型危岩体方量约33m³,经计算,稳定坡角约65°,卸荷深度约6m,危岩带清方量约2140m³(含典型危岩体清方量)。

图7-2 黄木尖隧道进口危岩全景图(镜像300°)

(2)Ⅱ区危岩带稳定性分析

Ⅱ区危岩带以倾倒式破坏为主,典型危岩体发育特征如W5～W10。危岩体后缘发育陡倾结构面,在卸荷作用、自身重力、水压力等外界荷载条件下,后缘陡倾结构面逐渐向下扩展,甚至脱离后缘母岩成板柱状孤立危岩体,易向临空面方向发生倾倒失稳破坏,为多长条形、板柱状;受地形、危岩形状及破坏方式限制,落石散落堆积于下方缓坡或坡脚平台处,其余小块碎石滚落堆积至坡脚。典型危岩体方量约6000m³,经计算,稳定坡角约70°,卸荷深度约8m,危岩带清方量约13700m³(含典型危岩体清方量)。

(3)Ⅲ区危岩带稳定性分析

Ⅲ区危岩带以滑移式、倾倒式破坏为主,坠落式破坏为辅,典型危岩体发育特征如W11～W12。发育多组节理裂隙,岩体破碎～极破碎,在卸荷作用、自身重力、暴雨及地震等内外力作用下,已有多处楔形体滑动破坏后形成的底部悬空结构危岩体,或已脱离后缘母岩形成孤立岩柱,下部基座缓坡附近发育多处碎石散落区,主要由块石土、碎石土及细粒土构成,在暴雨、地震等外力作用下,易发生表层溜塌;坡脚处堆积部分散落单体块石。典型危岩体方量约60m³,经计算,稳定坡角约63°,卸荷深度约3.5m,危岩带清方量约1460m³(含典型危岩体清方量)。

通过对危岩体的详细地质调查,对危岩体信息进行统计分析,典型危岩体W1信息统计见

表 7-1。针对危岩形成机制和分布特征进行分析,绘制黄木尖隧道进口工程地质平面图。

危岩体调查统计表　　　　　　　　　　　　　表 7-1

编号	W1	计算受力分析图		危岩照片	
岩性	白云岩				
基座岩性	白云岩				
岩层产状	280°∠15°				
分布高程(m)	1404				
危岩形态	长条形				
块体规模(m×m×m)(长×高×厚)	6.5×1.8×1.0				
危岩体积(m³)	11.7				
主崩方向(°)	110				
崩塌方式	坠落式				
最大落差(m)	159				
最大水平落距(m)	187				

| 控制结构面及其描述 | 节理1:340°∠70°,间距最小3cm,最大1m,以0.1~0.3m为主;
节理2:245°∠85°,间距最小5cm,最大1m,以0.1~0.5m为主;
节理3:0°∠55°,间距最小5cm,最大1m,以0.1~0.3m为主;
岩层产状:280°∠15°;
边坡坡向和坡度:110°∠80° | 剖面、立面图 | a)剖面图　b)立面图 | 结构面赤平投影分析图 | |
| 稳定性定性分析 | 欠稳定 | | | | |

编号	W6	计算受力分析图		危岩照片	
岩性	石英砂岩				
基座岩性	石英砂岩				
岩层产状	280°∠15°				
分布高程(m)	1342				
危岩形态	长方体				
块体规模(m×m×m)(长×高×厚)	14.2×18.8×6.2				
危岩体积(m³)	1655.2				
主崩方向(°)	86				
崩塌方式	倾倒式				
最大落差(m)	—				
最大水平落距(m)	—				

续上表

控制结构面及其描述	1 组裂隙,产状 85°∠90°,间距 0.1~0.3m; 2 组裂隙,产状 20°∠70°,间距 0.1~0.3m; 岩层产状:280°∠15°; 边坡坡向:96°∠80°	剖面、立面图	 a)剖面图　　b)立面图	结构面赤平投影分析图	
稳定性定性分析	基本稳定				

7.1.3　危岩体稳定性分析

根据现场对危岩的调查分析,危岩体裂隙面大多平直光滑,呈微张状,裂隙抗剪强度低,综合考虑裂隙的贯通程度对强度参数进行折减修正。结合室内试验,最终确定白云岩、石英砂岩天然和饱和状态下岩体和结构面的强度参数见表 7-2。

物理力学指标统计表　　　　　　表 7-2

统计值指标			白云岩建议取值	石英砂岩建议取值
岩体	密度	自然(g/cm³)	2.85	2.7
		饱和(g/cm³)	2.92	2.77
	剪切(天然)	黏聚力 c(MPa)	0.38	0.36
		内摩擦角 φ(°)	45.0	40.0
	剪切(饱和)	黏聚力 c(MPa)	0.32	0.28
		内摩擦角 φ(°)	40.0	35.0
	抗拉强度	天然(MPa)	3.4	1.9
结构面	剪切(天然)	黏聚力 c(MPa)	0.08	0.06
		内摩擦角 φ(°)	30	28
	剪切(饱和)	黏聚力 c(MPa)	0.06	0.04
		内摩擦角 φ(°)	26	24

注:表中物理力学指标为表面岩体及结构面参数。

裂隙和滑动面参数主要包括后缘裂隙深度、裂隙充水深度、滑动面长度、滑动面倾角等。由于勘查区内岩体裂隙较发育,裂隙蓄水能力较差,因此天然状态下各危岩裂隙充水高度为0m,其他参数通过三维实景模型定量提取和现场量测综合确定。

据现场调查及各危岩形态分析,W1~W4 属于坠落式破坏,W5~W12 属于倾倒式破坏,对三段危岩带内代表性危岩进行稳定性计算,典型坠落式危岩稳定性见表 7-3。

坠落式危岩稳定性计算表　　　　　　　　　　　表 7-3

危岩编号	工况	γ (kN/m³)	c (kPa)	φ (°)	f_{lb} (kPa)	W (kN/m)	a_0 (m)	b_0 (m)	H 或 H_0(m)	h(m)	稳定性系数
W1	工况1	28.5	380	45	600	176.7	0.51	2.1	6.1	4.7	1.09
	工况2	29.2	320	40	600	181.04	0.51	2.1	6.1	4.7	1.06
	工况3	28.5	380	45	600	176.7	0.51	2.1	6.1	4.7	0.90
W4	工况1	28.5	380	45	600	83.5	1.8	0.4	2.1	—	1.46
	工况2	29.2	320	40	600	85.6	1.8	0.4	2.1	—	1.43
	工况3	28.5	380	45	600	83.5	1.8	0.4	2.1	—	1.45

注:工况1表示天然状态(自重),工况2表示暴雨状态,工况3表示地震状态。

7.1.4　落石运动特征分析

分别选取三个危岩带中代表性岩块进行运动路径模拟,坡面特性参数按植被或覆盖土很少的岩石坡面取值,计算得到的各危岩体最大落差、最大水平落距、最大弹跳高度及达到隧道口处的冲击能,如图7-3所示。

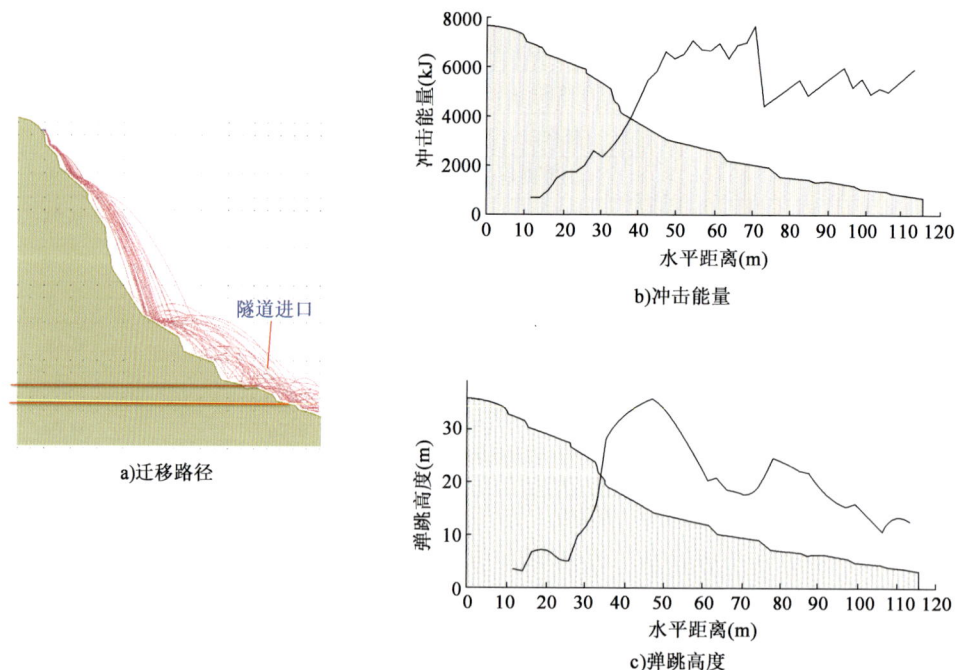

a)迁移路径

b)冲击能量

c)弹跳高度

图 7-3　W4 模拟分析图

根据落石轨迹计算及地貌特征分析,研究区危岩体崩塌后,落石主要崩落于线位右侧缓沟内,缓沟两侧山脊为大部分Ⅰ区、Ⅱ区及Ⅲ区危岩带的崩积边界。由于隧道右侧山脊较平缓,根据分析少量Ⅰ区危岩带内危岩体崩塌后依然可直接滚入该缓山脊上,故可得落石影响区分布。

由分析可见:Ⅰ区危岩带典型危岩体方量约 33m³,经计算,稳定坡角约 65°,卸荷深度约 6m,危岩带清方量约 2132m³(含典型危岩体清方量)。Ⅱ区危岩带典型危岩体方量约 5988m³,经计算,稳定坡角约 70°,卸荷深度约 8m,危岩带清方量约 13673m³(含典型危岩体清方量)。Ⅲ区危岩带典型危岩体方量约 57m³,经计算,稳定坡角约 63°,卸荷深度约 3.5m,危岩带清方量约 1460m³(含典型危岩体清方量)。典型危岩体多为小中型、高位、特高位危岩,单个体积 3.8 ~ 1840.1m³;危岩带清方量总计约 17265m³(含典型危岩体清方总量 6076.6m³);危害程度特大,防治等级为一级。

若采用红色方案:建议清除典型危岩体(W1 ~ W12)及危岩带内类似危岩体及表层破碎岩体,清除边坡坡面的小体积单体落石;建议Ⅰ区危岩带采用主动防护网 + 坡面素混凝土防护 + 卸荷区注浆填充 + 岩腔嵌补 + 锚杆加固等方式治理,并设置引导系统,例如:张口式帘式网、覆盖式帘式网;建议Ⅱ区危岩带采用岩腔嵌补、加固 + 坡面素混凝土防护 + 卸荷区注浆填充 + 系统锚索加固等方式治理;建议Ⅲ区危岩带采用主动防护网 + 岩腔嵌补 + 坡面素混凝土防护 + 卸荷区注浆填充 + 系统锚索加固等方式治理;建议黄木尖隧道进口堑顶上方设置落石平台 + 被动防护网,缓沟左山脊设置落石引导挡墙;建议黄木尖隧道进口施作接长明洞。做好危岩带防排水措施,防止降雨入渗,以免劣化危岩体物理力学性能。桥梁穿越落石影响区加强桥墩防护,以免崩塌后落石砸墩。若采用绿色方案:建议清除Ⅰ区危岩带坡面的单体危岩和危石,设置主被动防护网;建议黄木尖隧道进口堑顶上方设置被动防护网,桥梁上方右侧山坡上设置落石引导挡墙;桥梁穿越落石影响区加强桥墩防护,以免崩塌后落石砸墩。

7.2 广湛铁路

广湛高铁位于广东省境内,是国家"八纵八横"高速铁路网 350km/h 沿海铁路客运大通道的重要组成部分。线路呈东西走向,沿线经过冲积平原、低山丘陵和中、低山区等多种地貌单元,区域海拔 1 ~ 500m,总体为中间高两边低;沿线各类构造体系错综复杂,揭露的地层岩性复杂多变;线路沿线山体风化程度高,一般风化层较厚,山体顶部一般呈浑圆状,陡峻山坡多以差异风化造成孤石滞留于坡面形成危岩。沿线危岩落石多分布于灰岩及花岗岩地段。其中,隧道进出口仰坡、桥基岸坡、车站高陡边坡以及局部路基堑坡处的危岩落石将是制约线路建设和运营安全的关键制约因素。由于线路经过区域位于低中山地区,山高坡陡、河流冲刷严重、岩石软硬不均及风化严重、节理裂隙发育等造成沿线发育有大量的落石、危岩等不良地质体,对铁路工程造成潜在威胁,需要对其展开专项评估工作,为工程设置及防治措施提供依据。

据收集的资料和现场调查分析,本次调查的危岩落石风险主要分布于广湛铁路沿线阳江市、茂名市境内。里程范围为 DK150 ~ DK320,影响范围内线路长度达 170km 左右。沿线危岩落石风险区及潜在风险区共计 13 处;经初步风险评估,排除 4 处潜在风险区,确定危岩落石风险区共 9 处,其中,综合考虑工程设置、地形地貌、地质条件以及历史落石灾害等信息,初步风险评估排除了其中的 3 处低风险区及 1 处中风险区(隧道浅埋段),确定危岩落石中风险区 3 处、高风险区 2 处,共计 5 处;定性分析工点 3 处,定量分析工点 2 处。定量分析中,本次共评估危岩 276 处,其中坠落式破坏的危岩 39 处,滑移式破坏的危岩 10 处,倾倒式破坏的危岩 24 处,滚落式破坏的危岩 81 处,滑落式破坏的危岩 1 处。在此,以新寨隧道进口为例进行分析。

7.2.1 研究区概况

研究区为某铁路隧道进口边坡,属于低中山地貌,海拔高程 99 ~ 320m,地形为"陡-缓-陡-缓"4 段折线式自然斜坡,上部坡度大于 70°,为危岩的形成创造了条件,坡面植被较发育,部分岩石裸露。地层主要为石炭系下统孟公坳组灰岩夹页岩,灰色、灰白色、青灰色,隐晶质结构,中薄层构造;节理裂隙较发育,密闭 ~ 微张状,充填方解石脉岩质较新鲜、较硬,锤击声脆;页岩,薄层状,泥质胶结,遇水易崩解。岩层产状主要为 220° ~ 225°∠30 ~ 38°,发育三组张节理,产状为 74°∠74°、340°∠82°、220°∠86°,张开度 5 ~ 20mm,裂面粗糙,局部泥质充填;剪节理数量较少,多呈密闭状,无矿物充填。新寨隧道进口附近发育岑洞断层:正断层,产状 30°∠45°,与线路大角度相交,断层发育于石炭系下统灰岩中,上盘产状 110°∠20°,下盘产状 180°∠45°,破碎带宽度约 100m,断层延伸约 16km,如图 7-4 所示。地下水主要为碎屑岩孔隙裂隙水、碳酸盐岩溶水,由附近山体侧向补给,沿孔隙裂隙及岩溶通道向低处排泄。

7.2.2 无人机遥感数据采集与处理

无人机遥感数据主要包括机载 LiDAR 与机载倾斜摄影,根据两者的技术特点,高植被覆盖区采用 LiDAR 数据,基岩裸露区采用倾斜摄影数据。采用飞马 D200 无人机系统搭载倾斜模块(D-OP300)与 LiDAR 模块(D-LiDAR2000),具体性能数据见表 7-4。

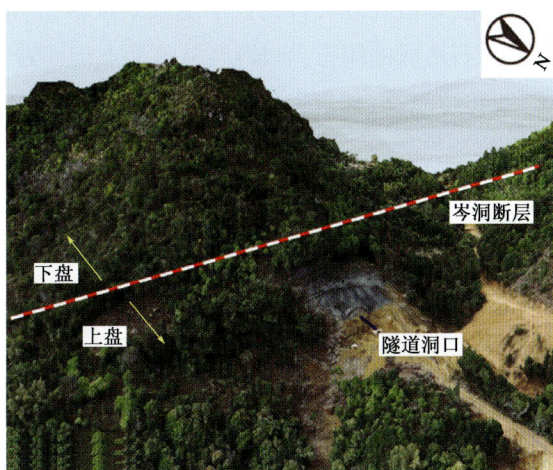

图 7-4　坡体三维影像图（镜像 300°）

D-OP300 与 D-LiDAR2000 模块参数　　　　　　　　　　　表 7-4

D-OP300 倾斜摄影模块参数		D-LiDAR2000 模块参数	
参数	值	参数	值
相机数量	5 个	测距	>190m
传感器尺寸	23.5mm×15.6mm	激光等级	Class 1
相机倾斜角度	45°	水平/垂直视场角	70.4°/77.2°
有效像素	2400 万	回波数	3
质量	1.45kg	回波强度	8bits
—	—	测距精度	±2cm
—	—	横滚/仰俯精度	0.006°

倾斜摄影航线设计航高 400m、航向重叠度 80%、旁向重叠度 75%，共获得地面分辨率 2cm 的有效原始影像 1350 张。如图 7-5 所示，通过多视影像密集匹配模型确定每张影像外方位元素，由空中三角测量和点云加密算法将稀疏点云生成密集点云，利用像控点数据，将密集点云进行网格化和纹理映射，生成数字正射影像和具有真实坐标的精细化三维实景模型。对于硬质陡峭岩坡上发育的危岩体，可在三维实景模型中清晰显示，并准确提取危岩体几何信息。LiDAR 数据采用仿地飞行作业模式进行获取，相对地表保持 150m 固定飞行高度，点云密度不少于 50 个/m²，确保激光对植被的穿透能力及均匀的地面分辨率。经轨迹解算、点云解算、航带平差、去除噪声等数据预处理，可输出标准点云数据。对危岩落石识别最有用的数据是地面点，因此对获取到的激光点云数据首先要进行点云滤波和分类，确定地面点和非地面点。利用 TerraSolid 软件的 TerraScan 模块形成宏命令，采用渐进加密三角网滤波算法进行点云自动分类，再结合人工手动修正剔除地面点中残留的植被点，找回过度分类的地面点，实现

点云的精细分类,进一步网格化、插值处理可得到数字地表灰度模型,危岩落石发育区影像表面坎坷不平、具粗糙感,可见巨石形成的阴影,呈粒状;从地面点剖面看,地形连续起伏,如遇陡升、陡降,地面点棱角显著、地势陡峭,可判定为危岩体,如截面呈凸起状、有明显界限,则判定为原生孤石或滚石。

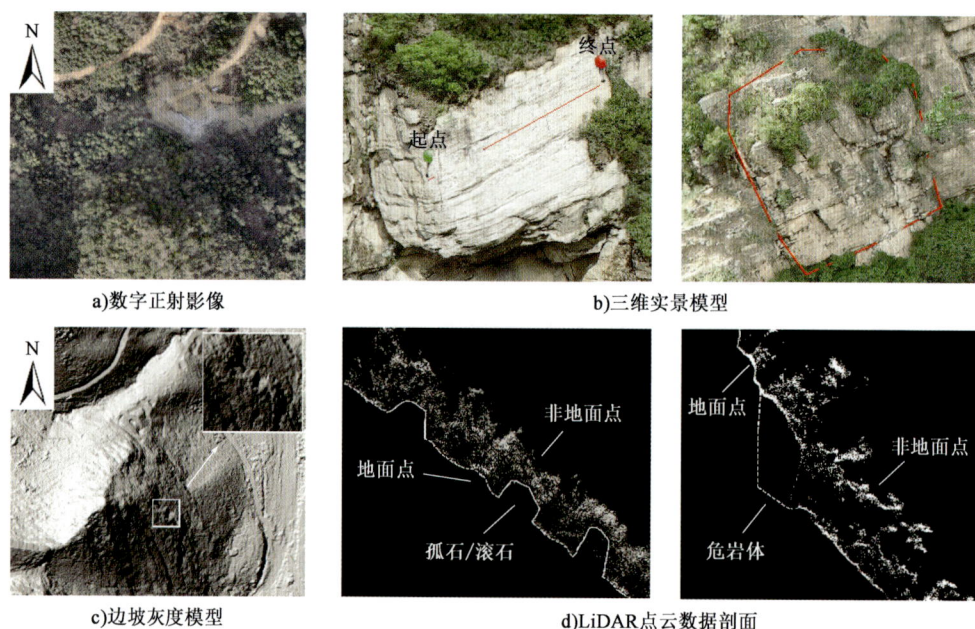

a)数字正射影像   b)三维实景模型

c)边坡灰度模型   d)LiDAR点云数据剖面

图 7-5   无人机载 LiDAR 和倾斜摄影数据产品

7.2.3   危岩形成机制及分布特征

研究区位于岑洞断层(张性断层)下盘,易产生卸荷裂隙。裂隙发育以构造外倾结构面(下盘产状 180°∠45°)为前提,受原生结构面的制约与外倾构造节理面基本一致。发育 1 组区域构造节理裂隙(220°∠86°),同时伴生有 74°∠74°、340°∠82°两组张节理,在构造裂隙切割、卸荷等作用下岩体的原生结构发生变化,局部形成阶梯状陡崖地貌(图 7-6),为危岩带岩体的变形破坏创造了空间条件。

研究区内地层岩性为灰岩夹页岩,厚层硬质灰岩形成陡崖,互层分布的软质页岩因差异风化,遇水易崩解、开裂、软化等,形成陡崖底部的凹腔。受地下水、风化等作用影响,节理裂隙及岩层层面的强度不断弱化;在上伏岩体的自重及

图 7-6   隧道进口自然斜坡三维灰度模型(镜像 175°)

外力作用下发生压缩流变及向临空方向的剪切流变,进而陡崖上缘及基底部位产生部分拉张裂隙,局部锁固段破坏,陡倾角裂隙带进一步拉裂扩张,陡崖逐渐演变成危岩,形成危岩体;受降雨、地震、工程活动等因素触发,最终发生崩塌破坏。由于危岩体分布位置、形态、切割裂面产状及基座或底界层的不同,其崩塌破坏的方式或机理各异,一般是以一种形式为主,几种形式复合进行的,并且某些组合模式在发展过程中也可转化为另一种组合模式。研究区内危岩破坏类型以坠落式、倾倒式破坏为主,局部发生组合式破坏。

通过无人机贴近摄影测量、机载激光雷达探测,利用三维实景建模分析,经人工核查可能对工程造成危害的危岩体 120 处,单个体积 0.072~360m³,总体积约 15541m³。其中,倾倒式破坏 34 个、坠落式破坏 45 个、组合式破坏 41 个;小型危岩($V \leqslant 10m^3$)25 个、中型危岩($10m^3 < V \leqslant 100m^3$)64 个、大型危岩($100m^3 < V \leqslant 10000m^3$)31 个,如图 7-7 所示。

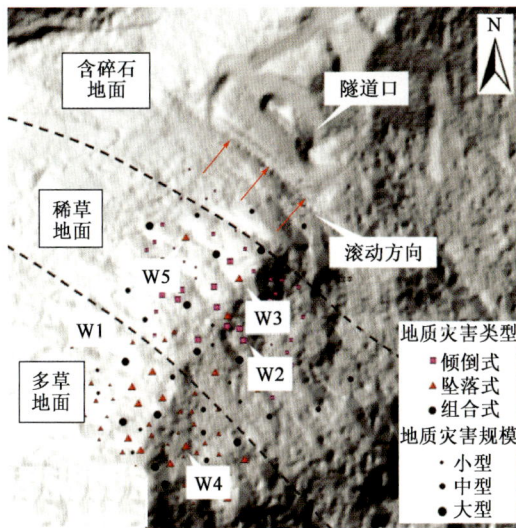

图 7-7　研究区危岩落石发育及地表特征分布图

倾倒式危岩分布于山体中部阶梯状陡壁处。危岩体后缘发育陡倾结构面,在卸荷作用、自身重力、水压力等外界荷载影响下,后缘陡倾结构面逐渐张开,危岩向临空面方向发生倾倒变形并失稳破坏。危岩多呈长条形或楔形,受地形、危岩形状及破坏方式限制,大体积块石堆积于下方陡崖阶梯平台,其余小块碎石滚落堆积至坡脚。

坠落式危岩分布于山体顶部陡壁处,呈悬挑状。坡面岩体破碎,多数危岩底部悬空,受结构面影响,依靠危岩与母岩的连接作用支撑,悬挂在边坡表面。在重力作用下,危岩后部的陡倾结构面不断发育扩展并最终贯通,导致危岩失稳坠落。坠落岩石多为方形、或不规则形,受地形、危岩形状及破坏形式的影响,部分小体积崩落块石在危岩带交界的平台斜坡处受阻,停留于边坡缓坡或陡崖阶梯平台上,而大体积块石继续向下坠落,堆积于坡脚,破坏具有多层特点。

组合式危岩分布于阶梯状陡崖处,大多数危岩体起始以倾倒式破坏为主,在发展过程中由向坠落式转化。

典型危岩分布如图7-8所示。

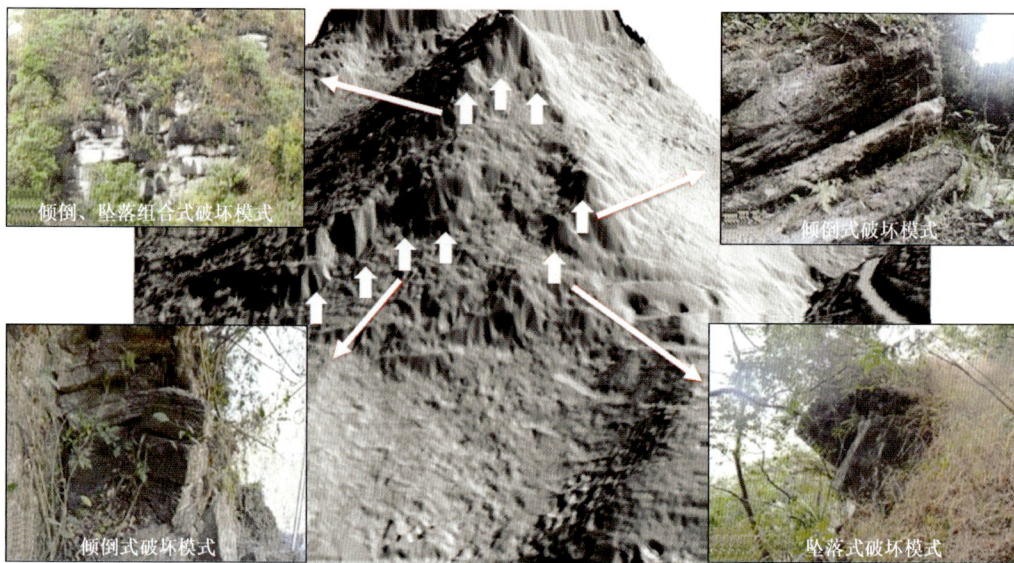

图7-8　研究区典型危岩分布图(镜像120°)

通过对危岩体的详细地质调查,对危岩体信息进行了统计分析,典型危岩体信息统计见表7-5。

典型危岩体调查统计表　　　　　　　　　　　　　　表7-5

危岩编号	W97	计算受力分析图	危岩照片
岩性	灰岩		
基座岩性	灰岩		
岩层产状	190°~230° ∠13°~33°		
分布高程(m)	189.5		
危岩形态	块状		
块体规模(m×m×m) (长×高×厚)	3.5×2.0×3.5		
危岩体积(m³)	24.5		
主崩方向(°)	29		
崩塌方式	坠落式		
最大落差(m)	87		
最大水平落距(m)	140		

控制结构面及其描述	1组裂隙,产状为74°∠74°,张开度>5mm,裂面粗糙,局部泥质充填; 2组裂隙,产状为340°∠82°,张开度>5mm,裂面粗糙,局部泥质充填; 3组裂隙,产状为220°∠86°,张开度>10mm,裂面粗糙,局部泥质充填; 岩层产状:220°∠30°; 边坡坡向:29°∠45°	剖面、立面图	 a)剖面图　　b)立面图	结构面赤平投影分析图	
稳定性定性分析	欠稳定				

危岩编号	W103				
岩性	灰岩	计算受力分析图		危岩照片	
基座岩性	灰岩				
岩层产状	190°~230° ∠13°~33°				
分布高程(m)	198.6				
危岩形态	楔形				
块体规模(m×m×m) (长×高×厚)	4.5× 5.0×8.0				
危岩体积(m³)	180				
主崩方向(°)	41				
崩塌方式	坠落式				
最大落差(m)	—				
最大水平落距(m)	—				

控制结构面及其描述	1组裂隙,产状为74°∠74°,张开度>5mm,裂面粗糙,局部泥质充填; 2组裂隙,产状为340°∠82°,张开度>5mm,裂面粗糙,局部泥质充填; 3组裂隙,产状为220°∠86°,张开度>10mm,裂面粗糙,局部泥质充填; 岩层产状:220°∠30°; 边坡坡向:29°∠45°	剖面、立面图	 a)剖面图　　b)立面图	结构面赤平投影分析图	
稳定性定性分析	基本稳定				

7.2.4 危岩落石稳定性分析

1) 模糊综合评判

（1）评价指标体系的建立

危岩落石的失稳是内外因多因子耦合的结果，内因是危岩落石形成的内在基础，外因是加速危岩落石形成，进而导致其失稳的外部条件。考虑建模的系统性、代表性、独立性和可操作性，结合前人研究成果与实践经验综合分析确定危岩落石稳定性评价指标，从地形地貌、岩土特征、气象水文、地震和工程活动等5个方面对危岩落石稳定性进行综合评价。

在地质调绘时，评价指标大多只能通过定性描述进行表征，仅少数可通过数值量化。为了更好地辨识各评价指标，根据相关标准及文献统计，结合工程实践总结提出稳定性评价各指标辨识标准（表7-6）。

评价指标辨识标准　　　　表7-6

分类指标	基础指标	评价指标辨识标准				
地形地貌	自然坡高（m）	[0,15)	[15,30)	[30,50)	[50,*)	
	自然坡角（°）	[0,25)	[25,45)	[45,65)	[65,90)	
	坡面形态	平缓斜坡或阶梯状坡，鲜有基岩裸露	纵向宽平台阶坡，地表起伏大，基岩裸露	纵向窄平台阶坡，地表起伏大，基岩裸露；孤石大部裸露	纵向直立形坡，负坡角形坡，横向等高线紊乱；孤石几乎完全裸露于地表	
	植被发育	发育（>30%）	较发育（30%~20%）	一般发育（20%~10%）	发育差（5%~10%）	发育很差（<5%）
岩土特征	岩体完整程度	完整	较完整	较破碎	破碎	极破碎
	地层岩性	单一硬质岩	多层硬质岩	软硬相间	多层软质岩	单一软质岩
	结构稳定特征	有利	较有利	较不利	不利	
气象水文	地下水	干燥	潮湿	点滴状出水	淋雨状、线流状出水	涌流状出水
	年降雨量（mm）	[0,400)	[400,800)	[800,1000)	[1000,1500)	[1500,*)
	气候分区（℃）	严寒地区（最冷月平均气温<-15）	寒冷地区（最冷月平均气温-15~-5）		温暖地区（最冷月平均气温>-5）	
地震	地震加速度（g）	0.05	0.1	0.15	0.2	>0.2
工程活动	工程扰动	自然边坡	预裂爆破	光面爆破	一般方法或机械开挖	欠缺爆破

模糊数学中采用隶属度来描述事物权重的模糊界限。根据建立隶属度的基本原则，对定性指标（离散型）和定量指标（连续型）分别采用德尔斐法和公式法确定各指标实际值对各个评价等级相应的隶属度，进而得到评价指标与评判等级的模糊矩阵 $\mathbf{R}$。

（2）权重的分配

权重的分配方法主要有德尔斐法、专家调查法、层次分析法。前两种方法都是以专家意见为主,直接给出各指标权重值,方法简单但主观性太强。这里采用层次分析法来确定各评价指标的权重值。

在建立了如图7-9所示的层次结构模型后,两两比较各层因子对上一层次目标的相对重要性,构造判断矩阵,并且计算出最大特征根、对应的特征向量,对判断矩阵进行一致性检验,其结果具有满意的一致性,权重分配合理。表7-7为由此得到的铁路工程危岩落石稳定性各评价指标的权重。

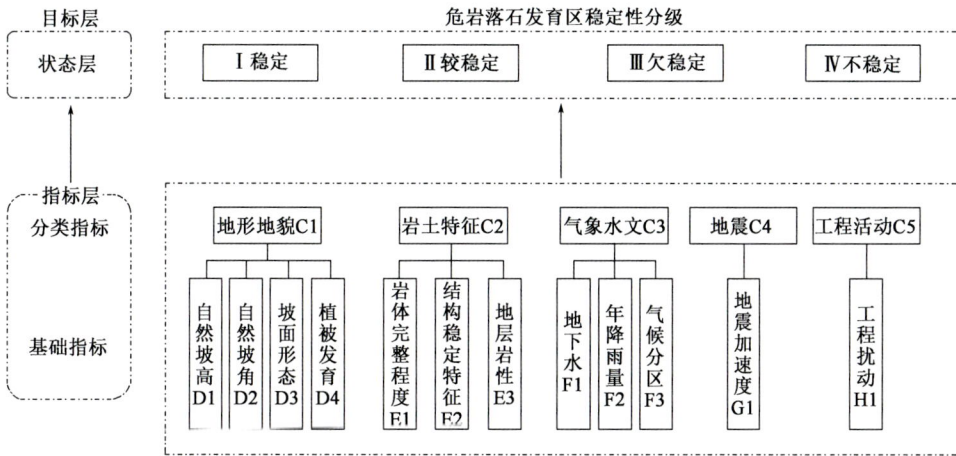

图7-9　层次结构模型

评价指标权重分配表　　　　　　　　　　　　表7-7

评价因子		权重	
分类指标	基础指标	分类指标 A	基础指标 B
地形地貌	自然坡高	0.2214	0.1190
	自然坡角		0.2824
	坡面形态		0.5149
	植被发育特征		0.0837
岩土特征	岩体完整程度	0.5299	0.3108
	地层岩性		0.1958
	结构稳定特征		0.4934
气象水文	地下水	0.1153	0.5396
	年降雨量		0.2969
	气候分区		0.1635
地震	地震加速度	0.0877	1
工程活动	工程扰动	0.0457	1

（3）模糊综合评判

参考相关标准规范及文献把危岩落石的稳定性分成4个等级，即稳定（Ⅰ级）、较稳定（Ⅱ级）、欠稳定（Ⅲ级）、不稳定（Ⅳ级）。

通过模糊关系矩阵 $\boldsymbol{R}$ 与一级权重矩阵 $\boldsymbol{A}$、二级权重矩阵 $\boldsymbol{B}$ 运算即得到最大隶属度 $\boldsymbol{V}$，即：

$$V = R \times A \times B = \{V_1, V_2, V_3, V_4\} \tag{7-1}$$

式中：V_i——评判集 $\boldsymbol{V}$ 中因子 V_i 的隶属度，由最大隶属度原则，$V_i = \max\{V_1, V_2, V_3, V_4\}$，则 V_i 所对应的等级就是危岩落石发育区的稳定性等级。

经人工调绘，新寨隧道进口边坡坡高约150m，阶梯状陡坡坡角一般35°~50°，发育多级高达十余米的陡崖（坡角60°~80°），局部负坡角，横向等高线紊乱，植被较发育。地层为灰岩夹页岩，受岑洞断层影响，岩体较破碎，卸荷裂隙和岩溶裂隙发育，泥质充填，对结构稳定性较为不利。危岩体多呈块状，中上部危岩多显示松动迹象。年平均降水量1564~2442mm，最冷月平均气温9~14℃，地下水较发育，表层土及充填物呈潮湿状。地震动峰值加速度为0.05g，洞口主要采用机械开挖。

参照评价指标辨识标准，基于模糊综合评判模型，$V_i = \{0.0546, 0.0946, 0.2338, 0.5826\}$，判定新寨隧道进口危岩落石稳定性等级为Ⅳ级（不稳定）。

2）极限平衡分析

根据现场对危岩的调查后分析，危岩体裂隙面大多较粗糙，呈张开状，局部泥质充填，裂隙抗剪强度低。综合考虑裂隙的贯通程度对强度参数进行折减修正。结合室内、外试验，最终确定灰岩的天然和饱和状态下的统计值强度参数见表7-8。

灰岩物理力学指标统计表 表7-8

指标			建议取值
灰岩	密度	自然（g/cm³）	2.78
		饱和（g/cm³）	2.82
	剪切（天然）	黏聚力 c（MPa）	2.82
		内摩擦角 φ（°）	39
	剪切（饱和）	黏聚力 c（MPa）	2.78
		内摩擦角 φ（°）	39
	抗拉强度	天然（MPa）	3.6
结构面	剪切（天然）	黏聚力 c（MPa）	0.31
		内摩擦角 φ（°）	38
	剪切（饱和）	黏聚力 c（MPa）	0.29
		内摩擦角 φ（°）	33

注：表中物理力学指标为表面岩体及结构面参数。

裂隙和滑动面参数主要包括后缘裂隙深度、裂隙充水深度、滑动面长度、滑动面倾角等。由于勘查区内岩体裂隙较发育，裂隙蓄水能力较差，因此天然状态下各危岩体裂隙充水高度为

0m,其他参数从计算剖面中量取和现场观察。

据现场调查及各危岩形态分析,经计算,典型倾倒式危岩体稳定性系数见表 7-9。

倾倒式危岩稳定性计算表　　　　　　　　　　　　　　　表 7-9

编号	工况	c (kPa)	φ (°)	F_{lb} (kPa)	γ (kN/m³)	W (kN/m)	a (m)	b (m)	H (m)	h (m)	h_0 (m)	h_w (m)	β (°)	α (°)	安全系数
W140	工况 1	310	39	1460	27.8	116.76	−1.1	0.6	1.1	0.3	0.60	0	86	−33	1.21
	工况 2	290	39	1460	28.2	118.44	−1.1	0.6	1.1	0.3	0.60	0.2	86	−33	1.12
	工况 3	310	39	1460	27.8	116.76	−1.1	0.6	1.1	0.3	0.60	0	86	−33	1.15
W116	工况 1	310	39	1460	27.8	382.25	−0.8	0.3	5.5	4.6	2.8	0	86	0	1.34
	工况 2	290	39	1460	28.2	387.75	−0.8	0.3	5.5	4.6	2.8	2.8	86	0	1.07
	工况 3	310	39	1460	27.8	382.25	−0.8	0.3	5.5	4.6	2.8	0	86	0	1.14

注:工况 1 表示天然状态(自重),工况 2 表示暴雨状态,工况 3 表示地震状态。

7.2.5　落石三维运动特征分析

1) 现场试验

上述模型所列的物理力学参数是影响危岩落石危险性评价的重要因子,经验取值离散型太大,故现场开展了多组推剪试验、推石试验以获取其值。根据野外调查,新寨隧道进口边坡植被具有典型分带特性,边坡上部主要分布稀疏乔灌木,杂草丛生(多草地面);边坡中部主要为密布乔木林,杂草稀疏(稀草地面);边坡下部为稀疏乔灌林,部分边坡裸露,部分稀草(含碎石地面)。因此选取了三种代表性坡面特征场地进行试验,每种坡面分别进行了 2 组天然状态、2 组饱和工况的推剪试验[图 7-10a)]及 3 组推石试验[图 7-10b)]。

a)推剪试验　　　　　　　　　b)推石试验

图 7-10　现场试验照片

其中,推剪试验通过传力、反力系统和测量仪器,确定各坡面特征条件下的坡面摩擦系数;推石试验采用高速图像记录落石运动轨迹,结合理论计算和数值反演,确定危岩边坡各坡面特征条件下的落石运动地面参数(表7-10)。

坡面特征计算参数表　　　　表7-10

坡面特征		法向恢复系数 R_N	切向恢复系数 R_T	摩擦系数
多草地面	天然	0.48	0.90	0.83
	饱和	0.45	0.87	0.68
稀草地面	天然	0.50	0.91	0.98
	饱和	0.48	0.89	0.70
含碎石地面	天然	0.54	0.92	0.80
	饱和	0.53	0.91	0.66

2)落石三维轨迹模拟研究

为了对研究区危岩落石发生的运动轨迹、能量分布和弹跳高度等参数进行定量计算,采用RockfallHunter软件模拟落石的运动特征。根据前文分析,分别选择边坡中下部、中部、中上部5块不同破坏类型的危岩为研究对象。首先,拾取三维实景模型的DEM,根据野外调查范围和现场试验数据,为不同类型坡面赋予法向恢复系数、切向恢复系数和摩擦系数等计算参数;设置危岩几何、质量参数,采用蒙特卡罗法抽样,置信度为95%;每块模拟20次,抛掷角度指向微地貌斜坡倾向方向,角度间隔为2°;假定危岩初始水平、竖向速度分别为0.5m/s,离地高度为0.5m;运动速度小于0.1m/s时视为停止。

经模拟可得危岩的三维运动轨迹、能量分布、运动速度和弹跳高度等特征参数色带图(图7-11)以及计算危岩侵入工程范围内的最大弹跳高度、速度和最大冲击能(表7-11)。根据落石运动轨迹线分析可知,落石运动多以碰撞弹跳、自由飞行为主;在局部地形平缓地带,落石也会发生滚动滑行,大量落石将侵入或穿越隧址区。在落石运动过程时,将足够大的重力势能转化为动能,获得较大的速度。由表7-11可见,危岩落石进入隧址区的运动速度可达到12.1~17.3m/s,弹跳高度可到达12.5m,而冲击能量主要与落石质量、速度成正比,当落石质量在3t左右时,冲击能量在300kJ左右,当落石质量到达70t时,落石冲击能量可高达8000kJ以上。隧道口如果不加以防护,将会对铁路隧道口的建设及后期运营造成较为严重的威胁。

根据计算结果,对于中、小型岩体建议采用整体清除或坡面以上清除,清除悬空岩体;对于大型危岩体,如不易清理则在选线阶段应予以避让,否则清除坡面松动、破碎岩块,并采取注浆填充、嵌补、锚固、设主动防护网等措施,予以加固;隧道堑顶上方应设置不少于5m的两道被动防护网。

a)冲击能量

b)运动速度

c)弹跳高度

d)运动轨迹

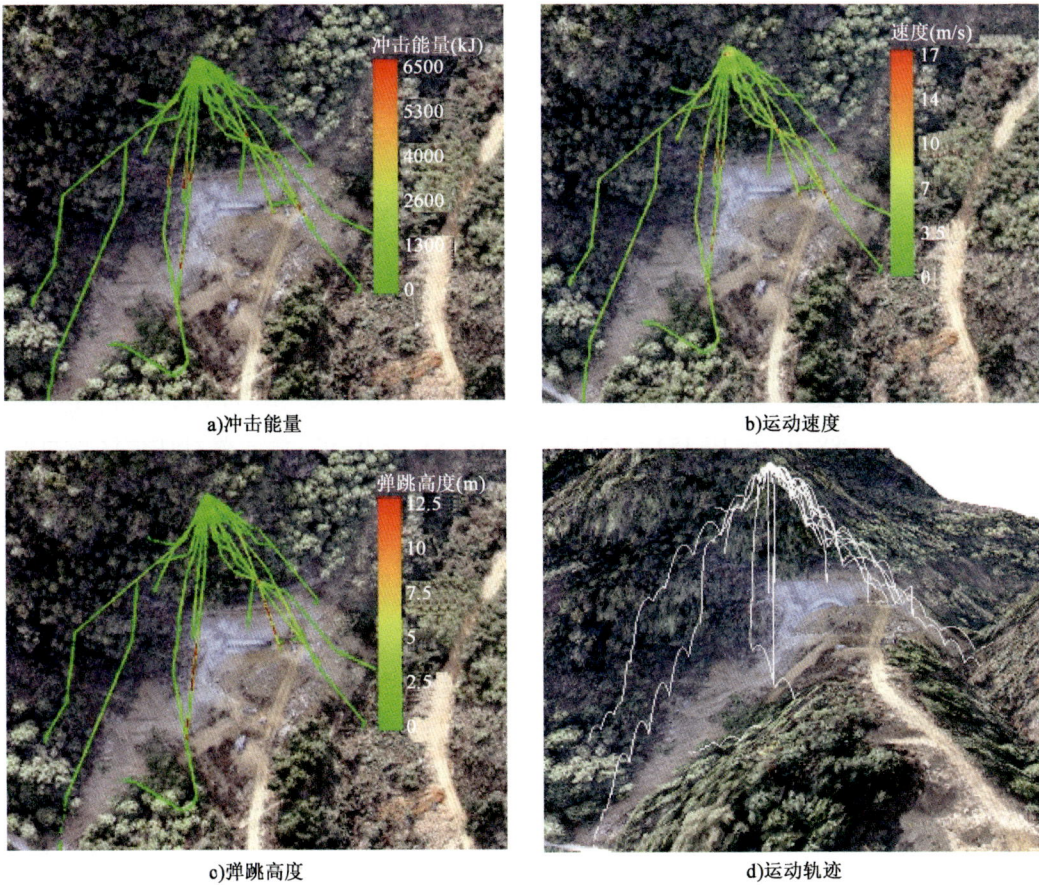

图 7-11　三维运动模拟分析图

危岩落石三维运动特征值　　　　　　　　表 7-11

危岩编号	相对位置	破坏类型	质量(t)	弹跳高度(m)	速度(m/s)	冲击能量(kJ)
W1	中上部	倾倒式	13.90	6.5	13.4	1658
W2	中部	倾倒式	30.58	12.5	16.8	4210
W3	中下部	坠落式	2.78	9.0	14.2	340
W4	中上部	坠落式	16.68	12.5	12.1	810
W5	中下部	坠落式	68.81	12.0	17.3	8861

注:以上数据均为侵入隧址区内的最大值。

7.3　宣绩铁路

　　宣城至绩溪高速铁路位于安徽省境内,北起宣城市,南到绩溪县,途经宣城市的宣州区、宁国市、绩溪县。皖赣铁路通道是连接苏皖和赣东、闽的重要铁路干线,也是华东二通道的重要的组成部分和南延线。皖赣线宣城至绩溪段主要承担苏皖南、苏北、京沪沿线地区与赣东、闽之间的客、货交流以及浙江与华北、西北、河南、安徽之间的客货交流。新建宣城至绩溪高铁正线长度 111.726km。线路经过河流冲积阶地、丘陵、低山区等多种地貌单元，区域海拔高差达 600m；沿线各类构造体系错综复杂，揭露的地层岩性复杂多变；线路沿线山体风化程度高，风化层较厚，山体顶部呈浑圆状；陡峻山坡多以差异风化造成孤石滞留于坡面形成危岩。这样的地形地貌对铁路工程造成潜在威胁，需要对其展开专项评估工作，为工程设置及防治措施提供依据。

根据收集的资料和现场调查分析，危岩落石风险主要分布于瓦窑铺隧道出口、五丰坡隧道出口及蒙山 2 号隧道进口等处。里程范围分别为 DK111+856.82～DK112+381.48、DK141+487.08～DK144+988.01 和 DK154+122.000～DK155+428.97；危岩落石评估区域总面积为：1.14km²。共评估危岩 6 处，均进行定量分析；其中滑移式破坏的危岩 4 处，滚落式破坏的危岩 2 处。在此，以蒙山 2 号隧道进口为例进行分析。

7.3.1　研究区概况

本危岩区里程范围 DK154+122.000～DK155+428.97，涉及蒙山 2 号隧道，位于安徽省绩溪县金沙镇境内。中心里程 DK154+775.51，隧道全长 1306.93m。所处地貌为剥蚀低山及低山丘陵，地势起伏较大，相对高差 257～422m，植被发育，以灌木丛及杂草为主。危岩带主要分布在 310～422m 之间，相对高差约 32m。地形为直线式自然斜坡，坡度 32°～45°，斜坡倾向 33°～38°。坡面植被较发育，部分岩石裸露。本危岩区坡体地形地貌三维影像如图 7-12 所示。

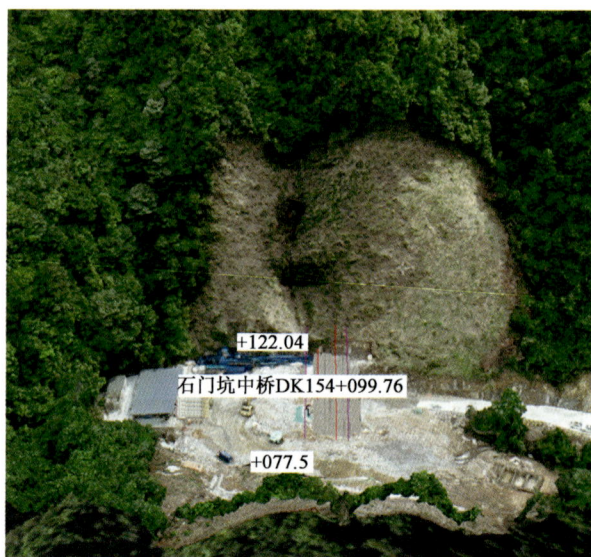

图 7-12　坡体地形地貌三维影像图（镜向 217°）

研究区范围内地层主要为燕山期晚期第一次侵入花岗岩,灰白色,中粗颗粒状结构,块状构造,全~弱风化,其中强风化层岩体破碎,弱风化层岩体较完整。根据《中国地震动参数区划图》(GB 18306—2015)和《建筑抗震设计规范》(2024 年版)(GB 50011—2010)相关规定,隧址区抗震设防烈度为 6 度,Ⅱ类场地基本地震动峰值加速度为 $0.05g$,Ⅱ类场地基本地震动反应特征周期为 0.35s。岩层节理裂隙发育,主要有三组,以张节理为主,产状为144°∠42°、98°∠85°、218°∠5°,张开度 3~5mm,裂面粗糙,局部泥质充填;剪节理数量较少,多呈密闭状,无矿物充填。该区域地表水不发育,地下水主要为第四系孔隙潜水、基岩裂隙水,孔隙潜水主要分布于第四系残坡积土层中;地下水主要受降水入渗补给,向低洼处排泄,动态变化较大;勘察期间测得地下稳定水位埋深 10.6~13.4m,稳定水位高程 263.02~306.94m。基岩裂隙水主要赋存于区内花岗岩的层间裂隙、风化裂隙中,地下水稍发育。

7.3.2　危岩形成机制及分布特征

研究区位于蒙山 2 号隧道进口,危岩体分布在自然陡坡坡面。多数危岩为埋入、半埋入状态,整体稳定性较好,但局部存在掉块现象。危岩形状以块状或楔形为主,块径 0.2~1.3m。这种坡体形态使得危岩应力集中区于临空面和悬空面处;同时,边坡表面花岗岩产生差异风化,岩体较破碎,发育多组节理裂隙,在风化、卸荷的作用下岩体强度降低,使得危岩发生滑移式、滚落式破坏。

通过无人机贴近摄影测量和三维实景建模分析,发现可能对工程造成危害的危岩体 134 处,其中大型危岩体 18 处,中型危岩体 0 处,小型危岩体 116 处,单个体积 0.02~0.97m³,总体积约 82.39m³,清方体积 30.86m³。典型危岩体调查统计表见表 7-12、表 7-13。

危岩体 MS-8 调查统计表　　　　　　　　　　　　　　　表 7-12

危岩编号	MS-8	计算受力分析图		危岩照片	
岩性	花岗岩				
基座岩性	花岗岩				
岩层产状	—				
分布高程(m)	345.5				
危岩形态	块状				
块体规模(m×m×m)(长×高×厚)	3.8×1.9×1.2				
危岩体积(m³)	8.66				
主崩方向(°)	36				
崩塌方式	坠落式				
最大落差(m)	32				
最大水平落距(m)	25				

控制结构面及其描述	1组裂隙，产状为122°∠45°，张开度>3mm且<5mm，裂面粗糙，局部泥质充填； 2组裂隙，产状为215°∠5°，张开度<3mm，裂面粗糙，局部泥质充填； 边坡坡向：35°∠42°	剖面、立面图		结构面赤平投影分析图	
稳定性定性分析	基本稳定				

危岩体 MS-12 调查统计表　　　　表7-13

危岩编号	MS-12				
岩性	花岗岩	计算受力分析图		危岩照片	
基座岩性	花岗岩				
岩层产状	—				
分布高程(m)	385.5				
危岩形态	块状				
块体规模(m×m×m)(长×高×厚)	1.2×2.3×0.7				
危岩体积(m³)	1.93				
主崩方向(°)	34				
崩塌方式	坠落式				
最大落差(m)	53				
最大水平落距(m)	46				
控制结构面及其描述	1组裂隙，产状为115°∠80°，张开度>5mm，裂面粗糙，局部泥质充填； 2组裂隙，产状为120°∠70°，张开度<3mm，裂面粗糙，局部泥质充填； 3组裂隙，产状为205°∠65°，张开度<3mm，裂面粗糙，局部泥质充填； 边坡坡向：36°∠45°	剖面、立面图		结构面赤平投影分析图	

7.3.3　危岩体稳定性分析

根据现场对危岩的调查后分析，危岩体裂隙面大多较粗糙，呈张开状，局部泥质充填，裂隙抗剪强度低，综合考虑裂隙的贯通程度对强度参数进行折减修正。结合室内、外试验，最终确定花岗岩的天然和饱和状态下的强度参数如表 7-14 所示。

物理力学指标统计表   表 7-14

指标			建议取值
花岗岩	密度	自然（g/cm³）	2.61
		饱和（g/cm³）	2.84
	剪切（天然）	黏聚力 c（MPa）	0.31
		内摩擦角 φ（°）	39
	剪切（饱和）	黏聚力 c（MPa）	0.29
		内摩擦角 φ（°）	39
	抗拉强度	天然（MPa）	3.6
地面	天然	内摩擦角 φ（°）	34
	饱和	内摩擦角 φ（°）	32

注：表中物理力学指标为表面岩体参数。

据现场调查及各危岩形态分析，经计算，典型滑移式危岩体稳定性分析见表 7-15。

滑移式危岩稳定性计算表   表 7-15

编号	工况	φ（°）	c（kPa）	γ（kN/m³）	α（°）	h（m）	W（kN/m）	安全系数
MS-8	工况 1	34	0	26.1	31	1.1	185.31	1.1225
	工况 2	32	0	28.4	31	1.1	187.44	1.0399
	工况 3	34	0	26.1	31	1.1	185.31	1.0052

注：工况 1 表示天然状态（自重），工况 2 表示暴雨状态，工况 3 表示地震状态。

7.3.4 危岩体三维运动特征分析

按现场推剪、滚石试验获取坡面特性参数，基于三维迁移路径模拟软件计算得到的各危岩体最大落差、最大水平落距、最大弹跳高度及侵入工程范围内的最大冲击能。计算使用的坡面特征参数见表 7-16，三维迁移路径相关计算结果见表 7-17，迁移路径模拟分析情况如图 7-13 所示。

坡面特征参数   表 7-16

地面类型		地面恢复系数		摩擦系数建议值
		法向	切向	
花岗岩	碎叶、少灌木	0.54	0.82	0.70

三维迁移路径计算结果一览表   表 7-17

危岩编号	破坏形式	模拟类型	线长（m）	间隔距离（m）	体积（m³）	最大落差 H_{max}（m）	最大水平落距 L_{max}（m）	最大冲击能（kJ）	最大弹跳高度 h_{max}（m）
W138	表面破坏	点	—	—	5	78	131	—	6.5
W140	悬空部分破坏	线	18	3	12	84	89	—	6.3

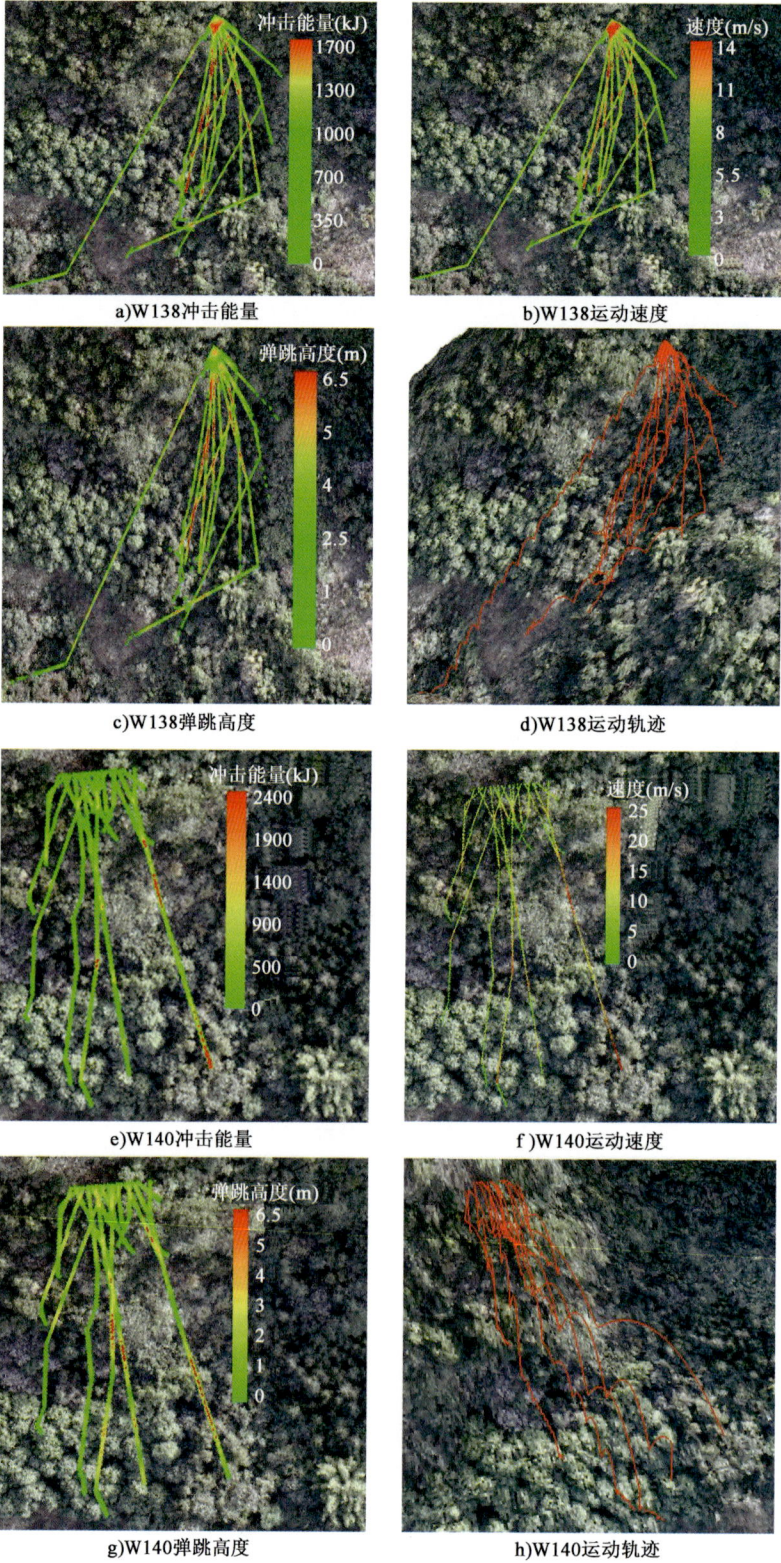

a)W138冲击能量

b)W138运动速度

c)W138弹跳高度

d)W138运动轨迹

e)W140冲击能量

f)W140运动速度

g)W140弹跳高度

h)W140运动轨迹

图7-13 迁移路径模拟分析图

本工点发现可能对工程造成危害的危岩体 134 处,其中大型危岩体 18 处,小型危岩体 116 处,单个体积 0.02 ~ 8.66m³,总体积约 82.39m³,清方体积 30.86m³。

根据勘察结果,在分析危岩体破坏机制、稳定性及运动路径的基础上,提出以下治理方案建议:

(1)对埋入式孤石,建议维持原状或清除破碎岩体;对工程影响范围内裸露孤石,建议整体清除;

(2)注意施工核查,清理工程影响范围内坡面松动、破碎的岩体。

参 考 文 献

[1] 胡厚田.崩塌与落石[M].北京:中国铁道出版社,1989.

[2] 唐红梅,易朋莹.危岩落石运动路径研究[J].重庆建筑大学学报,2003,25(1):17-23.

[3] 黄建文,李建林,周宜红.基于AHP的模糊评判法在边坡稳定性评价中的应用[J].岩石力学与工程学报,2007,26(S1):2627-2632.

[4] 黄润秋,刘卫华.平台对滚石停积作用试验研究[J].岩石力学与工程学报,2009,28(3):516-524.

[5] 董金玉,杨继红,伍法权,等.三峡库区软硬互层近水平地层高切坡崩塌研究[J].岩土力学,2010,31(1):151-157.

[6] PIERSON L A. Rockfall hazard rating system[J]. Transportation Research Record. 1992,1343:6-13.

[7] 胡厚田.崩塌落石综合预测方法的研究[J].铁道工程学报,1996(2):182-190.

[8] 王广坤,叶四桥.基于泊松分布的落石灾害风险评估与决策[J].路基工程,2014(2):19-23.

[9] 刘洪亮,胡杰,李利平,等.隧道洞口段危岩崩塌落石冲击风险评价研究[J].铁道工程学报,2017,34(5):65-74.

[10] 刘卫华.危岩体稳定性快速评价方法研究[J].路基工程,2020(4):25-30.

[11] 王栋,王剑锋,李天斌,等.西南山区某铁路隧道口高位落石三维运动特征分析[J].地质力学学报,2021,27(1):96-104.

[12] 郭晨,许强,董秀军,等.复杂山区地质灾害机载激光雷达识别研究[J].武汉大学学报(信息科学版),2021,46(10):1538-1547.

[13] 贾虎军,王立娟,范冬丽.无人机载LiDAR和倾斜摄影技术在地质灾害隐患早期识别中的应用[J].中国地质灾害与防治学报,2021,32(2):60-65.

[14] 仇义星,兰恒星,李郎平,等.综合统计模型和物理模型的地质灾害精细评估:以福建省龙山社区为例[J].工程地质学报,2019,27(3):608-622.

[15] LAN H X,MARTIN C D,LIM C H. RockFall Analyst:A GIS extension for three-dimensional and spatially distributed rockfall hazard modeling[J]. Computers & Geosciences,2007,33(2):262-279.

[16] 刘桂卫,王衍汇,李红旭.广州至湛江铁路危岩落石专题研究报告[R].天津:中国铁路设计集团有限公司,2021.

[17] 付伟.西安至十堰铁路危岩落石发育特征及防护措施[J].铁道工程学报,2021,38(4):

22-27.

[18] 叶四桥,唐红梅,祝辉.基于落石运动特性分析的拦石网设计理念[J].岩土工程学报, 2007(4):566-571.

[19] 张继旭,王林峰,夏万春.基于模糊失效准则的危岩稳定性可靠度计算[J].防灾减灾工 程学报,2022,42(4):695-704.

[20] 叶四桥,陈洪凯.隧道洞口坡段落石灾害危险性等级评价方法[J].中国铁道科学,2010, 31(5):59-65.

[21] 中国地质灾害防治工程行业协会.崩塌防治工程勘查规范(试行):T/CAGHP011—2018 [S].武汉:中国地质大学出版社,2018.

[22] 袁云洪.铁路隧道洞口高陡仰坡危岩落石防治措施研究[J].交通世界,2022(11):5-6.

[23] 韩燚.铁路上游靠山侧高陡崖区危岩落石综合治理研究[J].安徽建筑,2021,28(5): 144-146.

[24] 李小刚,蒲露露,侯怀勇,等.西汉高速涝峪河北侧草沟高位危岩落石运动分析及防治对 策研究[J].地下水,2020,42(5):141-143.

[25] 曾小波,陈利容.高速铁路危岩落石加固防护设计综述[J].山西建筑,2019,45(11): 106-108.

[26] 朱登科.九寨沟县上四寨保护站危岩发育特征及治理措施研究[D].成都:西南交通大 学,2019.

[27] 黄华,姜波,罗永刚,等.高陡边坡铁路隧道洞口危岩落石整治措施研究[J].高速铁路技 术,2018,9(6):65-69.

[28] 王洪法.某铁路停车场边坡危岩落石运动分析及防治措施研究[J].路基工程,2018(5): 197-201.

[29] 刘伟鹏,毛邦燕.基于发生概率和致灾性的危岩落石灾害风险评价[J].铁道勘察,2018, 44(6):47-53.

[30] 武鹏,黄华平,缪志修.地面三维激光扫描技术在川藏铁路危岩落石勘察中的应用[J]. 测绘与空间地理信息,2017,40(11):218-220.

[31] 赵秋林.兰渝铁路范家坪隧道出口危岩落石分析及防护设计[J].铁道标准设计,2017, 61(10):137-140.

[32] 卢常庆.浅析鹰厦线危岩落石整治措施要点[J].江西建材,2017(17):161,163.

[33] 曾永红,丁兆锋,李宁.贵广铁路深路堑陡坡危岩落石整治方案设计[J].高速铁路技术, 2017,8(2):20-23,48.

[34] 侯俊岭.三维激光扫描技术在铁路危岩落石勘测中的应用[J].铁道勘察,2017,43(2): 31-34.

[35] 陈明浩,陈兴海.成渝客专跨越既有铁路危岩落石高边坡稳定性评价[J].路基工程, 2015(5):179-182.

[36] 黄水亮.蒙西铁路西峡站危岩落石综合治理[J].路基工程,2015(4):234-238.

[37] 张文忠.拉日铁路主要地质问题及成因分析[J].铁道工程学报,2015,32(4):16-20.

[38] 罗田.岩质边坡危岩落石运动特征和防护研究[D].成都:西南交通大学,2013.

[39] 夏洪峰.宜万铁路危岩落石监测预警系统[J].交通信息与安全,2013,31(2):119-121.

[40] 郭睿.金温铁路K139高边坡危岩落石综合治理[J].铁道勘察,2010,36(4):58-61.

[41] 叶四桥,陈洪凯,唐红梅.危岩落石防治技术体系及其特点[J].公路,2010(7):80-85.

[42] 张戎垦,王永国.陡坡崩塌及落石地段铁路选线勘察[J].铁道勘察,2004(2):69-71.

[43] 张植俊,温海宁,曹学光,等.铁路沿线危岩落石监控报警系统:201210467220.6[P]. 2014-05-28.

[44] HAN Y,LIU Z,LYU Y,et al. Deep learning-based visual ensemble method for high-speed railway catenary clevis fracture detection[J]. Neurocomputing,2020,396:556-568. DOI:10. 1016/j. neucom. 2018. 10. 107.

[45] GIBERT X,PATEL V M,CHELLAPPA R. Deep multitask learning for railway track inspection [J]. IEEE Transactions on Intelligent Transportation Systems,2017,18(1):153-164. DOI: 10. 1109/TITS. 2016. 2568758.

[46] ZHAO B,DAI M,LI P,et al. Defect detection method for electric multiple units key components based on deep learning[J]. IEEE Access,2020,8:136808-136818. DOI:10. 1109/AC-CESS. 2020. 3009654.

[47] LIU Y,CUI H Y,KUANG Z,et al. Ship detection and classification on optical remote sensing images using deep learning[J]. ITM Web of Conferences,2017,12:05012. DOI:10. 1051/it-mconf/20171205012.

[48] CHEN W,LIU M,TAN P H. Safety helmet wearing detection in aerial images using improved YOLOv4[J]. Computers,materials & continua,2022,72(2Pt. 2):3159-3174.

[49] 相志强.高陡边坡隧道洞口段危岩落石灾害防护技术[D].西安:西南交通大学,2013.

[50] 唐红梅.群发性崩塌灾害形成机制与减灾技术[D].重庆:重庆大学,2011.

[51] 杨威.危岩落石灾害危险性评价及防治决策方法研究[D].重庆:重庆交通大学,2011.

[52] 张奇华.链子崖危岩体变形破坏系统辨识[J].岩石力学与工程学报.1998,17(5): 544-551.

[53] 刘卫华.高陡边坡危岩体稳定性、运动特征及防治对策研究[D].成都:成都理工大学,2008.

[54] 刘小兵.隧道洞口边仰坡稳定性影响因素的综合性评价[J].铁道工程学报.2002,1:

38-41.

[55] 黄润秋.岩石高边坡发育的动力过程及其稳定性控制[J].岩石力学与工程学报.2008，27(8):1525-1544.

[56] 陈洪凯,唐红梅,鲜学福.缓倾角层状岩体边坡链式演化规律[J].兰州大学学报(自科版),2009,45(1):20-25.

[57] 陈洪凯,唐红梅,王蓉.三峡库区危岩稳定性计算方法及应用[J].岩石力学与工程学报,2004,23(4):614-619.

[58] 陈洪凯,鲜学福,唐红梅,等.三峡库区危岩群发性机理与防治[J].重庆大学学报.2008，31(10):1178-1184.

[59] 董好刚,陈立德,黄长生.三峡库区云阳江津段危岩形成的影响因素及稳定性评价[J].工程地质学报.2010,18(5):645-650.

[60] 赵旭,刘汉东.水电站高边坡滚石防护计算研究[J].岩石力学与工程学报.2005,24(20):3742-3748.

[61] 于怀昌,余宏明,刘汉东.边坡滚石运动学参数敏感性[J].山地学报,2010,28(2):154-160.

[62] 亚南,王兰生,赵其华,等.崩塌落石运动学的模拟研究[J].地质灾害和环境保护,1996,7(2):8.

[63] 陈洪凯,唐红梅,易朋莹,等.危岩支撑计算方法探讨[J].中国地质灾害与防治学报.200,15(2):134-135.

[64] 张伟峰.危岩体危险性评价及防治对策研究[D].成都:成都理工大学,2007.

[65] 谢全敏,刘雄.危岩体柔性网络锁固治理研究[J].岩石力学与工程学报,2000,19(5):640-642.

[66] 王林峰,唐红梅,陈红凯.消能棚洞的落石冲击计算及消能效果研究[J].中国铁道科学,2012,33(5):40-46.

[67] 何思明.滚石对防护结构的冲击压力计算[J].工程力学,2010,27(9):6.

[68] 何思明,吴永,李新坡.滚石冲击碰撞恢复系数研究[J].岩土力学,2009,30(3):5.

[69] 黄润秋,刘卫华.基于正交设计的滚石运动特征现场试验研究[J].岩石力学与工程学报,2009,28(5):10.

[70] LI L,LAN H. Probabilistic modeling of rockfall trajectories:a review[J]. Bulletin of Engineering Geology and the Environment, 2015, 74 (4):1163-1176. DOI:10. 1007/s10064-015-0718-9.

[71] 叶四桥,陈洪凯,唐红梅.落石冲击力计算方法[J].中国铁道科学,2010,31(6):56-62.

[72] 谢铁军,刘运思,孙锴,等.高陡岩质边坡水平动荷载引起脚手架变形拟静力分析[J].施

工技术,2016,45(S2):625-628.

[73] 王星.隧道洞口落石冲击风险评价及耗能减震棚洞结构研究[D].西安:长安大学,2019.

[74] 曾君建.铁路隧道洞口装配式防危岩落石结构性能研究[D].北京:中国铁道科学研究院,2023.